KB125365

요즘 팀장의
오답 노트

요즘 팀장의 오답 노트

팀 성과를 좌우하는 여럿이 일 잘하는 법

서현직 지음

웅진 지식하우스

먼저 읽은 팀장들이 이 책을 추천합니다!

스타트업뿐만 아니라 외국계 빅테크에서도 '베스트 프랙티스Best Practice'로 꼽히는 노하우를 담고 있을 뿐만 아니라 좋은 리더가 되기 위해 필요한 수많은 능력 중 팀장이 다져야 할 기본기에 충실한 책이다. 나 또한 어느 날 갑자기 팀장이 되었고, 팀원 시절 닮고 싶었던 팀장의 모습을 떠올리며 첫발을 뗀 기억이 난다. 새롭게 팀장이 된 이들에게 이 책은 선배 그 이상의 역할을 해줄 것이다.

- 구글 모바일앱마케팅팀 팀장 조인모

팀장은 실무만 잘하면 안 된다. 팀의 중요성을 제대로 파악할 때 비로소 팀장 역할을 잘 해냈다고 할 수 있다. 가장 중요한 것은 팀장과 팀원 모두가 효율적으로 팀의 목표를 달성하는 것이다. 팀 전체가 함께 성과를 거듭하고 싶다면 일하는 모든 순간 이 책을 근처에 두고 참고해보자.

- 샌드박스네트워크 브랜드팀 팀장 김민지

처음 팀을 관리하면 다양한 시행착오를 겪는다. 업무 스킬은 매뉴얼이나 사수로부터 배울 수 있으나, 팀원의 업무를 관리하고 협업 부서와의 이견을 조율해가는 관리자로서의 역량은 몸으로 부딪쳐가며 배울 수밖에 없기 때문이다. 글로벌 대기업에서 스타트업까지 다양한 조직에서 좋은 팀을 만들기 위해 고군분투했던 저자의 고민과 그에 대한 해답을 찾아가는 과정을 통해 팀장으로서 골몰했던 문제를 풀 수 있었다.

- 펫프렌즈 CFO 윤태윤

"도대체 팀장은 어떻게 해야 잘하는 거죠?" 7년 전 승진 직후 팀원과 성과를 올리기 위해 고군분투하던 저자의 질문이 아직도 생생하다. 이후로도 끊임없이 '어떻게 하면 좋은 팀장이 될까'라고 골몰한 덕에 실무에서 가장 쓸모 있는 노하우가 켜켜이 쌓였다. 팀장의 생생한 경험과 다양한 시행착오를 압축해 담은 이 책은, 비슷한 고민을 안고 있는 모든 팀장에게 모범답안이다. 팀장이라는 타이틀을 안고 일 잘하는 조직과 성과를 열망하는 사람들에게 훌륭한 지침서가 될 것이다.

-아모레퍼시픽 마케팅 상무 김용우

'좋은 팀장은 무엇인가'란 질문은 조직의 흥망성쇠와 맞닿은 아주 중요한 주제다. 팀원을 갈아 넣어 고객사만 만족시킨 팀장은 팀원들을 유지하지 못하고 평판 때문에 인력 확보가 어렵다. 팀원을 만족시키느라 고객을 만족시키지 못한 팀의 생존은 두말할 것도 없다. 좋은 팀이란 지속 가능한 결과물을 내면서도 팀원들에게 비전과 성과, 워라벨 모두를 제공할 수 있는 팀이다. 이 책은 팀장에게 본인의 불안 요소를 재검토해볼 계기를 줄 것이다.

- EY한영 회계법인 전략재무자문부문 전무 파트너 김종원

팀장이란 단순히 프로젝트를 수행하는 게 아니다. 경영진과의 소통, 팀의 비전 수립 등 놓치면 절대 안 되는 일들을 팀원의 입장과 회사의 입장에서 두루 생각하고 실행해야 하는 사람이다. 이 책은 처음 팀장이 되는 사람들이 실용적으로 사용할 수 있는 '보이지 않던 팀장의 일'에 대한 팁이 가득하다. 작가가 직접 깨져가며 고민한 기록을 따라가 보면 훨씬 더 수월하게 초보 팀장을 탈출할 수 있을 것이다.

-한국 P&G 마케팅 팀장 고을정

팀장이 된 순간 가장 어려웠던 건 '좋은 리더가 되는 법'은 누구도 가르쳐주지 않는다는 것이었다. 결국 스스로 리더로서 레벨업하고 진화해야 할 때, 이 책은 팀장의 셀프 진화를 위한 최고의 지침서다. 실제 팀장이 매일매일 팀과 부대끼며 쌓아온 시행착오의 기록이며, 무엇보다 그 과정에서 저자가 더 좋은 리더로 성장하는 과정을 생생하게 볼 수 있다.

- 한국 P&G 마케팅 팀장 최은지

어느 날 팀장이 되었다

어느 날 상사가 물었다

"선택할 수 있다면 둘 중 무엇을 택하겠어요?"

외국인 상사가 작은 회의실로 저를 부르고는 이렇게 물었습니다. 첫 번째 선택지는 싱가포르에 있는 아시아 본부로 가는 것이었어요. 당시 제가 몸담았던 외국계 회사에서 3~4년쯤 일한 주니어들은 아시아 본부로 가고 싶어 했습니다. 대부분 해외에서 일할 수 있다는 부푼 꿈을 안고 있었고, 그 기회를 잡으면 모두의 축하를 받았습니다.

두 번째는 실적이 좋지 않은 브랜드의 팀장이 되는 것이었습니다. 팀장이 되는 것도 분명 좋은 기회였어요. 많지 않은 팀장 자리를 놓고 전 세계의 직원들과 경쟁해야 하는 외국계 기업에서 팀장 승진은 말 그대로 바늘구멍 통과하기였으니까요. 첫 직장에서 일한 지 4년 정도밖에 되지 않은 저는 팀장이 된다는 상상에 느낌이 묘했습니다.

그동안 치열하게 회사 생활을 하며 성과를 내기 위해 밥 먹듯 한 야근과 쉬지 않고 달린 시간을 인정받는 듯해서 뿌듯했지만, 동시에 '팀장'이라는 단어에서 긴장과 설렘을 느꼈습니다. 잠시 생각해본 저는 큰 고민 없이 대답했습니다. 팀장이 되는 쪽이 더 재미있을 것 같다고요.

2012년 대학교를 막 졸업한 저는 외국계 생활용품 기업 P&G에 입사하면서 커리어의 첫 번째 단추를 꿰었습니다. 화장품, 세탁 세제, 면도기, 탈취제 등 생활용품 브랜드가 많은 이 회사는 각 분야에서 1등을 차지한 브랜드가 많아 마케팅 사관학교로 불렸습니다. 대학생 때부터 마케팅 외에는 생각해보지 않은 저에게는 P&G에서 커리어를 시작하는 것이 참으로 꿈같은 기회였습니다.

P&G에서 다섯 번째 해를 맞이한 저는 29번째 생일을 몇 달 앞두고 팀장이 되었습니다. 두 가지 중 무엇을 택하겠느냐는 상사의 이야기를 들은 지 얼마 지나지 않아서요. 그때 저의 대답이 팀장이 되는 데 얼마나 큰 영향을 미쳤는지는 잘 모르겠습니다. 당시 P&G에서는 직급이 높은 상사가 부하 직원에

게 희망하는 커리어와 목표에 관해 질문하곤 했거든요. 그래서 대수롭지 않게 생각했습니다. 하지만 이것 하나는 확실합니다. 저를 설레게 한 팀장이란 단어의 의미는 실제로 팀장이 된 후 깨달은 것과 완전히 달랐습니다.

그 후 7년이 지났고, 저는 계속 팀장으로 일하고 있습니다. 지금 되돌아보니 팀원들과 함께 성장하고 변화하는 즐겁고 보람찬 순간도 많았지만 대체로 지치고 힘들었던 시간이었습니다.

저는 P&G에서 팀장이 된 후 2년 정도 더 일했습니다. 첫 번째 팀에서는 팀원 4~5명과 함께 생리대와 기저귀 브랜드를 관리했습니다. 기저귀 브랜드는 잘되었고, 지금도 업계 1, 2위를 다투며 승승장구하고 있습니다. 하지만 생리대 브랜드는 역사 속으로 사라졌습니다. 저는 그 생리대 브랜드의 마지막 브랜드 매니저이자 팀장이었고요. 외국인 상사가 저에게 질문한 날, 그녀가 말한 '실적이 좋지 않은 브랜드'가 바로 그 브랜드였습니다.

제가 팀장이 되기 전부터 꽤 오랫동안 그 브랜드는 상황이 좋지 않았는데요. 회사에서는 회생할 기회를 찾기 위해 새로운 제품을 한국 시장에 론칭할 팀을 꾸리고 있었습니다. 그 팀을 이끌 사람이 필요했고, 제가 승진하면서 팀장이 되었죠.

제가 팀장이 된 이후 팀원이 바뀌기도 하고 기다렸던 신제품 출시 일정이 늦춰지기도 하는 등 우여곡절이 많았지만, 팀원들과 최선을 다하며 노력하는 나날을 보냈습니다. 하지만 제가 아니라 경험 많은 팀장이 팀을 이끌었다면 그 브랜드의 결말이 바뀌지 않았을까 하고 지금도 가끔 상상합니다. 따지고 보면 그 브랜드는 마지막 한 발의 총알이 남아 있었는데, 회사는 왜 초보 팀장에게 그 한 발의 기회를 주었을까요?

이후 저는 스타트업으로 이직했습니다. 생리대 브랜드의 결과와는 상관없이 P&G는 저에게 다양한 기회를 주었지만 밖에 있는 다른 회사들, 특히 스타트업에 대한 호기심을 떨치기 힘들었습니다. 오랫동안 켜켜이 축적된 P&G만의 노하우와 조직 문화에서 좋은 경험과 기회를 얻었지만, 제조업을 벗어나 멋진 기술로 세상을 바꿔가는 테크 기업에서 일해보고 싶다는 생각을 그즈음 품었습니다.

당시 P&G 사무실이 역삼역에 있었는데요. 맞은편 건물에는 지금은 유명해진 토스 같은 스타트업들의 사무실이 많았습니다. 점심시간마다 마주치는 스타트업 직원들의 사뭇 다른 분위기 때문에 호기심은 점점 더 커졌어요. 비즈니스 캐주얼 차림에 이른바 '각 잡힌' 저와 달리 그들은 항상 후드 티에 슬리퍼를 신고 설레는 표정으로 대화를 나누고 있었습니다.

점심시간에 그들을 보며 생긴 호기심을 따라 스타트업으로 이직했고, 토스, 샌드박스네트워크, 마이리얼트립을 거쳐

지금은 29CM에서 일하고 있습니다. 이제 와 생각해보니 제조업부터 콘텐츠, 여행, 이커머스 스타트업에 이르는 꽤 다양한 회사와 산업을 경험했네요. 그 기간 동안 대부분 팀장으로 일했습니다.

토스에서는 처음으로 스타트업의 문화와 일하는 방식을 배웠고, 샌드박스네트워크에 1호 마케터로 입사한 후에는 존재하지 않았던 여러 팀을 만들었어요. 그 기여를 인정받아 마케팅과 커머스 부서의 디렉터로 승진해 5명이 넘는 팀장과 팀원 40명이 넘는 조직을 관리하기도 했습니다. 마이리얼트립에서는 12명 정도로 구성된 마케팅팀을 관리하며 코로나 팬데믹 이후의 여행을 준비했고, 지금도 스타트업 마케팅팀 팀장으로 일하고 있어요.

외국계 기업부터 스타트업까지 회사의 규모나 형태를 막론하고 팀장으로 일한다는 것은 참으로 어렵습니다. 팀장으로 일하며 회사와 팀원들 사이에서, 전략과 실행 사이에서, 실패와 성공 사이에서 아슬아슬한 줄타기를 한다고 생각한 적도 많습니다. '나는 누구? 여긴 어디?'라는 생각에 휩싸여 불안과 공포를 느낄 때도 많았고, 내가 잘하고 있는지 확신이 들지 않아 며칠을 고민하며 잠 못 이룬 밤도 많았습니다.

그때마다 P&G에서 제가 왜 팀장이 되었는지 설명해주었던 외국인 상사의 말을 떠올립니다. 도대체 왜 생리대 브랜드의 마지막 총알 한 발을 이제 막 승진한 초보 팀장인 저에게 맡겼을까요.

내가 팀장이 된 이유

P&G에서 팀장이 된 저는 어느 날 상사에게 왜 제가 브랜드 팀장이 되었는지 물었습니다. 매일이 고되고 힘들었거든요. 저의 질문에 상사는 이렇게 이야기해주었습니다.

"알다시피 우리 브랜드는 상황이 매우 좋지 않았어요. 새로운 제품과 팀을 이끌 팀장이 필요했죠. 본사와의 명확한 소통도 중요하지만 가장 필요한 건 한국에 있는 영업팀과 본사의 긴밀한 협업이었어요. 그래서 한국의 영업본부장에게 물었지요. 누가 이 브랜드의 팀장이 되면 영업팀이 우리 브랜드의 회생을 위해 최선을 다할 것 같냐고요.
며칠 뒤 그가 연락을 했어요. 당신이 우리 브랜드의 팀장이 되면 그럴 수 있을 것 같다고 했어요. 그래서 큰 고민 없이 당신이 적임자라고 생각했어요. 물론 당신의 팀장도 적극 추천했고요."

생각지도 못한 대답이었습니다. P&G에 입사해 처음 한 일은 쇼퍼 마케팅Shopper Marketing이었습니다. 당시에도 생소했던 이 일은 트레이드 마케팅Trade Marketing이나 커스터머 마케팅Customer Marketing으로 불렸는데, 그때나 지금이나 대중적인 마케팅 업무는 아니었습니다.

쉽게 이야기하면 이마트와 쿠팡 같은 유통 파트너사에서 우리 회사 상품이 더 많이 판매되도록 맞춤화한 마케팅 계획을 세우고, 거래처를 만나 설득하고, 직접 실행하는 일이었습니다.

사실 처음에는 조금 실망했어요. 1등 브랜드가 많은 P&G에서 많은 사람이 알고 좋아하는 브랜드를 담당하는 마케터가 되고 싶었거든요. 실제로 P&G의 마케터 대부분이 브랜드 매니저BM 혹은 어소시에이트 브랜드 매니저ABM로 불리며 특정 브랜드의 총체적 마케팅을 이끌고 있었습니다. 하지만 저에게 주어진 일은 마케터라는 이름이 무색하게 영업에 가까웠어요. 동료 마케터들과 보내는 시간보다 유통사 바이어, 그리고 이들을 담당한 우리 회사 영업팀과 함께하는 시간이 훨씬 길었습니다.

그렇게 2년 정도를 영업팀처럼 지냈습니다. 영업팀을 따라다니며 많은 것을 배웠고요. 그중 가장 큰 배움은, 각 부서가 보고하는 회사 매출이 발생하는 순간을 가까이에서 직접 본 것이었습니다. 실제 매출은 최종 고객이 선택할 때가 아니라 유통 채널이 우리 제품을 매입해갈 때 발생했으니까요.

영업팀이 진짜 매출을 발생시키는 순간을 보지 못했다면 저는 지금까지도 매출이 그저 엑셀 파일 속 숫자라고 생각했을지 모릅니다. 지금은 엑셀 파일의 숫자가 올라가거나 떨어지는 것을 보면 그것을 이루기 위해 애쓴 영업팀 매니저들의 잠 못 이루는 밤과 늦은 퇴근을 생각합니다.

2년이 지난 후 저는 다른 마케터들처럼 브랜드를 담당하게 되었습니다. 브랜드 마케팅으로 팀이 바뀐 후에도 당시 마케팅 팀장님 몰래 동고동락했던 영업팀 매니저들을 종종 도왔습니다. 영업팀 매니저 중 나이가 많은 분들은 보기 좋은 영업용 자료 만드는 것을 어려워해서 제게 만들어달라고 요청하기도 했습니다. 저는 그때마다 크게 고민하지 않고 도와드렸습니다. 영업 매니저들이 갑자기 거래처와 만나야 하는 일이 생겼다고 하면 다른 일 제쳐두고 자료를 같이 준비하고는 거래처로 향하는 영업팀 차량에 올라탄 날도 많았습니다.

당시 팀장님 몰래 한 푼 두 푼 남는 마케팅 예산을 모아 평소 지원이 부족한 영업팀이 부탁한 매장 연출물을 제작하거나, 작은 온라인 거래처를 담당한 영업 매니저들의 광고를 지원해주기도 했습니다. 모두 마케터로서 팀장의 허락을 받지 않은 일탈이었습니다. 영업팀에는 저의 이러한 작은 일탈이 다른 마케터들과 조금 달라 보였던 모양입니다.

저에게 선택지를 물은 외국인 상사에 따르면 저는 특출나게 일을 잘하거나, 남들보다 똑똑하거나, 대단한 잠재력이 있어서 팀장이 된 것이 아니었어요. 2년 동안 동고동락한 사람들이 도움을 청했을 때 남들보다 덜 계산하고 도운 것뿐이었습니다. 대부분의 팀장 또한 저 같지 않을까 합니다. 특출난 무언가가 있어서가 아니라 그저 열심히 일하다 보니 준비 없이 팀장이 된 경우 말이에요.

당시 상사에게 들었던 제가 팀장이 된 이유는 '내가 일을 계속한다면 앞으로 이런 팀장이 되어야겠다'라는 생각에 큰 영향을 미쳤습니다. 나아가 여럿이 모여 같이 일하는 방식에 대한 저의 관점을 바꿔놓았어요.

그 이후에도 팀장의 본질적인 역할을 이해하고 팀원들과 함께 성장하는 경험을 하며 여럿이 함께 일 잘하는 것이 무엇을 의미하는지 알아내는 데 많은 시행착오가 있었어요. 혼자 일을 잘하는 것과 함께 일을 잘하는 것은 비슷한 듯하면서도 너무 다른 일이거든요. 그리고 대부분의 팀장은 어느 날 갑자기 팀장이 되고, 누구나 그렇듯 팀장이 되기 전에는 함께 일 잘하는 방법에 대해 누군가에게 배우거나 경험해볼 기회가 없습니다.

초보 팀장이었던 제가 정답과 오답을 찾으며 지난 7년 동안 다양한 회사와 팀원들로부터 얻은 이야기와 경험이 이제 첫 발을 내딛고 함께 일 잘하는 방법을 찾아나가는 팀장들의 여정에 도움이 되지 않을까 하는 생각이 들었습니다. 그래서 팀장으로 일하며 깨달은 것을 글로 써 보았어요. 마음의 준비 없이 어느 날 팀장이 된 모든 사람들을 위해서요. 그렇게 글을 쓰고 보니 팀장이 되기 전에 알았으면 좋았을, 한 권의 오답 노트가 만들어졌습니다.

오답 노트가 같은 문제에서 또 틀리지 않게 해주듯, 저의 시행착오를 담은 이 책이 회사에서 일하는 다양한 직장인들에게 도움이 되기를 바랍니다. 초보 팀장에게는 막막한 여정에 최소한의 나침반이, 오래 일한 베테랑 팀장에게는 새로운 관점으로 팀을 바라볼 수 있는 계기가, 팀장이 궁금한 팀원들에게는 그들을 이해할 수 있는 참고서가 될 수 있지 않을까 하는 마음으로 글을 썼습니다.

나아가 함께 잘하는 것을 고민하는 많은 사람에게도 도움이 될 수 있기를 바랍니다. 대부분의 사람은 여럿이 모여 일하고, 결국 이 책은 '함께 일 잘하는 방법'에 관한 이야기니까요. 제가 팀장으로서 경험한 것들이 직장인뿐 아니라 함께 무언가를 이루고자 하는 사람들에게 많은 도움이 되길 바랍니다.

그분들에게 이 책이 공감과 해결책을 제시할 수 있으면 좋겠습니다. 시행착오를 담은 실패담에서는 공감과 위로를, 실패를 통해 알게 된 교훈에서는 함께 일을 잘하는 여러분이 문제 해결의 실마리를 찾길 바랍니다. 그래서 이 오답 노트가 직장인들뿐만 아니라 여럿이 모여 함께 무언가를 이루고자 하는 사람들의 시행착오를 줄여주는 길잡이 역할을 해주었으면 합니다.

부디 한 번 읽고 그냥 책장에 꽂아두지는 마세요. 여럿이 함께 일을 잘하기 위해 노력하는 과정은 생각보다 긴 여정이고, 공감과 해결책이 자주 필요하거든요. 여러분이 다른 사람들과 큰일을 해내려고 할 때 이 오답 노트가 늘 곁에서 소소한 위로와 해결의 열쇠가 되길 바랍니다.

차례

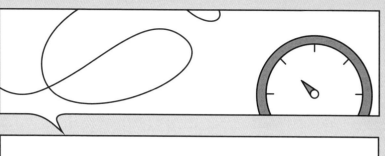

01

팀장이 된 후
알게 된 것들

처음 팀장이 되었던 날을 아직도 기억합니다. 첫 주에는 서럽게 우는 팀원을 마주하기도 했는데요. 제가 팀장이 되기 전의 일 때문에 그랬지만, 슬퍼하는 팀원을 어떻게 달래야 할지 몰라 쩔쩔맸습니다. 시간이 지난 지금은 애초에 눈물 흘릴 일을 만들지 않겠지만, 팀원이 힘들어하면 더 능숙하게 달랠 수 있을 듯해요.

7년 가까이 팀장으로 일하면서 그전에는 몰랐던 것을 많이 알게 되었습니다. 마치 수능을 준비할 때 만들었던 오답 노트 같았어요. 다양한 회사에서 팀원들과 살을 맞대고 얻은 경험과 교훈 중 정답에 가까웠던 좋은 사례는 동그라미로, 저와 팀원 모두에게 도움이 되지 않았던 사례는 엑스로 꾸준히 표시했더니 저만의 두꺼운 오답 노트가 만들어졌습니다.

누군가가 오답 노트의 교훈들을 미리 알려줬다면 팀장으로서 첫 몇 년이 훨씬 순탄했을 거예요. 그래서 제가 만든 오답 노트를 공개합니다. 제가 생생히 경험한 고생의 정수를 담았기 때문에 이제 막 팀장이 되거나 현재 팀장으로서 고생하는 사람에게 두루두루 유용할 것입니다.

합의에는 많은 대화가 필요하다

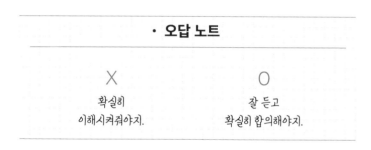

· 오답 노트

X	O
확실히 이해시켜줘야지.	잘 듣고 확실히 합의해야지.

처음 팀장이 되었을 때는 많은 것이 낯설고 어려워서 서로가 서로의 생각을 얼마나 잘 이해하고 있는지 파악할 여유가 없었습니다. 특히 팀원들과의 관계에서 그랬습니다. 나의 의도가 상대방에게 잘 전달되었는지, 상대방이 내 말을 잘 이해했는지에만 집중했어요. 그땐 '이해'했다는 것이 '합의'한 것과 다르다는 사실을 몰랐습니다. 팀장은 전달하고, 팀원은 그것을 이해하고 실행하는 존재라고 생각했던 탓입니다.

팀장도 팀원의 생각을 깊이 이해하고 합의해야 한다는 단순한 원리는 매우 중요합니다. 그렇지 않으면 비슷한 이야기를 반복할 때마다 '똑같은 말을 벌써 몇 번 한 것 같은데…' 하며 아쉬운 생각을 하게 됩니다. 이때 대화가 "제가 예전에 말씀드렸잖아요"처럼 좋지 않은 분위기로 흐르는 경우가 많아집니다. 상황이 반복되면 팀장은 팀원에게 무시당하고 있다고 생각하게 됩니다. 팀원도 비슷하게 생각한다는 것을 모르는 채 말이죠.

팀장 입장: 똑같은 말을 여러 번 한 것 같은데, 팀원이 내 말을 무시하나?

팀원 입장: 몇 번이나 말씀드린 것 같은데, 팀장님이 나를 무시하나?

팀장이 되고 나서 살펴보니 모두가 똑같이 이해한다는 것은 생각보다 정말 어려웠습니다. 여러 번 대화해야 비슷하게 이해하고, 나아가 공감과 합의가 생겼습니다. 공감하고 합의해야 팀의 일도 속도를 낼 수 있어요. 여기서 중요한 것은 이 모든 과정에서 대화를 해야 한다는 것입니다. 일방적인 전달이 아니라요. 팀장이 얼마나 많이 전달했느냐, 팀장이 본인 생각을 얼마나 쉽게 설명했느냐보다는 팀장과 팀원이 얼마나 서로의 의견을 투명하고 솔직하게 나누고 경청했느냐가 중요했습니다.

P&G에서 스타트업으로 이직해서 새로운 회사의 새로운 팀을 이끌어야 할 때마다 팀원들에게 무시당하는 느낌을 받은 적이 많았습니다. 결과적으로 저 혼자만의 생각이었지만요. 그때 제가 많이 했던 말은 "제가 예전에 말씀드렸잖아요"였습니다. 지금 생각해보면 오히려 그때 무시당한 것은 제가 아니라 충분히 공감받지 못한 팀원들의 의견이었습니다.

2018년에는 제게 세 번째 회사이자 두 번째 스타트업이었던 샌드박스네트워크로 이직했습니다. 샌드박스네트워크 최초의 마케터로 입사하여 마케팅팀을 만드는 일부터 시작했어요. 존재하지 않았던 팀의 목표와 방향을 정교화하고 필요한 팀원을 찾고 영입하는 일도 힘들었지만, 가장 힘들었던 일은 처음 생각했던 방향대로 팀을 이끄는 것이었습니다. 팀의 큰 방향에 공감하는 팀원들을 찾고 모았지만, 막상 모두 모이고 나니 각자의 생각이 달랐거든요.

특히 마케팅을 위해 오리지널 포맷의 유튜브 콘텐츠를 만드는 일에서 생각이 많이 달랐습니다. 지금은 무척 많아졌지만 당시만 하더라도 큰 규모로 기획된 오리지널 포맷의 유튜브 콘텐츠가 적었고, 브랜드 마케팅을 위해 활용하는 경우는 더더욱 흔치 않았습니다.

그래서 팀원들의 시선이 상이했습니다. 저는 "이건 왜 하는 거예요?"라는 질문을 많이 받았습니다. 질문을 받을 때마다 "예전에 말씀드렸잖아요"가 아니라 "우리 생각이 조금 다른 것 같아요. 본인 생각을 더 자세히 말해주세요"라고 말하고 충분히 대화하며 서로의 생각에 대해 합의해야 했는데 그러지 못했습니다.

이러한 문제는 분위기가 좋지 않은 팀에서 더 커집니다. "예전에 말씀드렸잖아요"가 점점 더 좋지 않은 대화로 이어지고요. 특히 팀원의 마음속 깊이 들어가지 않으면 서로의 생각에 대한 합의가 잘되지 않는 경우가 많아요. 팀원들도 팀장을 배려한다는 이유로 솔직한 이야기를 제대로 하지 않거든요.

예컨대 "팀장님, 이거 잘 안 될 것 같은데요?", "이거 열심히 해도 결과가 안 바뀔 것 같은데요?" 같은 말을 하지 않습니다. 팀원이 합리적인 이유로 그렇게 생각했더라도, 새로운 일을 열심히 해보려는 팀장에게 찬물을 끼얹고 싶지 않을 테니까요.

특히 팀장이 들어오기 전부터 켜켜이 누적된 실패 경험으로 인한 회의감이나, 협업과 관련하여 계속되는 갈등으로 쌓인 부정적 감정을 이해하지 못하면 서로 다른 언어로 말하듯 팀원들과의 대화가 엇나갑니다. 팀장과 팀원 서로의 마음속에 '이 사람이 나를 무시하나?'라는 생각이 싹트게 되고요.

다행히 한두 사람이 먼저 마음을 열고 솔직한 의견을 말해 주었고, 제 앞에서는 일단 "알겠습니다"라고 하지만 합의하지는 못했던 팀원들의 마음속 장애물을 어느 정도 이해할 수 있었습니다. 이후에는 이런 말을 참 많이 했습니다.

"혹시 지금 더 하고 싶은 말 없나요?"
"미팅 중에 꼭 하고 싶었는데 못 한 말이 있나요?"
"제가 잘 몰라서 그러는데, 이건 어떻게 생각하세요?"

시간이 지난 후 팀원들은 왜 그렇게 '잘 모른다'는 말을 많이 하냐고 놀렸지만, 이 말버릇은 모두 팀원들의 솔직한 마음을 이해하고 싶은 바람의 한 표현이었습니다.

한편으로는 언제나 깊은 대화로 합의를 이끌어내는 리더를 만난 적도 있습니다. 샌드박스네트워크에서 함께 일했던 최고운영책임자^{COO}는 항상 제 생각을 먼저 물었습니다. 제가 만난 대부분의 경영진은 항상 마지막에 의견을 물었는데 말이죠. COO는 언제나 제 생각을 먼저 깊이 이해하고자 했고, 구체적으로 어떤 부분에서 서로의 의견이 다른지 찾아냈어요.

미팅 준비를 아무리 철저히 하더라도 모두 말하지 못하고 오히려 경영진의 말을 받아 적으며 끝내는 경우가 더 많았던 저에게는 경청하는 COO와 함께했던 2년간의 시간이 새로운 경험이었습니다. 처음에는 집요하고 깊게 제 의견을 묻는 COO가 어려웠는데요. 시간이 지나 함께 많은 일을 이루고 난 후에는 무척 감사했습니다. 집요하게 의견을 물어준 덕분에 서로의 생각이 멀어지는 일 없이 복잡한 일들도 순조롭게 할 수 있었거든요. 저도 그분처럼 말하기보다 듣기를 많이 하는 팀장이 되어야지 생각하지만, 막상 일하다 보면 그러기가 힘듭니다.

많이 듣는 것도 연습이 필요합니다. 처음에는 같은 주제로 팀원들과 지겹도록 많이 대화하는 것을 추천합니다. 좀 과하다 싶은 생각이 들어도 괜찮아요. 서로를 잘 모르는 관계 초반의 대화는 과한 것이 부족한 것보다 나은 경우가 많습니다.

처음 팀장이 되면 무언가를 빠르게 바꾸고 바로 성과를 내야 한다는 조급함을 느낄 수도 있는데요. 서두르기보다는 시간이 걸리더라도 팀원들과 충분히 대화하며 이끌어낸 공감과 합의가 나중에 훨씬 많은 시간을 벌어다 줄 거예요.

꼭 거창한 미팅이 아니어도 좋아요. 점심을 같이 먹거나 커피 마시면서 가볍게 이야기할 수도 있고, 요즘 많이 하는 일대일(원온원 1-on-1) 면담에서 깊은 이야기를 나눠도 좋습니다. 단, 팀장이 너무 거창하게 본인 생각을 준비하면 팀원들이 '답정너'라고 생각하고 솔직한 의견을 내지 못할지도 모릅니다. 너무 장황하게 의견을 정리하거나 자료를 만들지는 마세요. 공감과 합의에 이르기 위해서는 거창한 준비보다 편하게, 여러 번, 솔직하게, 자주 대화하는 것이 더 중요합니다.

만장일치는 불가능하다

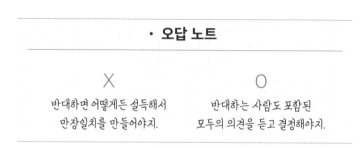

· 오답 노트

X	O
반대하면 어떻게든 설득해서 만장일치를 만들어야지.	반대하는 사람도 포함된 모두의 의견을 듣고 결정해야지.

팀장이 된 직후에는 팀원들의 만장일치가 가능하다고 믿었습니다. 모두를 만족시키는 최선의 선택이 분명 있을 거라고 생각했어요. 그래서 1, 2명이라도 의견이 다르면 마음이 불편했고, 꼭 설득해서라도 만장일치를 만들려고 노력했습니다. 이제는 팀장이 되고 나서 시간이 꽤 지났는데요. 더 이상 만장일치를 위해 시간을 쓰지 않습니다.

만장일치보다는 모두의 의견을 고루 들었느냐, 그들의 의견이 의사 결정 과정에 합리적으로 반영되었느냐가 더 중요합니다. 긍정적인 의사 결정을 위해 반드시 필요한 것은 모두의 의견을 듣고 몰랐던 관점이나 부족한 부분을 파악하고 이를 모두가 볼 수 있도록 꺼내 함께 이야기하는 것입니다.

이것이 제가 생각하는 '집단지성'의 실체입니다. 여러 동료의 이야기를 들으면 의사 결정에 꼭 필요하지만 놓칠 뻔한 중요한 요소를 많이 수집할 수 있거든요. 이를 바탕으로 적절한 시기에 좋은 의사 결정을 할 수 있습니다. 생각이 다른 상대를 설득하기 위해 시간을 보내며 중요한 결정의 타이밍을 놓치는 것이 아니라요.

회사에서 우리가 하는 일 대부분에는 의사 결정권자가 존재합니다. 결국 누군가가 결정해야 하니까요. 그 결정의 영향을 받는 모두의 의견을 경청하여 결정의 좋은 부분과 부족한 부분, 얻는 것과 잃는 것을 충분히 파악하고 나면 그다음은 결정권자의 몫입니다.

이 모두를 감안하여 최종 의사 결정권자가 합리적으로 결정하고, 이후에는 뒤돌아보지 않고 나아가면 됩니다. 그러므로 팀장이 결정해야 하는 부분이라면 팀장이 결단력 있게 결정하고, 팀원이 할 수 있는 부분이라면 팀원이 합리적으로 할 수 있도록 맡겨주세요. 그때 팀장이 해줄 수 있는 일은 팀원이 좋은 의사 결정을 하도록 지켜보며 돕는 것입니다.

제가 일했던 P&G에는 독특한 회의 문화가 있는데요. 바로 '결정권자가 이야기하기 전에 돌아가면서 말하기'입니다. 누군가의 주장을 듣기 위해 모인 미팅에서 해당 인물의 발표가 끝나면 편하게 질의 응답을 합니다. 발표자의 주장을 명확히 이해하기 위해서입니다. 그리고 미팅이 끝나기 전 20분 정도에는 그 자리에 모인 사람 모두가 돌아가며 의견을 말해야 합니다. 이때 세 가지 규칙을 지켜야 해요.

[첫 번째 규칙] 직급이 낮은 사람부터 말하기

직급이 낮은 사람부터 높은 사람의 순서로 말해야 합니다. 인턴이 있다면 인턴이, 신입 사원이 있다면 신입 사원 먼저요. 직급이 높은 사람의 의견을 먼저 들으면 직급이 낮은 사람이 다른 의견을 말하기 힘들어지니까요. 모두의 의견을 고루 듣기 위함입니다.

[두 번째 규칙] 한 명도 빠짐없이 말하기

모두가 자기 순서가 오면 무슨 말이든 해야 합니다. 아무 의견이 없더라도 "아무런 의견이 없습니다" 혹은 "어떻게 결정되어도 상관없습니다"라고 말해야 해요. 침묵은 금지입니다. 이 또한 기회가 주어지지 않아 의견을 말하지 못하는 사람이 없도록 하기 위해서입니다.

[세 번째 규칙] 의사 결정권자가 마지막에 말하기

최종 결정권자는 모두가 돌아가면서 말한 의견을 듣고 그 자리에서 결정해야 합니다. 그렇게 결정이 내려지면 미팅에서 어떤 의견을 말했더라도 결정을 지지하고 따라야 합니다.

이 규칙의 목적은 모두의 의견을 듣고 대부분이 수용할 수 있도록 효율적으로 결정하는 것입니다. 모두가 만족할 수 있는 환상 속의 만장일치가 아니라요.

누군가가 의견을 냈는데 반영되지 못했다면 결정권자가 따로 설명해주면 됩니다. 당신의 의견을 무시하고 결정한 것이 아니라는 사실을요. 이렇게 하면 만장일치에 집착할 때보다 팀장과 팀원 모두에게 필요한 시간이 절반 이상으로 줄어들어 더 효율적으로 일할 수 있습니다.

모든 일을 파악하는 것은 불가능하다

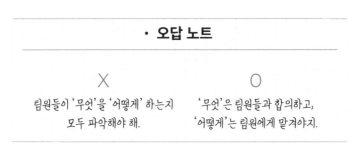

처음 팀장이 된 저는 팀원들이 진행하는 모든 일을 파악하

지 못하고 있다는 불안감이 컸습니다. 내가 모르는 사이에 어떤 일이 진행되거나, 혹시 그 일이 잘못되면 어떡하느냐는 생각이 컸던 탓입니다. 누군가가 제가 잘 모르는 팀원의 일에 관해 "그 일은 어떻게 되고 있어요?"라고 묻는 것에도 스트레스를 받았어요. "팀원에게 확인해보겠습니다"라고 대답하면서 팀장으로서 할 일을 못하고 있다고 생각했습니다.

그래서 틈만 나면 팀원들에게 자주 물어봤습니다. 지금 하는 일은 무엇이고, 그때 요청했던 업무는 어떻게 진행하고 있는지, 최근 실행한 일의 결과는 어땠는지를요. 미팅에서도 물어보고, 지나가다 마주쳐도 물어보고, 다이렉트 메시지^{DM}로도 물어봤어요. 일의 진행 상황을 제가 원하는 만큼 충분히 공유해주지 않거나, 분명 일이 안 끝났을 텐데 일찍 퇴근하는 모습을 보면 내심 불안한 마음도 컸습니다.

지금 생각해보면 당시 팀원들은 힘들었을 거예요. 팀장으로서 스스로의 불안한 마음을 달래기 위해 팀원들에게 하나하나 물어봤으니까요.

관리하는 팀원이 3~4명 정도면 모두의 일을 파악할 수도 있을 것 같은데요. 5명만 넘어서면 모든 것을 파악하기가 어려워집니다. 실시간으로 팀원들이 지금 무슨 일을 하고, 그 일을 구체적으로 어떻게 풀어가고 있는지 파악한다는 것은 불가능에 가깝고요.

특히 재택근무를 많이 하는 회사나, 예상치 못한 변수가 많아 하루에도 몇 번씩 실험 결과가 바뀌는 스타트업에서는 더욱 그렇습니다. 팀원들의 모든 일을 파악하려고 하면 정작 주요 의사 결정, 우선순위 관리, 다른 팀과의 갈등 조율 등 팀장으로서 중요하게 챙겨야 하는 일들을 놓쳐 문제가 발생할 수도 있습니다.

팀원들의 일을 실시간으로 파악하는 것이 불가능하긴 하지만 불안해할 필요는 없습니다. 세부적인 일은 팀원들에게 맡기고 중요한 일에 집중하면, 시간이 지난 후 팀에 훨씬 큰 도움이 될 거예요.

그럼에도 불구하고 팀원의 기본적 업무는 파악할 필요가 있습니다. 너무 많은 일이 몰려 힘들어하거나 예상치 못한 이슈가 발생하면 팀장이 바로 해결해주어야 하니까요. 모든 일이 아니라 핵심적인 일을 필요한 시기에 효율적으로 파악하는 것이 중요합니다. 이를 위한 노하우는 다음과 같습니다.

첫 번째는 간헐적인 질문이나 우연이 아니라 프로세스를 통해 팀원들의 업무를 파악하는 것입니다. 예측하기 힘든 방식으로 수시로 질문하는 팀장과 함께 일하는 팀원들은 힘들어합니다. 언제 무엇을 물을지 모르니 불필요한 자료 정리나 현황 파악에 시간을 많이 쓸 거예요.

저도 예측하기 힘들게 소통하는 리더들과 일할 때 비효율적으로 시간을 보낸 경우가 많았습니다. 갑자기 찾아오거나 급히 DM으로 무언가를 요청하는 경우가 잦은 리더와 일하면 하던 일을 멈추고 보고 자료를 만들어야 할 때가 많았습니다. 언제 어떤 요청을 할지 모르니 예측하면서 일해야 하기도 했고요. 비효율적인 일입니다. 어느 자료를 요청해서 만들어두었는데 쓸모가 없어진다거나, 무슨 질문을 할지 모르니 가능한 한 많은 자료를 만드는 일이 벌어집니다.

그보다는 일을 시작할 때 팀장이 얼마나 자주, 어떤 방식으로 팀원의 업무 진행 상황과 결과를 공유받고 싶은지 말하고 팀원과 합의하는 것이 좋은 대안입니다. 그러면 팀원들도 구체적이고 합의된 방법으로 일하고 팀장과의 업무 순서를 예측할 수 있으니 일석이조입니다.

두 번째는 일하는 '목적'과 문제를 풀기 위한 단서인 '가설'을 먼저 팀원과 확실히 합의하는 것입니다. 그 목적과 가설을 가지고 현장에서 매일 마주하는 변수에 대처하고, '구체적으로 그 일을 어떻게 할 것인가'는 팀원에게 맡겨주세요. 감독의 역할은 경기가 시작되기 전에 선수들과 어떻게 이길 수 있을지 합의하는 것이니까요.

경기가 시작된 후에는 그라운드에서 뛰고 있는 선수들이 예상치 못한 상대 팀의 전략과 움직임에 직접 대처하며 경기를 풀어가야 해요. 감독이 선수를 불러 행동 하나하나를 묻고 지시하기 시작한다면 경기가 끝나기 전에 선수가 먼저 지쳐서 나가떨어질 것입니다. 이것이 마이크로 매니징^{Micro-managing}입니다.

일을 시작하기 전에 이 일을 왜 하고 최종적으로 어떤 결과를 얻으려는지를 명확히 하고, 팀원과 충분히 대화하면서 현재 우리의 지식과 데이터로 도출할 수 있는 가설적인 해결책에 관해 합의합니다. 그다음부터는 팀원의 몫입니다. 실제로 매일 그 일을 마주하는 사람은 팀원이니까 팀장보다 팀원이 더 잘 알기도 합니다. 이렇게 먼저 합의하면 팀원의 모든 일을 모르더라도 그라운드 위에서 뛰는 그들을 안심하며 지켜보고 도와줄 수 있습니다.

팀장이 모든 답을 알려줄 수는 없다

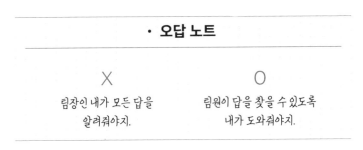

· 오답 노트

X	O
팀장인 내가 모든 답을 알려줘야지.	팀원이 답을 찾을 수 있도록 내가 도와줘야지.

처음 팀장이 되었을 때는 팀원이 어려워하는 문제의 답을

빠르게 찾아서 성과를 낼 수 있도록 도울 수 있을 것이라고 믿었습니다. 팀원이 모르는 답을 팀장인 저 또한 몰라서 알려줄 수 없으면 자괴감을 느끼기도 했어요. 그래서 답을 모른다는 사실을 숨기려고 전전긍긍한 날도 많았습니다.

P&G에서 토스로 이직하면서 처음으로 스타트업을 경험했는데요. 스타트업에서 일하면서 저의 생각이 완전히 잘못되었다는 것을 깨달았습니다. 연차가 길고 직급이 높다고 해서 찾기 어려운 답을 뚝딱 알아낼 수 있는 것은 아니니까요.

토스에서는 짧게 일했지만, 경험과 이력이 다양한 동료들을 두루 만날 수 있었습니다. 그들로부터 문제 해결에 대한 좋은 접근법들을 배울 수 있었는데요. 그 과정에서 경력이 길다고 해서 항상 답을 찾는 것은 아니라는 사실을 깨달았습니다. 토스에는 저보다 어리고 경력이 짧은 동료가 저보다 좋은 답을 빨리 찾는 경우가 많았습니다.

하루는 제가 자리에 앉아 끙끙거리며 고민하고 있었어요. 그때 지나가던 한 동료가 뭘 하고 있느냐고 물었습니다. 저는 다음 분기 마케팅 전략을 고민하고 있다고 말했어요. 문제를 풀기 위한 여러 가설 중 무엇이 가장 좋을지 생각하느라 머릿속이 뒤죽박죽이었거든요. 그때 동료가 빙그레 웃으며 고민하지 말고 딱 일주일만 가설대로 해보면서 검증하자고 말했습니다. 그리고 저의 가설들을 적은 비용으로 실행하여 검증할 수 있는 방법을 가르쳐주었어요.

지금은 익숙해진 '린^{lean}'하게 문제를 해결하는 방식이지만 당시의 저에게는 새롭고 신기했습니다. 이후 문제와 가설을 바라보는 생각이 많이 바뀌었어요. 스타트업이기에 가능한 방법이기도 했지만, 좋은 방법을 알고 있다면 나이와 연차, 직급과 상관없이 답을 찾을 수 있음을 알았거든요.

팀장이라고 해서 모든 것을 경험해본 것은 아닙니다. 해당 분야의 모든 것을 경험하고 팀장이 되면 좋겠지만, 실제로 팀장이 되는 이유는 제각각이고, 회사의 필요에 의해 갑작스럽게 팀장이 되어 경험하지 않은 일을 하기도 합니다.

저는 샌드박스네트워크에서 일하면서 난생처음인 일들을 많이 경험했습니다. 마케팅 팀장일 때는 홍보 담당자가 없어 직접 기자들을 만나기도 했고, 이^e 스포츠 팀장을 겸임할 때는 한 번도 만나본 적 없는 프로 게이머들을 만나 팀을 꾸리고 운영하는 단장 역할을 하기도 했습니다. 커머스 디렉터가 되었을 때는 처음 해보는 상품 기획이나 물류 운영까지 고민했고요.

물론 직접 답을 찾아 방향을 제시하는 것도 필요했지만, 가장 좋은 해결책은 실무를 잘 아는 팀원들을 모으고 의견을 경청하는 것에서 나왔습니다.

저는 이제 팀장이 모든 답을 알려줄 순 없다는 것을 압니다. 그래서 답을 찾아내 짜잔 하고 알려주는 멋진 모습을 보여주지 못해도 더 이상 부끄러워하거나 좌절하지 않습니다. 제가 답을 모른다는 것을 숨기지도 않고요. 좋은 답은 팀장이 아니라 그 일을 가장 가까이에서 가장 깊게 고민하는 팀원이 찾을 수 있습니다.

그럼 팀장은 어떤 역할을 해야 할까요? 저는 팀장은 팀원이 좋은 답을 찾을 수 있도록 지원하는 존재라고 믿습니다. 결국 일을 실행하는 사람은 팀원이니 더더욱 팀원이 직접 답을 찾아야 합니다.

팀원 스스로 답을 찾도록 돕는 방법

문제를 해결하는 방법 알려주기

팀원이 답을 찾는 방법을 모른다면 효율적인 방법을 알려줘야 합니다. 물고기 잡는 방법을 가르쳐주는 것이죠. 일반적으로 문제를 해결하려면 문제를 정의하고, 원인을 파악하고, 해결책에 대한 가설을 모색하고, 실행을 통해 검증하고, 그 과정에서 관찰한 사실들을 바탕으로 다면적으로 회고하여 더 나은 방법을 찾아내야 합니다.

만약 팀원이 문제를 충분히 정의하지 않고 유관 부서와 일을 시작하려 하거나, 명확한 원인을 파악하지 않고 해결책을 고민하느라 시간을 많이 쓰고 있거나, 명확한 가설 없이 실행하고 있거나, 주관적으로 회고하고 있다면 올바른 문제 해결 방식을 제안해 합리적으로 풀 수 있도록 도울 수 있습니다. 자세한 내용은 「05. 일잘러의 탄생」을 참고하세요.

큰 돌 치워주기

팀원들이 답을 찾는 데 지원이 필요하면 빠르게 해줘야 합니다. 팀원들이 가는 길에 큰 바위가 있어 멈춰 있다면 빠르게 치워주는 것 정도로 비유할 수 있겠네요.

팀원들은 스스로 답을 찾는 과정에서 많은 어려움을 마주할 거예요. 그중에는 팀장이 바로 치워줄 수 있는 어려움도 있습니다. 협업 부서에 필요한 협조를 요청하는 일, 회사 내 리소스를 확보하는 일, 경영진의 의사 결정을 빠르게 이끌어내는 일 등인데요. 대부분 팀원에게는 힘들지만 팀장의 권한과 회사 내 네트워크로 빠르게 해결할 수 있는 것들입니다. 문제를 빠르게 해결해주면 팀원들이 큰 바위에 가로막혀 지치지 않고 완주해 좋은 답을 찾아낼 수 있을 거예요.

팀장이 팀원을 이기면 팀이 발전하지 못한다

저는 팀장은 항상 똑똑해 보여야 한다고 생각했습니다. 의견을 말할 때도 완결성 있게 잘 정리해서 구조적으로 말해야 한다고 믿었어요. 팀원들에게 멍청해 보이고 싶지 않다는 생각과 똑똑해 보이지 않으면 팀원들에게 무시받지 않을까 하는 걱정이 컸던 탓이었습니다.

그래서 팀원들과 논의할 일이 있으면 먼저 생각하고 근거와 데이터도 찾아 구체적으로 정리했습니다. 주위 사람들의 의견을 묻고 피드백을 반영하기도 했고요. 그 후에는 의견을 듣고 싶다는 이유로 팀원을 불러 앉히고는 제가 정리한 생각을 스마트하게 전달하는 데 집착했습니다. 그럼 보통 팀원들이 알겠다고 하더라고요. 그래서 늘 생각했습니다. 잘하고 있구나. 이렇게 하면 되는구나.

그런데 나중에 팀원들의 이야기를 들어보니 정반대였습니다. 제가 너무 확신에 차서 장황하게 이야기하니 자기 의견을 솔직히 말하기 힘들었다고 하더군요. 시작부터 끝까지 모두 짜인 이야기를 하니 어디서부터 어떻게 의견을 내야 할지도 막막했다고 했습니다. 그 이야기를 듣고 되돌아보니 사실 저는 팀원들의 이야기나 의견을 듣고 싶었던 것이 아니라 제 생각대로 설득하고 싶어 했습니다.

이때 가장 좋지 않은 점은 '결국 팀장의 생각대로 된다'는 것입니다. 그렇게 생각하는 팀원이 많아지면 좋은 의견을 내던 이들도 점점 입을 다물게 됩니다. 팀으로 일하며 얻을 수 있는 집단지성이란 이점을 누릴 수 없죠. 결국은 팀의 성과나 역량도 '딱 팀장의 수준'으로 수렴합니다. 팀장이 잘 아는 것은 할 수 있지만, 모르는 것은 못하는 팀이 되어버리죠.

P&G에서 섬유유연제 브랜드를 담당하는 3년 차 주니어 마케터로 일하면서 주니어 역할에 관해 고민한 적이 있습니다. 당시 주니어 마케터로 새로운 브랜드를 담당해서 이것저것 배워야 하는 것이 많았습니다. 그 과정에서 같이 일한 마케팅 팀장에게서 많은 것을 배웠고요.

그런데 같이 일하면 할수록 고민이 커졌습니다. 아무리 생각해도 마케팅과 제품에 대해서는 마케팅 팀장이 훨씬 잘 알았거든요. 가끔 제가 마케팅에 관해 새로운 제안을 해도 팀장에게서 부족한 부분에 관해 하나하나 피드백을 받았습니다. '이럴 거면 팀장이 직접 하는 게 낫지 않나?' 하는 생각도 들었습니다. 마케팅 팀장이라는 경험 많은 벽이 있으니 주니어라는 존재가 초라해 보였죠.

결국 '나의 역할은 마케팅 팀장의 손발이 되는 것인가?'라고 생각하기도 했어요. 마케팅 팀장뿐만이 아니었습니다. 제 위에는 마케팅 팀장이, 그 위에는 마케팅 상무가, 그 위에는 마케팅 부사장이 층층이 있었으니까요. 막막한 마음에 "저보다 팀장님이 마케팅을 잘하시는데 제가 어떤 역할을 하면 되나요"라고 물은 적이 있어요.

그러자 마케팅 팀장은 짧게 답해주었습니다.

"저는 현직 님만큼 우리 고객들을 가까이에서 못 봐요. 팀장으로서의 일이 있으니까요. 현직 님이 우리 팀에서 고객을 가장 잘 아는 사람이 되길 기대합니다."

그때 어렴풋이 알았어요. 팀장과 팀원은 그저 역할이 다를 뿐이라는 것을요. 그래서 그때부터 고객에 대해 누구보다 잘 아는 팀원이 되고자 노력했습니다. 고객의 행동을 보고 대부분이 '아, 그렇구나' 하고 생각하며 넘어갈 때 저는 몇 번씩 '왜?'라고 물었어요. 남들이 대충 보는 고객 데이터도 깊고 자세히 뜯어보았고요. 그러던 중 고객들의 특이한 행동을 찾아냈습니다. 남들은 미처 깊이 들여다보지 않았던 광고의 영역에서요.

일반적으로 생활용품은 소비자들에게 너무도 익숙한 제품이 많습니다. 그래서 광고를 통해 무언가를 새롭게 알리기보다는 유통 채널 확장이나 할인 프로모션이 구매를 이끌어내는 데 중요하다고 알려져 있습니다. 많은 사람이 섬유유연제도 그럴 것이라고 생각했지만, 막상 데이터를 자세히 보니 그렇지 않았어요. 브랜드의 구매자 수는 텔레비전 광고와 가장 상관성이 커 보였습니다. 고객들을 만나 물어본 결과 (10년이 지난 지금은 다르겠지만) 빨래할 때 꼭 쓰지 않아도 되는 섬유유연제는 세제와 달리 광고를 보고 충동 구매하는 제품이라는 사실을 알게 되었습니다.

저는 이를 바탕으로 대대적인 마케팅 전략 전환을 제안했습니다. 할인 프로모션과 유통 채널 확장에 집중했던 기존 브랜드 전략과 크게 달랐기 때문에 많은 경영진이 우려를 표했지만, 제가 누구보다 고객을 깊게 들여다보았다는 것을 아는 팀장은 흔쾌히 그들을 설득해주었습니다.

새로운 전략은 큰 효과를 발휘하며 좋은 성과를 낳았고, 이 일은 제가 팀장으로 승진할 수 있는 계기로 이어졌습니다. 이제는 확실히 알고 있습니다. 팀장과 팀원은 역할이 다르고, 팀의 의사 결정에 팀원도 크게 기여할 수 있다는 것을요.

팀장이 훌륭한 팀원들의 솔직한 의견과 관점을 듣는 일은 너무나 중요합니다. 팀장의 역량 수준을 벗어나 어려운 문제를 해결하고 큰 성과를 내기 위해서는 좋은 생각을 지닌 팀원들과 머리를 맞대야 합니다. 자세한 정보를 팀장보다 많이 아는 팀원들의 의견과 관점을 모아 '팀장의 생각을 넘어선 해결책'을 내놓아야 합니다.

따라서 팀장과 팀원의 의견이 다를 때 팀장이 반드시 이길 필요가 없습니다. 반대로 팀원이 자주 팀장을 이기는 팀이 좋은 팀입니다.

어떻게 해야 팀원이 팀장을 이길 수 있나요?

팀장이 마지막에 말하기

팀장이 구체적인 의견이 있더라도 팀원들 이야기를 먼저 듣는 것이 중요합니다. 다같이 모여 이야기할 때는 연차나 직급이 낮은 팀원부터 의견을 말해달라고 청하는 것도 좋은 방법이에요. 팀원들 중에서도 연차가 높은 시니어가 먼저 말하면 주니어나 신입, 인턴들이 편히 의견을 내놓지 못하는 경우도 있습니다. 팀장은 언제나 마지막에 말하는 것이 좋습니다.

깊은 고민은 믿어주기

팀원이 진정으로 많이 고민했다고 하면 믿는 것이 좋습니다. 회사의 운명이 걸린 중대한 의사 결정이나 프로젝트가 아니라면요. '내가 예전에 비슷한 것을 해봤는데'라는 이유로 팀원과 의견이 다르다면 특히 더 그렇습니다.

실제로 팀장보다는 담당 팀원이 훨씬 많이 고민했을 거예요. 리스크가 크지 않다면 팀원의 생각대로 할 수 있게 지지해주세요. 팀장으로 일하다 보면 "팀장님, 저 이거 진짜 고민 많이 해봤는데요"라는 말을 많이 듣게 됩니다. 그때마다 저는 P&G에서 섬유유연제 고객들의 행동을 들여다보고 전략 변화를 제안했던 제 모습을 떠올립니다. 저도 그때 "팀장님, 저 진짜 고민 많이 해봤는데요"라고 말했거든요.

그럼에도 불구하고 끝내 동의할 수 없는 부분이 있다면, 그 이유에 관한 공감대를 형성해야 합니다. 그리고 우려되는 부분을 위해 추가로 파악해야 하는 데이터와 변수가 무엇인지 합의하고, 팀원이 다시 검토하고 최종 의견을 내도록 하면 그에게도 도움이 될 거예요.

팀장이 지는 것이 당연하다고 알려주기

팀장이 팀원의 도움을 받는 것은 당연합니다. 팀장의 생각이 항상 완벽할 수는 없으니까요. 어떤 분야에 대해 잘 모르거나, 가끔은 멍청하게 보이는 질문이나 이야기를 할 수도 있습니다. 그래서 우리가 팀으로 일하잖아요? 서로 모르고 부족한 부분을 채워주기 위해서요. 팀장이 부족한 점은 팀원들의 도움을 받으면 됩니다. 팀으로 일하는 회사에서는 당연한 것입니다. 그러니 팀장 여러분, 항상 똑똑해야 한다는 부담은 내려놓고 잘 모르는 부분에 관해서는 팀원들의 도움을 받으세요.

단점에 집중하면 신뢰 관계 구축이 늦어진다

· 오답 노트

X	O
저 팀원의 단점을 어떻게 고치지?	저 팀원의 강점을 어떻게 살리지?

팀장이 되고 나서 참으로 다양한 팀원들을 만났습니다. 저보다 나이가 많은 팀원도 있었고, 한창때의 젊은이여서 세대 차이를 느끼는 팀원도 있었어요. 누구보다 적극적이고 활발한 팀원부터, 회사에서는 조용하지만 밖에서는 멋진 일을 많이 하는 팀원도 만났습니다.

다양한 사람들과 일하다 보면 자연스럽게 더 믿음이 가는 팀원이 생긴다는 것을 고백해야 할 듯합니다. 팀장도 결국 사람이니까요. 어려운 일을 함께 풀어나간 경험이 있거나, 케미나 성향이 잘 맞거나, 하려는 일에 적극적으로 나서주는 팀원들과는 신뢰 관계가 빨리 만들어졌습니다.

반면 같이 일하다 보면 괜스레 불안하고 불편하여 신경 쓰이는 팀원도 많았습니다. 아마 팀원도 저의 마음을 느꼈겠지요. 자연스럽게 가까워지는 데는 오랜 시간이 걸렸습니다. 끝내 만들어지지 않은 경우도 있었고요.

이러한 신뢰 관계를 라포Rapport라는 심리학 용어로 부르는 경우가 많습니다. 최근에는 끈끈한 협업을 위해 회사 동료 사이에도 라포가 필요하다는 생각이 당연하게 받아들여지고 있습니다. 라포는 팀장에게도 중요합니다. 대부분의 경우 협업의 중심에 있으니까요. 팀장은 좋은 이야기도 하지만, 부정적이고 힘든 이야기도 할 수 있어야 합니다. 팀원의 잘못을 지적하고 피드백하는 경우가 대표적입니다.

라포가 없는 상황에서는 이런 커뮤니케이션으로 불필요한 걱정과 스트레스가 생기기도 합니다. 이때는 팀원뿐만 아니라 팀장에게도 힘든 순간입니다. 지시 사항을 변경하거나 업무를 파악하기 위해 질문할 때도 라포가 없으면 에너지가 불필요하게 소모됩니다.

라포가 없으면 단순한 요청이나 질문에도 상대의 의도를 의심하고, 의도가 있을 거라고 건너짚고, 부정적인 상황을 모면하기 위해 불필요한 일들을 하게 됩니다. 서로에 대한 신뢰가 충분하면 쉽게 대화하고 결정할 수 있는 주제여도 말이죠.

협업 경험이 충분하지 않아 서로가 서로를 잘 모르는 경우에는 라포의 부재가 더욱 크게 다가옵니다. 팀장으로 일하다 보면 팀을 구축하며 직접 채용한 팀원도 있지만 그렇지 않은 팀원들도 만나게 됩니다. 직접 채용한 팀원들은 입사 이전의 이력부터 입사 초반의 적응 과정까지 지켜보니 그의 '회사 속 역사' 대부분을 함께하게 되는데요. 반면 직접 채용하지 않은 팀원들은 내가 모르는 회사 속 역사를 많이 경험한 상태입니다. 이를 잘 모른 채로 일하려면 서로에게 적응 기간이 필요합니다. 그만큼 라포가 만들어지는 데도 시간이 오래 걸리고요.

그렇게 서로 알아가면서 일하다 보면 유독 단점이 눈에 들어오는 팀원이 생기곤 합니다. 질문하거나 업무 요청을 할 때 유달리 방어적인 팀원들이 있었습니다. 이제 막 팀장이 되어 이것저것 새로이 시도하고 싶은 것이 많았는데, 그들 때문에 속도가 나지 않는다고 생각했어요. 그렇게 생각하기 시작하니 단점이 더 크게 눈에 들어왔습니다.

시간이 지난 이후 제가 모르던 팀원들의 회사 속 역사를 알게 되었고, 그제서야 부정적이고 방어적이었던 팀원들이 이해되었습니다. 제가 팀장이 되기 전 겪은 많은 사건, 사고가 그들 머릿속에 차곡차곡 저장되어 있었기 때문이지요. 그래서 어떤 일을 하더라도 자연스럽게 '예전에도 이런 일 때문에 문제가 생겼다'라는 경고 메시지가 먼저 머릿속에 떠오른 것입니다. 팀원들도 경험을 토대로 팀에 도움이 되는 방향으로 목소리를 냈는데 제 눈에는 방어적인 태도로 보였던 것이죠.

다행히 팀원들의 '사고 일지'를 바탕으로 각자의 배경과 강점을 살릴 수 있도록 역할을 변경했고, 이후에는 그들도 좋은 활약을 보여주었습니다. 그 후로도 팀원들과 서로를 알아가는 적응 기간에 단점이 눈에 유독 밟히는 이들을 만났는데요. 그때마다 저는 먼저 제가 모르는 팀원들의 역사를 알려고 합니다.

일하다 보면 자연스럽게 팀장은 팀원의, 팀원은 팀장의 단점을 알게 됩니다. 이때 서로가 서로의 단점에만 집중하면 라포를 만들기 힘들어집니다. 우리는 단점이 없는 완벽한 사람은 없다는 사실과, 서로의 역사를 알면 비교적 쉽게 서로를 이해할 수 있다는 사실을 자주 망각합니다.

특히 팀장은 팀원의 장단점을 파악하여 역할을 정하고 업무 구조를 짜야 하는데, 팀원의 단점에만 집중하면 팀의 리소스를 충분히 활용하지 못합니다. 그러니 모든 사람에게는 단점이 있다는 것을 인정하고, 각 팀원의 강점을 살릴 수 있는 역할과 미션을 배정하는 데 집중해야 합니다.

저는 공격수와 수비수로 자주 비유하는데요. 공격수는 공격을, 수비수는 수비를 할 수 있게 해주는 것입니다. 성향이 다소 느리고 꼼꼼하며 신중해서 속도감이 빠른 프로젝트에 적응하기 힘들어하는 팀원에게는 꼼꼼함과 조심성이 필요한 업무를, 세부적인 구조화는 약하지만 진취적이고 도전적인 팀원은 리스크를 안고 과감하게 도전할 필요가 있는 업무에 배정하는 것처럼 말이죠.

물론 공격수가 수비를 해야 하는 상황도 생깁니다. 그때는 이렇게 생각해주세요. 최고의 공격수 손흥민 선수가 어쩔 수 없는 이유로 수비해야 한다면, 아무리 손흥민이라도 몇 골 먹힐 각오는 해야 한다고요.

헌신, 팀장의 가장 큰 경쟁력

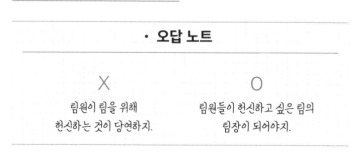

• 오답 노트

X	O
팀원이 팀을 위해 헌신하는 것이 당연하지.	팀원들이 헌신하고 싶은 팀의 팀장이 되어야지.

저는 12년 가까이 마케팅을 하고 있는데요. 마케팅 팀장이 되고 나서 한동안은 '지금 내가 뭘 하고 있지?'라는 생각을 하

루에도 열두 번씩 했습니다. 막연한 불안함과 걱정도 컸습니다. 마케터가 팀장이 되면 마케팅이 아닌 다른 일을 더 많이 하기 때문이었습니다. 마케터는 말 그대로 마케팅을 하지만, 마케팅 팀장은 팀과 개인의 우선순위 설정, 유관 부서와의 갈등 조율, 좋은 팀을 구축하기 위한 채용과 면접, 팀원의 문제 해결 등 마케팅과 직접적인 관련이 없는 관리 업무에 훨씬 많은 시간을 쓰게 됩니다. 그래서 마케팅을 잘한다는 이유로 마케팅팀의 팀장이 되는 것은 모순이에요. 팀장이 되고 나면 다른 일을 더 많이 하거든요.

그런데 실제로는 마케팅을 잘해서 마케팅 팀장이 되는 경우가 대부분이에요. 기획을 잘해서 기획팀 팀장이 되고, 디자인을 잘해서 디자인팀 팀장이 됩니다. 그럼 생각하지 못했던 일상이 벌어져요. 팀장이 된 이상 마케터나 디자이너라는 개인으로서 성과를 내는 것이 아니라, 그 일을 하고 있는 팀원들을 지원하고 관리하여 팀의 성과를 내야 하기 때문입니다. 결국 마케팅 팀장이나 디자인 팀장에게 필요한 것은 마케팅이나 디자인 역량이 아니라 팀원들의 업무와 갈등을 관리하고 몰입을 이끌어내는 역량입니다.

그럼 관리 역량의 핵심은 무엇일까요? 지금까지의 경험을 바탕으로 나름대로 내린 결론은 이렇습니다. 관리 역량의 핵심은 상대방을 진심으로 아끼고 헌신하는 태도입니다. 이유는 단순해요. 관리자로서 팀장이 관리하는 대상은 어디까지나 감정이 있는 사람이기 때문입니다. 앞으로도 마찬가지일 거고요.

회사에 사람들이 모여 일하는 것은 혼자서는 해결하기 힘든 큰 문제가 있기 때문입니다. 사람들은 혼자서는 풀기 힘든 큰 문제를 힘을 모아 해결하려고 합니다. 어렵고 큰 문제를 해결하려면 성향과 감정, 전문성이 다른 사람들이 몰입하여 머리를 맞대고 힘을 모아야 합니다. 팀이라는 이름으로 같은 목적을 달성하기 위해 서로가 서로의 성공을 진심으로 도와야 합니다.

제 경우에는 항상 맞는 말만 하는 똑똑한 동료보다는, 동료에게 먼저 선의를 베풀고 팀과 회사를 위해 헌신하는 동료들을 먼저 도와주고 싶었습니다. 이런 이유로 제가 경험했던 회사에서 성공한 사람들은 대부분 착하고 헌신적이었습니다. 지능지수가 가장 높거나 똑똑한 사람이 아니라요.

착하고 헌신적인 사람 주위에는 항상 그가 성공하기를 진심으로 바라며 헌신하는 좋은 동료들이 모입니다. 그래서 저는 스마트한 팀장보다 착하고 헌신적인 팀장이 더 큰일을 할 것이라고 믿습니다. 저 또한 헌신적이고 착한 팀장이 되려고 항상 노력하고 있고요. 팀원들의 진심 어린 도움을 받기 위해서입니다.

팀장이라는 역할은 누구에게나 참으로 어렵습니다. 하지만 저는 좋은 팀을 만드는 것이 1백 퍼센트 팀장의 책임이라고 생각하지는 않아요. 그리고 이 글을 읽는 여러분도 그렇게 생각하시지 않기를 바랍니다.

좋은 팀을 만드는 데는 분명 팀장의 역할이 큽니다. 팀원과 팀원을 연결하고, 팀과 다른 팀을, 그리고 팀과 회사를 연결하는 중요한 역할을 하니까요. 하지만 제 경험에 따르면 팀장의 노력과 역량만으로 완벽한 팀을 만드는 것은 불가능합니다.

좋은 팀이 탄생하기 위해서는 팀을 구성하는 팀원 혹은 다른 이해관계자들도 중요합니다. 훌륭한 팀이 만들어지려면 팀원들의 의지와 노력, 그리고 팀을 돕고자 하는 훌륭한 경영진과 회사의 문화도 필요하니까요.

팀장 혼자서 좋은 팀을 만들기는 불가능하니 다른 사람이나 환경을 탓하라고 말하려는 것은 아닙니다. 좋은 팀을 만들고 잘 가꾸는 것은 원래 생각보다 힘든 일이거든요. 그러니 조급해하거나 자책할 필요가 없습니다. 상황과 사람, 회사를 혼자만의 힘으로는 바꾸지 못해 자책하는 팀장이 없기를 바랍니다.

02 너잘내잘 원칙

팀장을 위한 팀원이 아니다

처음 팀장이 되었을 때는 금세 좋은 팀장이 될 수 있을 줄 알
았습니다. 지금까지의 노력을 인정받아 팀장이 되었으니, 앞
으로도 지금처럼만 하면 된다고 믿으면서요. 그래서 이후에
도 전과 같은 방식으로 일했습니다.

팀장으로서 저의 방식에 문제가 있다고 깨달은 것은 '팀장
이 모든 일을 완벽히 통제할 순 없다'는 것을 알아차린 뒤였습
니다. 팀장이 되고 보니 팀원들이 지금 무슨 일을 하는지, 내
가 요청했던 업무는 어떻게 진행되는지, 실행한 업무의 결과
는 어떤지와 같은 것들을 속속들이 알 수 없었습니다. 모든 상
황을 확인하려면 매 순간 팀원에게 진행 상황을 묻고 피드백

해야 합니다. 그 일만으로도 하루가 다 지나버리고요. 흔히 볼 수 있는 극한의 마이크로 매니징입니다.

그때 저는 '팀장을 위해 팀원들이 존재한다'라고 생각했습니다. 팀장 승진은 곧 회사의 인정이라고 생각한 탓입니다. 자연스레 팀장이 팀에서 가장 중요하고, 팀장을 위해 팀원들의 협조가 필요하다고 생각했죠.

하지만 이런 생각으로는 팀이 잘 돌아가지 않았습니다. 마이크로 매니징이 되니 팀원들과의 마찰도 점점 많아지고, 힘들다고 토로하는 팀원들도 있었어요. 지금 생각해보면 참 숨 막히는 팀장이었습니다. 이후 경험을 쌓고 여러 스타트업에서 일하면서 팀장의 역할에 대한 근본적 관점이 많이 바뀌었습니다.

스타트업에서 팀을 만들기도 했고, 실적과 분위기가 좋지 않던 저성과 팀과 함께 무언가를 바꿔야 하기도 했는데요. 다양한 경험과 시행착오를 거친 지금 저의 모습을 되돌아보니 무엇이 잘못되었는지 알 수 있었습니다. 가장 잘못된 생각은 팀장의 본질과 역할에 대한 것이었어요. 바로 '팀장을 위해 팀원이 존재한다'라는 생각 말이죠.

그렇다면 팀장은 왜 필요할까요? 예전에는 대답하기 힘들었지만 지금은 그 이유를 짧고 단순하게 말할 수 있습니다. 우리는 혼자 일하지 않기 때문입니다. 목표가 같은 여러 사람이 모여 함께 일하기 때문에 회사에는 팀장이 꼭 필요합니다.

팀장은 오케스트라의 지휘자나 스포츠 팀의 주장 같은 역할을 한다고 많이들 말합니다. 또다시 들으면 지겨울 정도로 모두 아는 이야기예요. 하지만 중요한 이야기입니다. 혼자가 아니라 여럿이 모여 무언가를 같이 하기로 결정했기 때문에 지휘자, 주장 그리고 팀장 모두가 필요합니다. 혼자 연주하는 독주와 혼자 경기하는 개인 스포츠에 지휘자와 주장이 없는 것을 보면 잘 알 수 있습니다.

회사에 입사하면 혼자가 아니라 여럿이 함께 일하기로 합의하고 팀에 배정됩니다. 혼자보다는 다수가 모였을 때 더 크고 어려운 일을 할 수 있다고 믿기 때문입니다. 즉, 팀장은 '개인'이 아니라 '팀'이 일을 잘하기 위해서 존재합니다. 지휘자가 본인이 아니라 오케스트라 전체의 연주를 위해, 주장이 주장 본인보다는 팀 전체의 승리를 위해 존재하는 것처럼요.

팀은 결국 팀원들의 합이니 이렇게 이야기할 수도 있습니다. 팀장을 위해 팀원이 존재하는 것이 아니라, 팀원을 위해 팀장이 존재한다고요. 이것이 팀장의 본질입니다. 팀원이 일을 잘할 수 있도록 하기 위해 팀장이 필요합니다. 다르게 말하면 팀원이 잘되어야 팀이 잘되고, 팀이 잘되어야 팀장이 잘됩니다. 결국 팀원인 '너'가 잘되어야 팀장인 '내'가 잘된다는 '너잘내잘' 원칙을 명심해야 팀 전체가 잘됩니다.

그럼 개인이 성과를 내는 것과 팀이 성과를 내는 것에는 어떤 차이가 있을까요? 둘은 비슷하지만 큰 차이가 있습니다. 저도 처음에는 팀장이 개인으로서 일을 잘하면 팀이 잘되는 것이라 생각했어요. 하지만 이는 앞서 말한 것처럼 지속 가능하지 않습니다. 팀원들의 모든 일을 파악하고 직접 일하듯이 챙기는 것은 불가능하기 때문입니다. 무엇보다 이렇게 일하는 것은 회사가 팀을 만든 이유와 동떨어져 있습니다. 개인이 아니라 여럿이 모여 더 큰 성과를 내기 위해 팀을 만든 것이니까요.

개인으로서 성과를 내는 것과 팀으로서 성과를 내는 것에는 공통점도 있지만 차이점도 있습니다. 그래서 둘을 나누어 생각할 필요가 있습니다.

개인이 잘하는 것과 팀이 잘하는 것

개인과 팀 모두가 일을 잘하고 성과를 내기 위해서는 명확한 목표가 필요합니다. 목표는 곧 내가 일을 통해 결과적으로 얻고자 하는 구체적인 성공을 말해요. 목표가 구체적이고 명확할수록 개인이나 팀이 일에 집중할 수 있다는 말은 당연해서 길게 설명할 필요가 없습니다.

우리는 얻고자 하는 최종 결과물과 성공을 정의하기 위해 목표를 세웁니다. 일을 시작하기 전에 모두가 원하는 성공의 모습을 구체적으로 정의해야 모두가 목표에 몰입할 수 있으니까요. 이것은 단순히 연간 계획 문서에 꼭 넣어야 하는 목표를 수립하거나, 나중에 평가하기 위해 평가 지표를 설정하는 것보다 훨씬 크고 넓은 일입니다.

존 F. 케네디 전 대통령이 미국항공우주국^{NASA}을 방문했을 때 복도에서 일하고 있는 청소부에게 지금 무슨 일을 하느냐고 질문했습니다. 그때 "저는 사람을 우주로 보내는 일을 하고 있습니다"라고 대답한 청소부의 이야기는 목표가 명확한 팀 구성원을 상징하는 유명한 일화가 되었습니다.

목표가 분명해야 하는 이유는 단순합니다. 개인이나 팀은 리소스가 언제나 한정되어 있기 때문입니다. 우리는 무슨 일을 하더라도 시간과 노력이라는 리소스를 사용합니다. 일에 따라서는 돈이나 타인의 인력도 필요하고요. 이 중 특히 시간이라는 리소스가 가장 귀합니다. 시간은 누구에게나 똑같이 흘러가지만 되돌릴 수 없고 비용과도 직결되니까요.

우리가 아무 일을 하지 않아도 하루라는 고정비용은 발생합니다. 멋진 일을 이루어낸 하루에도, 허탕을 친 하루에도 똑같이 하루만큼의 비용이 발생합니다. 아직 수익을 내지 못해 투자금으로 운영되고 있는 스타트업에서는 시간이라는 자원이 더욱 귀해집니다. 허탕을 친 하루는 하루만큼의 투자금 손실을 말합니다. 반대로 좋은 성과를 낸 하루는 투자 효과를 본 하루라고 볼 수 있고요.

분명한 목표를 세우고 시간과 노력을 어디에 집중적으로 쓸지를 결정하는 것이 개인이나 팀의 성과에 가장 큰 영향을 미치는 요인이라고 해도 지나치지 않습니다. 우리 대부분은 회사에서 우리의 모든 자원을 최대한 효율적으로 사용해도 풀 수 있을까 말까 한 어려운 문제를 풀고 있는 경우가 많으니까요.

개인으로 성과를 내는 것과 팀으로 성과를 내는 것의 가장 큰 차이점은 '내가 아니라 남이 잘해야 한다'는 것입니다. 팀이 성과를 내기 위해서는 내가 아니라 남이 잘해야 합니다. 물론 팀의 일원으로서 팀장 스스로가 잘하는 것도 중요하지만, 팀이 좋은 성과를 내기 위해서는 팀원 개개인이 모두 잘하는 것이 중요합니다. 그래서 팀으로서 성과를 내기 위해서는 성장이 필요한데, 성장의 주체는 팀장이 아니라 팀원들입니다.

이는 스포츠 팀이 우승하려면 1, 2명의 슈퍼스타만으로 부족한 이유와 같습니다. 1, 2명의 슈퍼스타가 몇 경기를 이기게 할 수는 있지만, 수십 경기를 치러야 하는 상황에서는 이야기가 달라집니다. 그들이 다치거나 팀을 이탈하기라도 한다면 큰일이고요. 결국 구성원 모두가 1인분 이상의 역할을 하는 팀이 우승할 수 있습니다.

회사의 팀도 마찬가지입니다. 슈퍼스타에 의존하는 팀은 변화에 취약할 수밖에 없습니다. 이들이 모든 일을 할 수는 없기 때문입니다. 스포츠 팀과 마찬가지로 슈퍼스타 팀원이 회사를 나가거나 아프기라도 하면 큰일이고요. 결국 모두가 각자의 역할을 충실히 해낼 수 있는 역량을 가진 팀원들로 성장해야 합니다.

팀으로 일하는 것이 개인보다 좋은 이유 중 하나는 서로의 강점을 활용하고 단점을 보완해줄 수 있다는 것입니다. 개인으로 일할 때는 약점을 스스로 노력하여 극복해야 하는데요. 팀에 나의 단점을 메워줄 수 있는 동료들이 있다면 굳이 그럴 필요가 없습니다. 각자가 잘하는 부분에 집중하면서 단점은 서로 보완해줄 수 있으니 에너지를 아끼고 강점을 극대화하며 팀 전체의 성과를 낼 수 있어서 서로에게 좋습니다.

명확한 목표를 위한 세 가지 고민

팀으로 성과를 내려면 명확한 목표와 모두의 고른 성장이 필요하다고 했는데요. 목표와 성장을 나눠서 자세히 살펴보겠습니다. 먼저 목표입니다.

제가 만난 리더들 중 팀원들이 깊게 몰입할 수 있는 팀을 만든 사람은 가장 먼저 팀의 목표부터 분명히 세운 후 여기저기 알렸습니다. 저는 그 리더와 일할 때 매우 몰입할 수 있었기 때문에 모방했어요. 저도 어떤 팀을 맡든 목표부터 분명하게 세웠습니다. 그럼 팀장이 챙겨야 하는 팀의 목표에는 어떤 것들이 있을까요?

- 팀의 비전
- 팀의 결과 지표
- 팀의 정체성

비전은 팀이 풀고자 하는 고객의 문제나, 세상에 보여주고자 하는 가치 혹은 변화입니다. 두루뭉술해 보일 수도 있지만, 좋은 비전은 팀에 큰 영향을 줍니다. 사람들은 그 비전을 보며 조직의 'why'를 이해하기 때문입니다. 팀이 왜 그 일을 하려 하는지, 그 일이 성공하면 어떤 변화가 만들어질지 알고 있다면 여정에 참여하는 팀원들의 마음가짐이 달라질 테니까요.

팀의 비전은 단순히 몇 개월 안에 해결할 수 있는 문제보다 오랫동안 고군분투해야 해결할 수 있는 멋진 일이면 좋습니다. 이런 비전은 지치고 힘든 팀원들에게 어렵지만 이 일을 해야 하는 이유를 상기시켜줍니다. 잘 만들어진 비전은 팀원들 사이에서 유행어나 밈처럼 쓰이기도 하고, 주요 의사 결정의 기준이 되기도 합니다.

누군가는 팀이라는 작은 조직에 거창한 비전이 무슨 의미가 있느냐고 의문을 가지기도 합니다. 사실 멋진 비전이 없어도 큰 문제는 생기지 않아요. 하지만 영향력 있는 비전이 팀원들의 태도와 마음가짐에 긍정적인 영향을 미치는 것을 직접 본다면 생각이 달라질 거예요.

우연히 한 게임 회사의 마케팅팀과 이야기 나눈 적이 있는데요. 수명이 짧은 모바일 게임이 범람하는 요즘 '10개월이 아니라 10년 동안 사랑받는 모바일 게임을 만들자'라는 멋진 비전을 가지고 있었습니다. 그 비전을 여기저기 적어놓는 것뿐만 아니라 평소 팀원끼리 대화하며 자주 말하는 것이 인상적이었습니다. 비전을 기준으로 의사 결정을 하려는 노력도 눈에 띄었어요. '지금 우리가 어떤 결정을 해야 이 게임이 10년 넘게 사랑받을까?'라고 고민하더라고요. 멋져 보였습니다.

그래서 저도 따라 해보았어요. '디지털 생태계의 콘텐츠 제공자와 시청자 모두에게 가장 영향력 있는 커뮤니티를 만들자'와 같은 비전을 만들고, 팀원들이 진심으로 믿으며 일의 기준으로 생각해주기를 바랐습니다. 시간과 노력이 필요했지만 팀원들이 실제 업무에서 유행어처럼 비전을 주고받으며 지켜나가려 하는 모습을 보면서 비전을 만들길 잘했다고 몇 번이나 생각했습니다.

저는 회사에서의 태도뿐만 아니라 회사 밖의 삶이나 가치관에도 영향을 주는 팀의 문화가 있다면 위대한 팀이라고 생각하는데요. 그 시작점은 팀원들이 진심으로 믿고 지지하는 팀의 why와 비전입니다.

두 번째는 결과 지표입니다. 결과 지표는 구체적 시점에 달성하기로 합의한 정량적 결과를 말합니다. 나아가 팀이 비전을 실현했을 때 단기적으로 얻는 정량화한 성공의 모습이라고 할 수도 있고요. 결과 지표가 구체적이기 위해서는 측정 가능해야 하고, 이를 언제까지 달성하겠다는 가시성과 시점이 명확할수록 좋습니다.

비전은 주위 동료들과 합의하기가 크게 어렵지 않은 경우가 많아요. 대부분 멋지고 좋은 말이니까요. 하지만 결과 지표는 다릅니다. 구체적이고 정량적이고 시점이 정해져 있을수록 많은 이해관계자의 합의가 필요해집니다.

결과 지표는 비전보다 더 구체적이고 결속력 있는 방식으로 팀원들에게 '지금 팀이 무슨 일을 먼저 해야 하는지'를 말해주는 경우가 많습니다. 비전은 듣는 사람에 따라 해석의 여지가 있지만 결과 지표는 해석의 여지가 없습니다. 또 없어야만 해요. 그러기 위해서 만드는 것이니까요.

비전을 생각하면 그와 관련된 모든 일을 해야 할 것 같지만, 결과 지표를 생각하면 지금 당장 무엇을 하고 하지 말아야 하는지가 명확해집니다. 구체적이고 분명한 결과 지표가 있는 팀원들은 개개인의 역량을 살려 지금 어떤 일을 해야 하는지를 그려냅니다. 객관적인 결과 지표를 기반으로 팀원들의 시간과 팀의 리소스를 어디에 써야 할지 충분히 논의하면 항상 성과 달성에 큰 도움이 되었습니다.

결과 지표를 설정하는 방법

문샷Moon-shot 어프로치

이 방법을 활용할 때는 결과 지표를 공격적으로 높게 잡습니다. 어떤 사람들은 10배 성장하기 위한 방법을 찾아내자는 의미로 '텐엑스 어프로치10X approach'라고도 부릅니다. 기존 방식과는 완전히 다른 접근이 필요하거나 한 번도 풀어본 적 없는 큰 문제를 풀 때 높고 진취적으로 결과 지표를 설정하는 방법입니다.

딜리버리Delivery 어프로치

이 방법에서는 목표를 현실적으로 잡습니다. 이렇게 수립된 결과 지표는 예측Forecast 혹은 시뮬레이션Simulation에 가깝습니다. 즉, 과거 성과의 연속성을 바탕으로 단기적으로 예측할 수 있지만 실수 없이 반드시 달성^{deliver}해야 하는 목표를 세우고 치밀하게 달성하는 접근 방식입니다.

팀이 완전히 새로운 문제를 풀어야 하고 이를 위해 공격적이고 진취적인 전략이 필요하다면 문샷 어프로치를, 연속적인 문제를 풀면서 안정적이고 세밀한 운영이 필요하다면 딜리버리 어프로치를 택합니다. 물론 선택하는 방향에 따라 팀을 운영하는 방식도 유연하게 변해야 합니다. 도전적인 목표를 설정했는데 팀원들이 기존 방식대로 일하거나 보수적으로 접근하기를 기대하면 안 되고, 안정적인 목표를 설정했지만 팀원들이 위험을 무릅쓰고 과감하게 도전하기를 바라면 안 되니까요.

마지막은 팀의 정체성입니다. 정체성은 우리가 팀을 둘러싼 사람들에게 평가받고 싶은 이미지를 말합니다. 이를 위해서는 공동의 문화나 업무 태도에 대한 원칙이 필요합니다. 문화나 원칙은 그저 있으면 좋은 것이 아니라, 팀의 목표를 달성하기 위한 핵심 수단이기 때문입니다. 그래서 팀의 정체성은 반드시 비전과 정량 지표로부터 도출되어야 합니다. 팀에 공동의 문화나 업무 원칙이 필요한 이유는 결국 비전과 결과 지표를 달성하기 위해서입니다.

목표가 같더라도 누군가는 과감한 의사 결정을 바탕으로 신속하게, 누군가는 합의와 공감을 중요시하며 한 걸음씩 차근차근 일을 진행할 수도 있습니다. 목표가 같은 두 팀이 있다고 하더라도, 주어진 상황이나 팀원들의 역량 수준이 다르면 각기 다른 협업 원칙과 업무 태도가 필요할 것입니다.

다양한 문화에 맞고 틀림이 없듯, 팀의 정체성 또한 맞고 틀림이 없어요. 어떤 방식이 옳거나 그르기 때문이 아니라 목표 달성을 위해 팀의 상황과 역량에 맞는 공동의 문화와 태도를 정의하는 것입니다. 선택이나 취향의 문제가 아니라 목표를 더 쉽게 달성하기 위한 팀의 경쟁력 차원에서 말이죠. 잘 합의된 협업 원칙이나 업무 태도는 핵심 경쟁력이 됩니다.

목표를 달성하기 위해 진취성이 필요하다면 팀이 진취적으로 행동할 수 있도록, 세심함과 면밀함이 필요하다면 팀이 그렇게 일할 수 있도록 팀의 색깔을 정하면 좋습니다. 스포츠 팀에는 그 팀만의 특색이 있는 경우가 많은데요. 그런 팀에 새로운 선수가 합류하면 다른 선수들이 믿고 따르는 팀의 색깔에 자연스럽게 영향을 받습니다. 팀의 색깔은 목표나 상황에 따라 자연스럽게 변하거나 진화합니다. 다른 목표가 주어지거나 상황 혹은 구성원이 바뀌면 정체성도 자연스럽게 변화하고 적응해가야 합니다.

정체성을 설정할 때 팀에 대한 메타인지를 통해 강점과 약점을 파악하면 도움이 됩니다. 현재의 강점을 살리면서 단점은 보완하는 방향으로 정체성을 설정하면 좋습니다. 개개인의 역량은 훌륭한데 협업 시 손발이 맞지 않는다면 '가장 협업을 잘하는 팀'으로, 협업 경험이 많아 손발은 잘 맞는데 개개인의 실수가 많거나 역량이 부족하다면 '해당 분야의 전문가들이 모인 팀'으로 정체성의 방향을 잡고 함께 만들어가자고 하면 팀원들의 태도나 생각이 조금씩 변화하기 시작합니다.

목표를 위한 비전, 결과 지표 그리고 정체성은 비슷하지만 미묘하게 다릅니다. 하지만 잘 활용하면 팀원들이 비교적 쉽게 팀의 방향성에 몰입하여 성과를 달성하는 데 도움이 되었습니다. 세 가지를 통해 팀의 why(비전), what(결과 지표), how(정체성)를 쉽고 직관적으로 보여줄 수 있거든요. 세 가지를 가상의 반려동물 용품 브랜드와 인테리어 서비스로 가정하고 정리하면 다음와 같습니다.

팀의 목표를 만든 뒤에는 같이 일하는 유관 부서 및 경영진과도 합의하여 팀원들이 목표에 집중할 수 있게 하는 것이 중요합니다. 명확한 목표가 없다면 누군가의 급박한 요청이나 상급자의 지시, 혹은 각자의 주관적인 판단에 의해 이리저리 흔들리는 팀이 될 수도 있습니다. 그렇게 일하다 보면 다음과 같은 말을 팀원으로부터 자주 듣게 됩니다.

	반려동물 용품 브랜드	인테리어 서비스
비전	애견인이 강아지가 먹고, 입고, 노는 것들을 위해 가장 먼저 떠올리고 가장 자주 사용하는 브랜드를 2026년까지 만든다.	20~30대 1인 가구가 홈 인테리어를 생각할 때 가장 먼저 찾는 서비스를 5년 안에 만든다.
결과 지표	2024년까지 거래액 1천억 원 달성	2024년까지 20~30대 침투율 30퍼센트 달성
정체성	유관 부서와 커뮤니케이션 및 협업을 가장 잘하는 팀이 된다.	1인 가구 소비자를 가장 깊이 이해하는 팀이 된다.

"우리 팀은 사내 대행사 같아요."

"우리 팀은 무슨 일을 하는지 모르겠어요."

"우리 팀은 왜 있는지 모르겠어요."

물론 팀을 둘러싼 사람들이 목표에 합의하는 과정은 쉽지 않습니다. 유관 부서와 경영진 모두 팀에 대한 각자의 기대와 필요가 있으니까요. 그래서 이들의 의견을 잘 듣고 팀의 목표에 적절히 반영하는 것이 중요합니다. 이들의 도움이나 합의가 없다면 팀이 외치는 목표나 비전이 그저 허공의 메아리가 될 수 있기 때문입니다. 팀의 목표에 대한 합의는 명백하고 강할수록 좋습니다. 합의한 목표는 틈틈이 유관 부서와 경영진과 공유해야 합니다.

그리고 팀의 목표를 위해 필요한 프로젝트가 팀원들에게 있는지 묻고, 또 스스로 시도할 수 있도록 하여 팀원들을 팀 목표의 일부로 만들면 더 좋습니다. 그래야 팀원들이 더 몰입할 수 있고, 남이 시켜서 하는 일이 아니니 문제가 있을 때도 쉽게 포기하지 않고 책임감을 가지고 일합니다. 이 과정을 적극 지원해 팀원 스스로 문제를 해결하고 목표에 다다를 수 있도록 해주면 팀원의 성장이라는 부수익까지 따라왔습니다.

그 과정에서 비전이나 정체성에 부합하는 행동을 하는 팀원이 있다면 많이 칭찬해주세요. 팀원들이 비전과 정체성을 계속 언급하고 인식해야 한 번 쓰고 덮어놓는 것이 아닌 '살아 있는 것'으로 느낍니다. 누군가는 팀의 비전이나 정체성 같은 것들이 문서 한켠에 쓰인 실효성 없는 무언가라고 생각할 수 있으니까요.

이렇게 합의한 비전과 목표를 실제로도 회사의 많은 사람이 중요하게 생각하고 자주 언급한다면 팀원들도 스스로가 회사를 위해 중요한 일을 하고 있다고 생각할 것입니다. 미국 항공우주국에서 "저는 사람들을 우주로 보내는 일을 하고 있습니다"라고 말한 청소부처럼요.

팀원의 성장을 위한 세 가지 방법

개인이 아니라 팀이 잘하기 위해 두 번째로 중요한 것은 팀원들의 성장입니다. 팀의 비전, 결과 지표, 정체성 같은 목표에 합의했다면 이제 구체적으로 그 일을 누가, 어떻게 할지 정해야 합니다. 여기서 팀장에게 가장 필요한 것은 '팀원들이 각자의 일을 해낼 수 있는 역량과 경험이 충분한가?'를 고민하는 것입니다. 고민한 결과가 회의적이라면 팀원이 일을 해낼 수 있도록 만드는 것이 팀장의 주요 역할입니다.

더 크고 어려운 목표와 비전을 달성하기 위해 팀장 혼자 잘하고 성장하기보다는 팀원 전체가 성장하는 것이 훨씬 중요합니다. 앞서도 말했듯이 팀장을 위해 팀원이 존재하는 것이 아니라 팀원을 위해 팀장이 존재하니까요. 결국 팀원을 성장시키는 것이 팀장에게 가장 중요한 일입니다.

저는 이것을 몰랐기 때문에 팀장으로 처음 맡은 팀이 제대로 굴러가지 않았습니다. 당시에는 팀원들의 성장은 개인의 열정과 의지를 바탕으로 하며, 팀장의 지시대로 진행한 일의 성과가 좋으면 자연스레 팀원들도 성장할 것이라고 생각했습니다.

하지만 이제는 팀원들이 그런 방식으로는 성장하지 못한다는 것을 알고 있어요. 누구든 시켜서 하는 일보다는 자기 생각과 의지대로 하는 일에서 더 큰 배움과 교훈을 얻으니까요. 그때는 스스로가 느끼는 책임감도 커집니다. 성장을 위해 필요한 경험과 교훈도 각자 다르고요. 저의 경험을 되돌아보며 팀장이 팀원을 성장시킬 수 있었던 방법을 이야기하려고 합니다.

팀원은 모르는데 팀장이 아는 경우: 티칭 혹은 트레이닝
팀원이 모르는데 팀장도 모르는 경우: 코칭 혹은 멘토링
라떼는 말이야: …?

팀장은 아는데 팀원이 모른다면 가르쳐주면 됩니다. 보통 티칭teaching이나 트레이닝training이라고 합니다. 팀원의 성장을 위한 가장 손쉽고 간단한 방법입니다. 팀장이 가르쳐줌으로써 즉각 팀원이 성장하도록 만들어줄 수 있으니까요.

주어진 일을 하는 데 필요한 정보와 기술 등을 팀장이 시의적절하게 알려주면 팀원 입장에서는 배움을 통해 멈추지 않고 계속 일할 수 있습니다. 효율적으로 일하고 배움도 얻을 수 있어 일석이조입니다.

이를 위해 현재 팀원이 무엇을 알고 무엇을 모르는지를 파악하는 것이 중요합니다. 팀원과 자주 대화하다 보면 파악할 수 있습니다. 그래서 팀원들과 업무에 대해 자주 이야기하는

것이 중요합니다. 특히 신규 입사자가 있어서 아직 서로를 잘 모르거나 새로운 프로젝트가 있다면 일주일에도 몇 번씩 만나 서로가 무엇을 알고 또 모르는지에 관해 대화할 필요가 있습니다. 업무를 위해 구체적으로 무엇을 하려 하는지, 그다음에는 무엇을 할지, 그 이유는 무엇인지 등을 질문하고 답변을 듣다 보면 팀원이 모르는 부분을 알 수 있어요.

대표적인 사례는 기술이나 기술의 사용법을 모르는 것입니다. 기술적으로 가능한 부분인데 어렵게 접근하고 있다면 사용 방법을 가르쳐주면 됩니다.

최신 소식이나 정보를 몰라 발생하는 문제도 많습니다. 최근 스타트업에서 가장 핫했던 키워드를 꼽으면 '캐링 커패시티Carrying capacity(광고 효과를 제외한 제품의 본질적 체력)'와 '바이럴 루프Viral loop(구조적으로 확산되는 입소문을 만들어내는 기능)'입니다. 새로운 정보나 접근법을 토대로 론칭된 프로젝트가 많은데, 이를 잘 모르는 팀원이 그 프로젝트에 참여할 수도 있습니다.

경력에 따라 특정 접근법을 모를 때도 있어요. 마케팅에서 일반적으로 말하는 'AARRRAcquisition, Activation, Retention, Revenue, Referral(고객의 사용과 구매 여정에 따라 퍼넬Funnel을 구축하고 관리하는 법)'을 통한 문제 해결법이나, '세그먼테이션Segmentation(충분히 크고, 도달 가능하고, 향후 성장성이 있고, 우리가 경쟁력을 지닌 시장이나 고객의 특정 집단을 찾는 법)'을 통해 시장의 기회를 포착하는 일이나, 'RFM

Recency, Frequency, Monetary 분석(고객의 최근성, 구매 빈도, 지출을 통해 고객의 가치를 측정하는 방식)'을 통해 기존 유저들의 가치를 판별하는 것이 일례입니다.

마케팅뿐만 아니라 다양한 영역의 경험이나 경력에 따라 팀원들이 모르는 정보나 접근 방식이 많을 거예요. 팀장은 알고 있지만 팀원은 모르는 정보나 접근 방식이 있다면 가벼운 티칭으로 쉽게 해결할 수 있습니다.

팀원이 직접 기획이나 분석의 결론을 내도록 하는 것도 도움이 됩니다. 가볍게 이야기 나눌 때는 팀장이 팀원의 생각을 정확히 알지 못할 수 있고, 그래서 팀원이 제대로 된 방향으로 가고 있다고 생각할 수도 있어요. 맡은 일에 대한 결론을 완결성 있게 제시해보라고 하면 막상 못 하는 팀원이 많습니다. 그러면 팀원 스스로도 본인이 무엇을 알고 모르는지 구체적으로 깨닫게 됩니다.

팀장이나 팀원이 모르는 문제를 만났다면 팀장은 팀원이 합리적으로 답을 찾을 수 있도록 도와야 합니다. 이 방식을 코칭coaching 혹은 멘토링mentoring이라고 합니다.

팀원 스스로 답을 찾고 성장하기 위해서는 틀리더라도 직접 문제를 풀어야 합니다. 팀장은 팀원이 주도적으로 시행착오를 할 수 있도록 해주고, 최대한 효율적으로 '나만의 오답 노트'를 만들어갈 수 있게 해주어야 해요. 제 경험상 합리적으로 시행착오를 할 수 있는 방법은 하나뿐이었어요.

팀장은 팀원이 스스로 목표를 세우고, 분명한 원인을 찾고, 합리적인 가설을 도출하고, 효율적으로 실행하여 문제를 풀 수 있도록 도와야 합니다. 이 과정이 힘들더라도 팀원이 주도적으로 고민하게 해줘야 해요. 결국 팀원이 스스로 맞다고 생각하는 대로 일해보고 배우는 것이 중요하거든요.

아마존 창업자 제프 베이조스는 의사 결정에 두 종류가 있다고 말합니다. 첫 번째는 한번 결정하면 되돌리기 어려운 것이고, 두 번째는 나중에도 쉽게 바꿀 수 있는 결정입니다. 베이조스는 문에 비유하는데요. 쉽게 바꾸기 힘든 첫 번째 결정은 '한쪽으로만 열리는 문', 나가더라도 언제든 되돌아올 수 있는 두 번째 결정은 '양방향으로 열리는 문'이라는 것이죠.

양방향으로 열리는 문과 관련하여 팀원이 직접 결정할 수 있게 하면 많이 배울 수 있습니다. 깊게 고민해보고 직접 결과를 만드는 것만큼 성장에 필요한 영양소는 없거든요.

이 과정에서 팀원이 동료들의 집단지성을 쉽게 활용할 수 있도록 팀장이 도와주는 것도 필요합니다. 이런 협조가 없다면 팀원은 '혼자 문제를 풀고 있다'는 불안감과 외로움을 느낄 것이고, 그러면 아무리 일 잘하는 팀원이라도 금방 지칠 거예요.

이때 본인의 가설과 아이디어에 대한 동료들의 피드백을 많이 받으면 큰 도움이 됩니다. 더 많은 아이디어를 얻을 수도 있고요. 팀원들이 서로의 아이디어를 편하게 이야기하고 피드백할 수 있는 팀 문화를 만들면 비교적 쉽게 집단지성을 활용할 수 있습니다.

우리 모두 동료가 마주한 어려운 문제를 위해 머리를 맞대는 데 시간의 2.5퍼센트(일주일 40시간 업무 시간 중 1시간) 정도는 쓸 수 있으니까요. 만약 팀의 분위기가 그렇지 않다면 이런 문화를 만드는 것이 급선무입니다. 팀원들의 성장을 위해서요. 서로의 성장을 위해 각자 시간의 2.5퍼센트 정도는 당연히 투자해줄 수 있는 분위기와 문화가 집단지성의 시작점이 됩니다.

합리적인 시행착오를 위해 팀장 스스로가 모범 사례가 되고, 팀원이 스스로 학습할 수 있도록 좋은 질문을 던지는 것도 중요합니다. 팀장이 시행착오를 통해 합리적으로 배워나가는 모습을 보인다면 팀원들도 자연스럽게 그 방식을 배울 테니까요. 제대로 일하는 팀장의 모습은 팀원들이 힘든 문제를 풀

때마다 꺼내 보는 모범 답안이 됩니다.

　팀원이 고민하다가 막히는 부분이 있어 피드백을 요청하는 경우, 팀장이 경험이나 감에 의존하여 답하면 팀장이 모르는 것을 팀원도 결국 모르게 됩니다. 구체적인 목표가 무엇인지, 문제의 가장 큰 원인이 무엇인지와 같은 좋은 질문을 계속 던지다 보면 팀원 스스로 답을 찾아내는 경우도 많았어요. 팀장의 좋은 질문은 팀원이 합리적으로 일할 수 있도록 만들어 줍니다.

　철학자 소크라테스는 현명하고 집요한 질문으로 유명했습니다. 좋은 부모가 되겠다고 말하는 부모에게 "좋은 부모란 무엇이오?"라고 질문하거나, 용감한 장수라고 자부하는 장군에게 "용감함이란 무엇이오?"라며 핵심을 관통하는 질문을 던졌다고 하는데요. 좋은 부모와 용감함의 본질에 대한 통찰을 얻기 전까지 소크라테스의 집요한 질문은 계속되었다고 합니다.

　핵심을 꿰뚫는 예리한 질문으로 많은 사람에게 귀찮음과 깨달음을 준 소크라테스처럼 팀장과 팀원이 서로에게 좋은 질문을 던지다 보면 문제의 본질에 가까이 갈 수 있습니다.

　상품을 홍보하는 웹 페이지의 구성을 고민하는 팀원에게 "왜 이 내용을 가장 먼저 넣었어요?", "이게 여기 들어가는게 왜 중요하다고 생각했어요?" 같은 사소한 질문을 던진 적이 있는데요. 이런 대화를 나누다 보면 우리가 설득하고자 하는 고객에 대한 근본적인 질문까지 올라가거든요. 고객은 무엇을 원할까? 고객이 알고 있는 것은 무엇이고 모르는 것은 무엇일까? 같은 것들입니다.

그러다 갑자기 팀원이 "좋은 의견 주셔서 감사해요! 어떻게 해야 할지 알 것 같아요"라며 밝은 표정으로 회의실을 나갔는데, 사실 제가 제시한 의견은 없습니다. 그저 저의 질문에 팀원 스스로가 생각을 정리하고 답을 내렸죠. 팀장이 팀의 소크라테스를 자처한다면 팀원이 답을 찾는 데 큰 도움이 됩니다.

마지막은 약간 논란이 되는 '라떼는 말이야'에 대해 말해보려고 합니다. 대부분의 경우 팀장의 경력이 팀원보다 길죠. 그래서 팀장에게는 팀원이 지금 해보려고 하는 것과 비슷한 경험이 많을 수도 있습니다. 요즘은 팀원들이 싫어할까 봐 팀장들이 '내가 이거 해봤는데'라는 말은 최대한 피하려고 해요. 금기어라도 되는 것처럼요. 하지만 저는 굳이 그럴 필요는 없다고 생각합니다.

자녀에게 운전법을 가르칠 때 "알아서 해봐. 직접 해봐야 늘지"만큼 무책임한 말은 없습니다. 팀장도 마찬가지입니다. "라떼는 꼰대들이나 하는 말이니, 알아서 해보세요. 직접 해봐야 늘죠"라고 말하는 팀장은 큰 사고를 방치하는 거예요. 그보다는 "저는 예전에 이 자리에서 교차로를 잘 살피지 않아

사고를 냈어요. 이번 교차로는 특히 조심하세요"라고 알려주는 것만으로도 팀원의 교통사고를 예방할 수 있습니다.

팀원들이 싫어하는 '라떼'는 팀장의 태도와 마음가짐의 문제라고 봅니다. 교통사고를 바라지 않는 마음에서 진심으로 말하는 팀장의 라떼는 분명 팀원들도 이해해줄 거예요. 그리고 그런 팀원은 분명 더 나은 결론을 내릴 것입니다.

저는 스타트업으로 이직한 후에 나이 차이가 많이 나는 팀원들과 일하는 경우가 많아졌습니다. 그래서 제가 실패한 사례와 비슷한 일을 해보려는 팀원을 많이 만나게 돼요. 저도 라떼 이야기는 최대한 안 하려 하지만 꼭 필요할 때는 제 경험과 함께 이 마지막 문장을 말합니다. "제가 해봤는데 이런 문제가 있었어요. 이를 염두하고 결정하면 도움이 될 거예요"라고요. "내가 해봤는데 그거 안 될 거예요"가 아니라요.

팀장이 과거의 경험을 이야기할 때 본인만의 생각을 닫힌 결말로 전달하면 팀원들이 피하고 싶은 라떼가 됩니다. 본인의 경험을 단순히 나열하는 것이 아니라 전략 중 무엇이 가장 잘못되었는지, 잘못 판단하거나 실수한 부분은 무엇인지를 구체적으로 말해주면 큰 도움이 됩니다.

그래야 팀원도 단순히 라떼 연설이 아니라 체크리스트에 적어두고 점검해야 하는 사항이라고 생각할 것입니다. 팀장은 항상 열린 결말로 이야기해야 합니다. '내가 그랬으니 너도 그럴 것이다'라는 닫힌 결말 말고, '내가 그랬으니 이 점을 염두해야 한다'고 말하는 것이 팀원의 성장에 도움이 되는 열린 결말의 라떼로요.

살아 있어야 하는 중요한 약속

팀장의 중요한 일은 팀원들이 무엇을 모르는지 스스로 알아내고, 충분한 간접 경험과 열린 결말의 라떼 스토리로 성장할 수 있도록 돕는 것입니다.

팀원이 성장하면 가장 좋은 것은 팀장입니다. 처음에는 많은 고민과 시간이 필요하지만 팀원들이 성장하여 1.5인분, 2인분씩 하게 되면 팀장에게는 새로운 세상이 열립니다. 이번 주에 바삐 돌아가는 일들은 팀원에게 맡기고, 다음 달과 다음 분기에 해야 하는 중요하거나 새로운 일들을 생각하고 벌릴 수 있습니다. 팀의 역할을 확장하여 회사에 기여할 일을 더 많이 할 수 있고요. 팀의 비전과 목표를 생각하며 '다음 수'를 고민할 수도 있습니다.

팀장은 '팀장보다 훌륭한 팀원'을 만들어내는 것을 궁극의 목표로 추구해야 합니다. 팀원이 성장하지 않으면 그 팀은 그저 '팀장만 한 팀'이 될 테니까요. 팀장의 수준 이상으로 팀이 성장하고, 팀장이 할 수 있는 것보다 큰 성과를 내려면 팀원들이 팀장보다 뛰어나야 합니다.

이런 말을 들은 적이 있어요. "팀원들이 모두 성장하여 그 팀에 팀장이 필요 없을 정도가 되면, 팀장이 다음 레벨로 승진할 때가 된 것이다"라고요. 팀장으로 일하며 팀원들의 성장을 눈앞에서 목격하고 큰 성과를 내어보니 이제는 너무도 공감되는 말입니다.

목표와 성장으로 만들어지는 '너잘내잘' 원칙을 지키기 위한 팀장의 주요 역할을 요약하면 이렇습니다.

개인이 아니라 팀이 잘하기 위해 분명한 목표를 정하고,

이를 바탕으로 무엇을 하고 하지 않을지를 결정하며,

일할 사람이 그것을 해낼 수 있도록 성장시키고 지원한다.

결국 팀장의 역할은 목표와 성장입니다. 팀장의 본질인 이 두 가지는 팀원들을 위한 것입니다. 고군분투하는 팀장일수록 더 깊게 명심해야 합니다. 팀원인 '너'가 잘되어야 팀장인 '내'가 잘됩니다. 몇 번을 강조해도 지나치지 않은 '너잘내잘' 원칙을 이해하지 못하면 영원히 '딱 팀장 수준'의 성적을 내는 그저 그런 팀만 관리할 것입니다.

'너잘내잘' 원칙은 멋진 일을 함께 이루기 위한 약속이기

도 합니다. 사실 팀장도 바빠 시간을 보내다 보면 이 중요한 약속을 종종 잊습니다. 약속이 기억나지만 당장 급한 일들을 해결하기 위해 모른 척 눈을 감고 약속을 어기기도 해요. 부끄럽지만 저도 그런 적이 많았습니다.

중요하지만 지키기 힘든 약속인 만큼 팀장과 팀원들이 실제로 약속대로 되어가고 있는지 자주 이야기해야 합니다. 누군가를 평가하거나, 부담을 주거나, 채근하기 위해서가 아닙니다. 중요한 '너잘내잘' 원칙이 문서 속에만 존재하는 허공의 메아리가 아니라 구체적인 약속으로 계속 살아 있기를 바라는 마음에서입니다.

어떻게 우리 팀만의 '너잘내잘' 원칙을 만들고 살아 있게 할 수 있을까요?

'너잘내잘' 원칙을 간단하게 문서로 정리하는 방법을 소개합니다. 바로 팀 차터^{team charter}를 활용하는 것입니다. 저는 이 팀 관리 도구를 P&G에서 배웠습니다. 차터^{charter}는 헌장 혹은 선언문을 의미하는데요. 말 그대로 팀이 일하는 동기와 달성하고 싶은 목표, 그리고 이를 위한 팀만의 원칙과 문화를 로드맵으로 정리한 문서입니다.

P&G에서는 팀이 구성되면 가장 먼저 팀 차터를 썼습니

다. 어떤 팀장은 독립선언문이나 개국 헌장처럼 문서의 마지막에 자신을 포함한 팀원들의 서명을 넣기도 했습니다.

거창해 보이지만 팀 차터는 앞서 말한 비전, 목표, 정체성을 구체적으로 표명하고, 이를 달성하기 위한 각각의 역할과 주요 프로젝트를 명시한 문서입니다. 이를 위해 자기계발이 필요한 부분을 찾아내어 팀원의 성장 계획이나 신규 채용 계획을 구체화하는 것까지 포함합니다.

팀 차터는 간단한 워드 문서로 만드는 경우가 많은데요. 저는 보통 다음과 같이 네 가지로 나누어 팀 차터를 작성합니다. 각 항목에 관한 자세한 내용은 「07. 친해지는 것 이상의 팀 빌딩」에서 소개했고, 구글이나 네이버에서 검색하면 다양한 예시가 나오니 여기서는 간략히 소개하겠습니다.

[파트 1] 우리는 왜(비전) 모여서 일을 하며, 당장 무엇(결과 지표)을 이루고 싶은가?

　　1) 팀의 정성적인 비전과 모두가 합의할 수 있고 원하는 성공의 구체적인 모습

　　2) 합의한 시간 안에 달성해야 하는 구체적이고 정량적인 결과 지표

　　3) 결과 지표를 달성하기 위한 핵심 프로젝트나 미션의 우선순위 리스트

[파트 2] 그 일을 누가(팀원들의 역할 분배) **할 것인가? 부족한 것은 무엇인가?**

  1) 개별 팀원들의 역할 범위 및 각자가 담당하는 주요 프로젝트 오너십

  2) 해당 프로젝트를 수행하기 위해 개별 팀원들에게 필요한 역량 개발 및 성장 계획

  3) 중요 프로젝트를 수행하기 위해 필요한 신규 채용 계획

[파트 3] 우리는 어떤 원칙과 태도(정체성)**로 협업할 것인가?**

  1) 팀 내 커뮤니케이션 및 의사 결정 방식을 정리한 워크 프로세스

  2) 팀원들이 합의해야 하는 공동의 업무 원칙 및 핵심 가치

[파트 4] 팀 차터의 원칙이 잘 지켜지고 있음을 어떻게 평가할 것인가?

  1) 팀이 합의한 팀 차터 업데이트 및 공유 방식과 프로세스

  2) 팀이 합의한 성과 점검 방식과 프로세스

첫 3개월 팀장의 걸음마

첫 3개월 팀장이 해야 하는 일

팀장으로 출근하는 첫날, 어제까지 익숙하던 회사 건물 입구부터 걸음걸이가 어색해집니다. '무슨 일부터 해야 하지?'라는 생각이 스칩니다. 자신을 바라보는 팀원들과 눈이 마주칩니다. '오늘부터 무슨 일을 하실 거죠?'라고 묻는 듯한 눈빛에 머리가 하얘집니다.

모든 팀장의 첫날은 막막할 수밖에 없습니다. 팀장의 역할을 이해한다고 해도 구체적으로 무슨 일을 해야 하는지 단번에 알 수 없으니까요. 팀장의 관리 기술이나 리더십의 원리에 대한 책은 많지만, 초보 팀장이 첫날부터 무슨 일을 해야 하는지 말해주는 책은 의외로 적기도 하고요.

첫날부터 능숙하게 척척 일해야 한다고 생각하면 무거운 부담감이 어깨를 누릅니다. 무엇을 해야 할지 몰라 허둥지둥하거나, 팀의 맥락을 이해하거나 공감대를 형성하지 않고 무리하게 새 프로젝트를 추진하다 강한 역풍을 맞고 금세 의지가 꺾여버리는 팀장도 많이 봤습니다. 그렇다면 팀장으로서의 첫날에는 무엇을 해야 할까요?

회사에 입사하면 3개월의 수습 기간을 거칩니다. 많은 사람이 수습 기간은 회사와 입사자가 만나 서로를 이해하고 알아가는 허니문 기간이라고 말해요. 저도 동의합니다. 입사자에 대한 명확한 목표를 설정하고, 입사자가 기대를 충족하는지 평가하고 피드백하는 회사도 많습니다. 물론 이때 입사자도 회사와 동료들을 평가해야 해요. 어떤 자리에서 무슨 일을 하든 3개월의 수습 기간은 회사와 팀의 환경을 이해하고, 서로에 대한 기대에 맞지 않는 부분에 관해 피드백하는 중요한 기간입니다.

그렇다면 팀장의 첫 3개월에서 중요한 것은 무엇일까요? 이때는 '무언가 새롭고 멋진 일을 무리해서 추진'하는 것보다 '무언가를 제대로 깊게 이해하는 것'이 훨씬 중요했습니다. 무언가를 제대로 이해하기 전에 새롭고 멋진 일부터 추진하다 첫 단추를 잘못 꿰어 후회하는 동료 팀장이 많았습니다.

저는 지금까지 네 곳의 회사에서 팀장으로 일해보았어요.

어디서든 첫 3개월은 힘들지만 그만큼 즐거움과 배움도 많았습니다. 가장 큰 배움은 3개월 동안 무엇을 중점적으로 해야 하느냐에 대한 것이었어요.

저는 일한 내용을 캘린더에 기록하는데요. 첫 3개월 동안의 캘린더들을 살펴보며 제가 무슨 일을 했는지 회고해보았습니다. 일주일의 업무 시간이 1백 퍼센트라면 다음과 같이 시간을 썼습니다.

업무 시간의 40퍼센트	팀원들 만나기
업무 시간의 20퍼센트	새로운 프로젝트에 대해 논의하기
업무 시간의 15퍼센트	유관 부서 및 협업 팀의 팀장들을 만나기
업무 시간의 10퍼센트	경영진을 만나기

60퍼센트에 가까운 시간을 누군가와 만나는 것에 썼네요. 주로 팀원, 경영진, 동료 팀장들을 만났습니다. 새로운 프로젝트를 논의하고 고민한 시간은 누군가를 만나고 이해했던 시간의 3분의 1 정도였어요. 저의 캘린더가 말해주듯 팀장의 첫 3개월 동안 팀원, 경영진, 동료 팀장과 자주 만나는 데 초점을 맞추는 것이 중요합니다. 지금부터는 팀장을 둘러싼 '이해관계 3대장'을 만나면서 구체적으로 무슨 일을 해야 하는지 이

야기하겠습니다.

온전히 이해해야 하는 팀원들

팀장이 가장 먼저 해야 하는 일은 팀원들을 알아가는 것입니다. 팀원들과 가장 많은 시간을 보내므로 손발이 잘 맞아야 성과를 만들 수 있습니다. 팀원들 개개인의 성향, 담당 업무, 현재 업무와 관련하여 가장 큰 고민이나 문제 등을 첫 3개월 동안 세심하게 물어보고 파악해야 합니다.

가장 기본적인 것은 팀원들이 하고 있는 일을 면밀히 이해하는 것입니다. 각자 중요한 목표는 무엇인지, 이를 위해 가장 많은 시간을 쓰고 있는 업무는 무엇인지, 그 업무에 어려운 점이 있는지를 묻고 알아가는 것입니다. 이때 다음과 같은 질문이 도움이 됩니다.

팀원에게 배움을 얻기 위한 질문
"지금까지 얻은 가장 큰 교훈은 무엇인가요?"
해당 팀에 오래 몸담은 팀원이라면 분명 그간 일하면서 많은 교훈을 얻었을 거예요. 질문을 통해 팀장은 팀원이 고생해서 얻은 교훈을 빠르게 흡수할 수 있고, 이를 바탕으로 앞으로

'더 해야 할 것'과 '줄여야 할 것'을 구분할 수도 있습니다.

팀원에게 도움을 주기 위한 질문
"당장 도움이 필요한 일은 무엇인가요?"
도움이 필요하고 어려운 일을 파악하는 것도 중요합니다. 저는 팀원이 현재 어려움이나 막막함을 느끼는 일을 빠르게 도와주려 했어요. 이것이 팀원의 신뢰를 얻을 수 있는 가장 좋고 빠른 방법이기 때문입니다.

이처럼 질문하면 팀과 회사의 방향성에 대한 팀원들의 의견도 알 수 있습니다. 팀원들 또한 일하다 보면 팀의 목표나 방향성에 대한 본인만의 의견이 생기니까요.

팀원의 의견은 반드시 경청해야 합니다. 특히 오래 일한 사람들에게서 깊은 의견과 인사이트를 들을 수 있으니까요. 빠르게 적응하기 위해 팀원들이 수고로운 시간을 통해 얻은 의견과 교훈들을 흡수하는 것입니다. 만약 팀원과 생각이 다르더라도 급하게 결론 내리려 하기보다는 지속적으로 대화하며 의견을 맞춰나가는 것이 좋았습니다.

팀원들의 커리어 목표를 이해하는 것도 놓치면 안 되는 부분입니다. 과거부터 지금에 이르기까지 무엇을 경험했는지, 회사에서는 어떤 평가를 받아왔는지, 회사에서 얻고자 하는 경험과 더 배우고 싶은 것은 무엇인지 파악해야 합니다.

이를 통해 팀원들 각각의 과거, 현재, 미래에 대한 그림과 목표를 이해할 수 있습니다. 그럼 팀장도 새로운 업무에 팀원을 배정하거나 피드백할 때 도움이 되는 방향으로 영점 조정을 할 수 있습니다. 팀원의 성장을 위해 회사에서 어떤 도움을 줄 수 있는지, 어떤 커리어 비전을 그려줄 수 있는지 고민하고 제시하는 것 또한 팀원들의 몰입을 위해 중요합니다.

팀원들의 성격과 성향을 파악하는 것도 중요합니다. 성격과 성향에 따라 팀장이 팀원 각자와 협업하는 방식 또한 달라져야 하고요. 팀원들이 가장 중요하게 생각하는 업무 원칙은 무엇인지, 피드백을 주고받을 때 어떤 방식을 선호하는지, 스스로 생각하는 강점과 약점은 무엇인지와 같은 질문을 통해 각각의 성향에 맞는 개별적 관계를 맺어야 합니다.

여기서 개별적 관계란 서로 다른 성향과 성격에 따라 '인간적인 관계'를 맺는 것을 말합니다. 옳고 그름을 판단하는 것이 아니라요. 소심하여 격려가 필요한 팀원에게는 칭찬과 응원을 해주고, 자주 덤벙대서 실수하는 팀원에게는 든든한 버팀목이 되어주는 것이 이에 해당합니다. 장난기가 넘치는 팀원에게는 친근함을, 조용한 몰입을 원하는 팀원에게는 적당한 거리감을 주는 것을 말합니다.

팀원 입장에서도 본인의 성격이나 성향을 있는 그대로 받아들이고 인간 대 인간으로 다가오는 팀장에게 더 마음을 열수밖에 없습니다. 이에 반대되는 언행은 "내가 팀장이니 여러분이 알아서 나에게 맞추세요"입니다.

나아가 각각의 팀원이 '어떤 독특한 역할'을 수행하고 있는지 이해하기 위한 노력도 필요합니다. 누군가는 분위기 메이커를, 누군가는 냉철하게 지적하는 역할을, 누군가는 불만사항을 앞장서서 말하는 역할을 하고 있을 거예요. 그 역할을 이해하면 팀장이 적응할 때 필요한 도움을 쉽게 받을 수 있습니다.

팀원들 사이에 어떤 '케미스트리 관계'가 존재하는지도 이해해야 합니다. 각자의 성향과 성격, 경험에 따라 팀원들 사이에 잘 맞는 케미와 맞지 않는 케미의 조합이 있으니까요. 팀원들의 케미를 무시하면 팀에 묘한 긴장감이 생길 수도 있으니 조심해야 합니다.

팀원을 파악하는 일에는 그들을 즐거움과 두려움을 느끼는 한 사람의 인간으로 온전히 이해하기 위한 노력도 포함됩니다. 팀원들이 언제 몰입하는지, 어떤 일에 두려움과 불안을 느끼는지 이해하는 것을 말합니다. 우리 모두 회사에서 주로 일하지만 개인적인 꿈과 목표를 가진 인간이기 때문입니다.

누군가는 이런 것이 불필요하다고 하지만, 팀원의 동기를 이해하는 것이 업무를 파악하는 것만큼이나 중요합니다. 그래서 가장 보람 있었거나 싫었던 일은 무엇인지, 앞으로 어떤 사람이 되고 싶고 그 과정에서 얻고 싶은 경험은 무엇인지 묻고 이해해야 합니다. 팀원들 또한 자신의 동기를 담백하게 이해하고 자신을 위해 고민하는 팀장을 보며 힘을 낼 테니까요.

이를 위해 겉으로 보이지 않는 팀원들의 감정을 이해해야 합니다. 감정에 큰 영향을 미쳤던 성공 사례나 가장 힘들었던 실패 경험을 묻고 이해하면 팀원들을 이해하는 데 도움이 됩니다.

우리는 모두 감정적 존재이기 때문에 매우 중요한 일이에요. 회사에서 개인적 감정은 쏙 빼놓고 완벽히 객관적으로만 일해야 한다고 말하는 사람이 많고, 이런 모습을 '프로페셔널하다'고 평가하기도 하는데요. 평범한 사람들이 감정을 완벽히 배제하는 것은 불가능합니다. 정신 수양으로 무장하여 자신의 감정을 통제할 수 있는 성인군자가 아니라면요.

협업을 위해서는 감정의 영향을 받아들여야 합니다. 우리가 통제하지 못하는 날씨의 변화를 받아들여야 하듯, 각자의 감정도 예상치 못하게 생기고 변하기도 하니까요. 다양한 감정은 동기부여나 몰입 같은 긍정적인 변화에 큰 자극이 되기도 합니다. 그래서 저는 팀원의 다양한 감정을 배제하기보다 온전히 받아들이고 배경과 맥락을 이해하는 것이 중요하다고 생각해요.

감정을 파악하는 가장 좋은 방법은 직접 대화하는 것입니다. 이런 내용들을 인수인계 과정에서 파악하는 경우도 있는데요. 전임 팀장과의 인수인계보다 직접 팀원들을 만나 알아가는 것이 훨씬 중요합니다. 전임 팀장과 팀원들의 의견이 다른 경우가 종종 있거든요. 전임 팀장 한 사람의 의견보다 팀원들 다수의 의견이 더 객관적일 때가 많고, 팀장도 사람이니 본인의 잘못이나 실수를 축소하여 말할 수도 있으니까요.

특히 팀원에 대한 평가에서 의견이 다른 경우가 많습니다. 전임 팀장이 저성과자라고 평가했는데, 만나보면 그렇지 않은 것이죠. 이유는 여러 가지일 텐데요. 그저 두 사람의 케미가 맞지 않았을 수도 있고, 팀원이 새로운 팀장과 잘해보려고 결심했을 수도 있습니다.

그래서 처음 팀장이 된 사람이 가장 먼저, 그리고 많이 해야 하는 것은 깊이 있는 일대일 면담입니다. 서로가 속 깊은 이야기를 한 번에 할 수는 없겠지만요. 하지만 꾸준하고 일관되며 세심한 대화는 언젠가 속 깊은 이야기를 이끌어냅니다.

마지막으로 중요한 점은 팀원이 팀장에게 기대하는 것이 무엇인지를 파악하는 것입니다. 새로운 팀장에 대해 팀원들 또한 자연스런 기대가 있을 거예요. 예전 팀장의 좋았던 점은 유지되기를, 아쉬웠던 점은 개선되기를 바랄 것이고요. 이 과정에서 쉽게 충족해줄 수 있는 부분은 빠르게 실행하고, 충족하기 어렵거나 비현실적인 기대, 시간이 오래 걸릴 것 같은 요청 등이 있다면 솔직하게 이야기하고 기대치를 현실적으로 조정할 필요가 있습니다. 그럼 함께 일할 때 발생할지도 모르는 불만과 서운함을 방지하는 데 큰 도움이 됩니다.

든든한 협업 자산이 되는 경영진과 동료 팀장들

많은 사람이 팀장은 의사 결정에 대한 권력을 가진 사람이라고 생각하는데요. 그렇지 않습니다. 실제로 팀장의 역할은 팀의 의견을 대변하여 최종 결정권자가 의사 결정을 제대로 할 수 있도록 영향을 미치는 것입니다.

팀장은 중요한 결정을 직접 할 수 없는 경우가 많아요. 일의 중요도에 따라 팀장이 직접 하는 경우도 있지만, 팀의 방향이나 회사의 전략에 영향을 미치는 주요 사안과 관련해서는 최종 결정권자가 아닙니다. 팀의 의견을 대변하여 경영진의 올바른 결정을 이끌어내고, 그 결정이 본인의 의견과 다르더라도 수용하고 흡수하여 팀원들에게 전달하고 설득해야 합니다.

그래서 경영진을 이해하는 것이 무척 중요합니다. 좋은 의사 결정을 위해 계속 소통해야 하는 존재니까요.

그렇다고 팀과 경영진을 이분법적으로 나누고 대결 구도

로 생각하자는 것은 아닙니다. 같은 목표를 위해 함께 고군분투하는 동료로서 팀장이 어떤 일을 하기 전에 팀원들의 합의를 얻는 것이 중요한 것처럼, 팀이 어떤 일을 하기 전에 최종 결정권자인 경영진에게서 충분한 합의와 공감을 얻는 것은 당연한 일이니까요. 경영진과 팀장, 결정권자와 실행자로 나누기 이전에 모두가 회사에서 공동의 목표를 달성하고자 하는 동료이기 때문입니다.

경영진과 자주 만나 이해해야 하는 것은 회사 전체의 전략과 방향성입니다. 회사가 가려 하는 길 위에 팀이 있어야 하니까요. 회사가 왼쪽을 보고 있는데 팀만 오른쪽을 보면 안 됩니다. 많은 대화를 통해 회사의 전략과 방향을 명확히 이해하고, 이를 위해 팀이 어떤 미션을 수행해야 하는지, 팀에 기대하는 가장 중요한 결과물은 무엇인지를 구체적으로 알아야 합니다.

이 과정을 통해 팀에 대한 경영진의 기대와 핵심 미션을 정의할 수 있습니다. 팀의 생각과 달라 조정이 필요한 부분이 있는 경우 팀을 대변하여 경영진과 조정하고 합의하면, 회사와 팀의 생각이 멀어지지 않고 속도감 있게 성과를 얻을 수 있습니다.

경영진과 앞으로 어떻게 일하면 좋을지도 충분히 논의해야 합니다. 어떤 방식으로 소통할지, 얼마나 자주 만나고 어떤 내용을 공유할지에 관한 경영진의 의견을 듣고 맞춰나가면 효율적으로 일할 수 있습니다. 경영진에 따라 기대하는 소통 프로세스나 이상적으로 생각하는 의사 결정 구조가 천차만별이거든요. 저도 막연히 '이렇게 하는 것이 좋겠지?'라고 생각했다가 가까운 길도 돌아갔던 경험이 많습니다.

스타트업은 팀장의 보고 라인이 복잡하게 얽혀 있는 경우가 있어요. 이때 각 주제별로 어느 경영진과 상의하고 결정할지 미리 정리하면 더 효율적으로 일할 수 있습니다. 이렇게 정리하지 않으면 초반에 경영진과 워크 프로세스를 맞추다가 시간을 낭비할 수도 있으니까요.

마지막으로 확인해야 하는 것은 경영진의 기대입니다. 물론 팀장에게 가장 기대하는 것은 팀의 목표를 달성하는 것이겠죠. 하지만 이외에도 조직이나 문화적 차원에서 팀장에게 기대하는 역할을 이해하는 것도 중요합니다. 경영진이 조직의 부족한 실행력에 대해 걱정하면 팀의 전반적인 실행력에 신경 쓰고, 급하게 돌아가는 업무에서 결과에 대한 회고가 제대로 되지 않는다는 문제의식이 있으면 더 세밀한 회고 문화를 만들어가는 것이 일례입니다.

보다 구체적인 이해를 위해 좋은 롤 모델이 있는지, 또는 회사가 이상적으로 생각하는 팀장의 모습이 있는지 문의하는 것도 도움이 됩니다. 이전과 비슷한 팀을 맡더라도 경영진이 이끌고자 하는 회사의 전략이나 문화에 따라 이상적인 팀장의 모습이 달라질 수 있으니까요. 어떤 조직 문화에서는 진취적 도전을 장려하는 팀장을, 어떤 맥락에서는 작은 리스크도 철저하게 관리하는 안정적인 팀장을 훌륭하게 생각할 수도 있습니다.

무엇보다 경영진이 생각하는 팀장의 이상적인 태도는 함께 일하는 팀원들에게도 큰 영향을 줍니다. 대부분의 경우 팀장은 팀원들의 모범 답안이어야 하니까요.

가능하다면 자신이 왜 팀장이 되었는지, 팀장 역할을 맡기면서 걱정되었던 부분이 있는지도 물어보세요. 회사 전체의 맥락에서 본인을 메타인지할 수 있는 좋은 출발점이 됩니다. 이런 질문에 대한 답을 통해 현재 상황에서 특별하게 기여할 수 있는 부분은 무엇인지, 걱정되는 부분은 어떻게 보완할지 고민하고 하나씩 해결하면 경영진과 빠른 신뢰 관계를 구축할 수 있습니다.

이렇게 경영진을 이해하고 나면 제대로 활용할 수 있습니다. 저는 P&G에서 처음 경영진을 레버리지leverage한다는 개념을 배웠습니다. 여기서 레버리지는 지렛대를 말하는데요. 서로를 충분히 이해하면 비교적 작은 노력으로도 회사에 큰 영향을 미치는 경영진을 목적 달성에 도움이 되는 방향으로 활용할 수 있다는 의미입니다.

대표적인 레버리지는 우선순위 조정입니다. 평소 팀장이

팀의 목표와 이 목표의 중요성에 관해 경영진과 자주 이야기하고 합의하면, 다른 팀의 협조가 필요한 문제가 생겼을 때 경영진을 활용해 회사가 그 문제에 집중하고 다른 팀을 움직이도록 할 수 있습니다.

뿐만 아니라 목표 달성을 위해 회사 전체의 지원이 필요한 프로젝트를 꾸려야 할 때, 추가 채용이나 리소스 확보가 필요할 때, 다른 팀의 의사 결정에 영향을 미쳐야 할 때 경영진을 레버리지하는 것이 중요해집니다. 서로 잘 이해하고 있는 경영진은 팀장의 든든한 협업 자산이 됩니다.

팀장에게 꼭 필요한 또 다른 협업 자산은 동료 팀장들입니다. 어떤 일을 하든 크고 힘들수록 다양한 팀의 도움이 필요합니다. 그래서 동료 팀장들을 만나 지금까지 어떻게 협업해왔는지 이해하고, 앞으로는 어떻게 협업할지 합의하는 것이 중요합니다.

동료 팀장들을 통해 가장 먼저 파악해야 하는 것은 협업 이력입니다. 아무리 매끄럽게 협업해왔더라도 상대 팀 입장에서 더 나은 협업을 위해 바라는 부분이 있을 거예요. 협업에서 힘들었던 점과 좋았던 점을 파악하고, 이를 바탕으로 어떤 점을 개선할 수 있는지를 생각해보면 좋습니다. 좋은 협업 관계의 시작은 먼저 상대 팀의 어려운 점을 해결해주는 것일 테니까요. 상대 팀에 도움이 되는 일에 적극 협조하면 좋은 신뢰 관계를 구축할 수 있습니다.

동료 팀장들은 틈나는 대로 자주 만나는 것이 좋습니다. 자주 만나고 충분히 대화하여 팀에 필요한 회사 내 네트워크를 빠르게 구축해야 하거든요. 팀장이 가질 수 있는 가장 든든한 회사 내 네트워크는 동료 팀장들입니다. 다른 팀장들과의 관계가 탄탄하면 문제가 생기더라도 빨리 해결할 수 있고, 여러 팀의 힘을 모아야 하는 큰일이 생기면 신뢰 관계를 활용하여 쉽게 일을 풀어나갈 수 있습니다.

동료 팀장에게 먼저 다가가기 힘들어하는 사람도 있습니다. 공식 보고 라인이 정해져 있는 경영진과 달리 동료 팀장들과는 공식적인 관계가 없으니까요. 동료 팀장들과 관계를 맺는 것은 온전히 본인의 선택과 의지에 달려 있습니다. 여기에 내향적인 성향이 더해지면 더 어려워집니다. 그런 분들에게는 다음과 같은 방법을 추천합니다.

적극적으로 협조하기

적극적인 협조만큼 동료 팀장들과 효율적으로 신뢰 관계를 구축하는 방법은 없을 거예요. 저 또한 다른 팀장들이 도움을 요청하면 최대한 협조하며 지원하려고 노력합니다. 신뢰를 쌓고 싶다는 제 마음을 알아주길 바라면서요.

공손하게 조언 구하기

동료 팀장들에게 고민을 솔직하게 털어놓고 조언을 구하면 바쁘더라도 마음을 열고 친절하게 이야기를 들어주는 경우가 많았습니다. 자주 솔직한 이야기를 하다 보면 서로 의지할 수 있는 관계가 될 거예요.

마지막으로 동료 팀장이 중요한 이유가 하나 더 있는데요. 바로 팀장에게도 마음을 열고 다가갈 수 있는 좋은 동료가 필요하기 때문입니다. 어느 회사에서든 팀장으로 일하는 것은 외롭고 힘든데요. 결국 팀원과는 가깝고도 먼 상사와 그 아래 직원이라는 공식적 관계를 맺고 있으니까요.

팀원들이 서로에게 힘든 일을 털어놓으며 기운 내듯 팀장도 가끔은 팀원들이나 경영진 때문에 힘든 일을 털어놓고 기운을 찾을 동료가 필요해요. 팀장의 고충을 가장 잘 이해해줄 수 있는 존재는 동료 팀장들입니다. 협업을 위한 상대라는 의미 외에도 힘들 때 기댈 수 있는 소중한 동료들이니 의지할 수 있는 멋진 팀장들을 찾아보세요.

팀장의 온보딩에 가장 중요한 것은 팀원, 경영진 그리고 동료 팀장들의 기대를 파악하는 것입니다. 팀장의 일은 팀의 목표에 필요한 팀원, 경영진, 협업 부서의 기대치를 이해하고 수용하며 목표를 달성해가는 것이니까요.

무엇부터 해결할지, 이를 위해 어떤 프로세스로 소통하고 논의해야 할지, 염두해야 하는 핵심적 의사 결정과 행동의 기준은 무엇인지, 그 과정에서 활용할 수 있는 협업 자산은 무엇인지, 일하는 과정에서 알아야 하는 히스토리나 맥락, 팀원들 사이의 케미스트리는 무엇인지를 파악하는 일로 첫 3개월을 바쁘게 보내고 있다면 잘하고 있는 것입니다.

마지막으로 강조하고 싶은 부분은 현상과 사실을 의견과 구분하여 받아들이라는 것인데요. 팀장으로 첫 3개월을 보내며 다양한 사람들을 만나보면 분명 "그건 해봤는데 안 됩니다" 혹은 "어차피 해도 안 바뀝니다"와 같이 부정적인 말부터 하는 사람이 많을 거예요.

그들이 말하는 현상과 사실은 제대로 인지하되 주관적 해석이나 의견은 걸러 들으세요. 부정적인 사람들은 새로운 사람이 오면 부정적으로 생각하는 '같은 편'으로 만들기 위해 애씁니다. 평소 동조해주는 사람이 별로 없으니 새 팀장을 붙잡고 '왜 이것이 안 되는지'를 길게 설명하고 부정적인 기운을 설파하려는 사람들이 있어요.

그들이 말하는 현상과 사실을 객관적으로 이해하는 것은 중요하지만, 부정적인 사람들의 의견이 '내 의견'이 될 필요는 없습니다. 긍정적인 시작을 위해서도 부정적인 사람들의 말은 걸러 들으세요.

팀장이 되는 경우의 수

지금까지 일반적인 상황에서 팀장의 첫 3개월 동안 무엇을 해야 하는지 이야기했습니다. 이제 특수한 팀장의 상황에 대해 이야기하려고 해요.

팀장이 되는 경우의 수는 참 다양합니다. 이 경우의 수에 따라 첫 3개월에서 집중해야 하는 부분이 바뀌기도 하는데요. 팀장이 되는 경우는 다음과 같습니다.

시조새 팀장	팀장 혼자 시작해서 팀을 새로 만들어야 하는 경우
이방인 팀장	기존 팀에 팀장만 홀로 들어가는 경우
반반 팀장	팀원에서 승진하여 반은 동료이고 반은 팀장인 경우
하드캐리 팀장	이방인 팀장과 같은 상황인데, 저성과 팀에 홀로 들어가는 경우

① 시조새 팀장

혼자 시작해서 팀원들을 늘려나가는 경우를 말합니다. 저는 특히 샌드박스네트워크에서 많은 팀의 시조새 역할을 했는데요. 회사 최초의 마케터로 들어가 마케팅팀, 브랜딩팀, 홍보팀을 만들었고, 이 스포츠 팀장도 병행하며 이 스포츠 사무국을 만들고 선수들을 리크루팅해 최초의 이 스포츠 구단을

출범시키기도 했습니다.

이런 상황에서 팀장이 되면 당분간은 팀원이 없을 거예요. 채용을 시작하더라도 팀의 전략에 부합하는 역량 외에 마음까지 맞는 팀원을 뽑기까지 생각보다 시간이 오래 걸립니다.

그래서 혼자 고민하여 전략을 수립하고 실행하며 테스트하는 시간이 생깁니다. 이때 팀장은 팀의 분명한 목표와 향후 1~2년 정도 집중할 전략과 미션을 경영진과 명확히 합의해야 합니다. 이를 바탕으로 팀 빌딩을 해야 하니까요. 혼자 실무까지 챙겨야 해서 정신이 없지만 실무에도 이슈가 생기지 않도록 스스로의 업무 로드와 할 일 리스트를 꼼꼼하게 관리하는 것 또한 중요합니다.

시조새 팀장의 가장 큰 장점은 팀 빌딩을 통해 모든 팀원을 직접 구성할 수 있다는 것입니다. 없던 팀을 만들려면 막막함을 느끼는 팀장도 많을 텐데요. 몇 번 경험해보면 새 팀을 만들어가는 것이 가장 즐겁습니다. 팀을 구성하는 요소들을 직접 결정하고 세팅할 수 있거든요.

시조새 팀장이 스스로의 성향을 잘 알고 있다면 본인의 단점을 쏙쏙 보완해줄 수 있는 알짜 팀원들로 팀을 구성할 수 있습니다. 그럼 팀 전체의 케미가 좋아질 뿐만 아니라 팀장도 팀원들을 통해 단점을 개선해나갈 수 있습니다.

경영진과 합의한 전략과 미션을 중심으로 필요한 역량을

구체화하고 여기에 알맞은 팀원을 채용할 수 있다는 것도 시조새 팀장의 큰 장점입니다. 아무것도 없는 빈 도화지에서 시작하는 만큼 구체적인 역량과 성향을 가진 팀원들로 팀을 꾸릴 수 있습니다. 그래서 시조새 팀장은 다른 팀장보다 훌륭한 팀을 만들 가능성이 높습니다. 초반에는 조금 힘들겠지만요.

시조새 팀장의 단점은 불가피하게 채용에 많은 시간을 쓰게 된다는 것입니다. 경영진과 전략을 합의하고 틈틈이 실무도 챙기면서 채용까지 신경 쓰기란 여간 어려운 일이 아닙니다. 회사가 작다면 실무의 압박이 크지 않아 버틸 만하지만, 조직의 규모가 작지 않다면 모든 것을 혼자 해야 하는 시간이 힘들 수 있습니다.

외딴섬에 홀로 있는 듯한 외로움과도 싸워야 합니다. 같이 점심 먹을 사람을 찾기 힘들 수도 있어요. 이 기간이 너무 길고 힘들어지면 채용을 서두르고 싶어 채용 기준을 낮추기도 합니다. 하지만 이제 시작하는 팀인 만큼 처음에 들어오는 한두 사람이 팀 빌딩에 중요한 역할을 하니 힘들더라도 기준을 타협할 수는 없습니다.

주의 사항으로, 팀의 전략과 미션이 정해지면 적어도 1~2개월 정도는 팀의 일을 처음부터 끝까지 직접 해봐야 한다고 말하고 싶어요. 마음이 급하다는 이유로 채용을 먼저 하고 팀이 해야 할 일을 정하거나, 합의한 전략대로 실행했는데 원하는 목표를 달성하지 못해서 대대적인 전략 변화가 필요한 경우 급하게 팀원들을 뽑은 것을 분명 후회할 것입니다. 새로운 팀원을 채용한다는 결정은 팀장 입장에서 가장 번복하기 힘든 사안임을 명심해야 해요.

새로운 팀은 안정기에 이르기까지 긴 시간과 많은 변화가 필요한데요. 여기서 안정기는 합의된 전략대로 실행하여 유의미한 첫 성과를 내는 시기를 말합니다.

조금 힘들더라도 안정기가 오기 전까지 작은 규모를 유지하면, 문제가 생겼을 때 빠르게 방향을 피버팅pivoting할 수 있습니다. 하지만 이미 팀원이 많으면 그러기 힘들어집니다. 팀원의 일과 역할을 바꾸거나 이에 맞게 개인의 커리어 방향을 다시 조정하는 것은 생각보다 어렵고 지치는 일이거든요. 팀원들에게도 마찬가지일 것입니다.

초반에 팀을 꾸린 이후에도 당분간은 일당백으로 일해야 하거나 업무가 자주 변동될 수 있으니, 안정기까지 살아남기 위해 초반의 채용에서는 특정 영역의 스페셜리스트보다는 다양한 업무를 두루 맡을 수 있는 제너럴리스트 위주로 채용하는 것을 추천합니다.

이제 막 시작하는 시조새 팀장이라면 조금만 힘을 내세요. 전략, 실무, 채용이라는 정신없는 일을 견디다 보면 직접 좋은 팀을 꾸릴 수 있습니다.

② 이방인 팀장

이방인 팀장은 기존 팀에 혼자 합류하는 경우를 말합니다. P&G에서 팀장으로 승진했을 때, 마이리얼트립에서 그로스 마케팅팀을 이끌게 되었을 때도 저는 이방인 팀장이었습니다. 이미 구축된 팀에 이직이나 승진을 통해 합류하는 이방인 팀장은 모든 것을 직접 구축해야 하는 시조새 팀장과는 또 다른 즐거움과 어려움이 있습니다.

이방인 팀장에게 중요한 것은 기존 팀이 추구했던 목표와 전략, 이것이 도출된 배경과 맥락, 팀원들의 성향과 팀 문화를 파악하는 것입니다. 한마디로 빠르게 팀에 흡수되어야 합니다. 그리고 이를 바탕으로 당장 돕거나 기여할 수 있는 부분을 파악하고, 기존 팀의 뼈대에 어떻게 살을 붙여 더 빠르게 성장할 수 있을지를 고민할 필요가 있습니다.

이방인 팀장의 장점은 모두가 적응하는 데 유예기간이 있다는 것입니다. 다른 사람들에게는 익숙한데 팀장만 모르는 것이 많으니 비교적 너그럽게 이해해줍니다.

유예기간은 보통 수습 기간인 3개월에서, 구성원이 많고 팀의 전략이 복잡한 경우 길게는 6개월까지입니다. 이 기간을 완충재로 활용해 눈치 보지 않고 필요한 질문을 하고, 모르는 것은 알아내고, 팀원들의 업무와 맥락을 파악하며 빠르게 침투할 필요가 있습니다.

이방인 팀장의 단점은 자신만 익숙하지 않은 상황을 계속 마주한다는 것입니다. 이를 극복하고 팀에 침투하기 위해서는 팀장 스스로의 적극성이 필요합니다. 내향적이거나 대인 관계에 약하다면 고전할 수 있는 부분입니다. 먼저 적극적으로 다가가 사람들을 이해하고 빨리 도움이 되고자 노력할 필요가 있습니다.

그 과정에서 검증의 시선으로 바라보는 사람이 많다는 부담감을 이겨내야 하는 것도 이방인 팀장의 단점입니다. 가장 일반적인 검증의 시선은 과거의 팀장과 비교당하는 것입니다. 팀원들도 '얼마나 잘하는지 한번 봅시다'라는 태도로 팀장을 바라볼 수 있습니다.

하지만 어쩌겠어요. 새 팀장을 파악하려 하는 것이나 누군가와 비교하는 것은 자연스러운 일입니다. 이방인 팀장에게는 부담이 되겠지만요. 그래서 마음 단단히 먹고 이겨내야 합니다.

이방인 팀장들은 유예기간을 잘 활용해야 합니다. 모르는 것은 더 물어보고, 처음 하는 일은 팀원이나 동료들에게 직접 보여달라고 해야 합니다. 이 기간 동안 빠짐없이 세부 업무를 파악하기 위해서는 애매하거나 잘 이해되지 않는 것이 있다면 적극적으로 알아가야 합니다. '나는 팀장이니까 잘 몰라도 팀원들이 알아서 떠먹여주겠지'라고 생각하고 있다가는 금세 등을 돌리는 팀원들을 마주할 것입니다.

업무 영역별로 마음속의 멘토 팀원을 정하고 자주 대화하고 물어보며 의지할 수 있다면 도움이 됩니다. 내가 잘하고 있는지, 부족한 부분이 있는지 피드백을 받으며 팀에 침투할 수 있으니까요. 당연히 새 팀장이 좋은 피드백을 받을 가능성은 낮으니 싫은 소리를 들을 수도 있는데요. 어쩔 수 없습니다. 팀원들에게 아쉬운 피드백을 받더라도 빨리 팀에 침투하고 적응하는 것이 먼저니까요.

이방인 팀장에게 강조하고 싶은 부분은 섣부르게 무언가를 바꾸려 하지 말라는 것입니다. 기존 팀이 추구하는 목표나 전략 모두 팀원들이 힘들게 고민하여 만들었을 거예요. 스스로의 존재 가치를 빠르게 증명하기 위해 본인 의견을 일방적으로 주장하며 팀을 무리하게 고치려 한 이방인 팀장을 많이 보았는데요. 기존 팀의 일들이 부족하다고 보고 급하게 바꾸려 할수록 팀원들이 강하게 반발할 수 있습니다. 그래서 이방인 팀장은 충분히 체험하고 깊이 이해하기 전까지 팀원들의 생각을 경청하며 신중하게 접근해야 합니다.

저는 이방인 팀장으로 회사에 합류했을 때 시니어 리더에게 이런 조언을 듣기도 했습니다. "지금까지 내가 맞다고 생각했던 것들이 여기서도 맞을 거라고 생각하지 않으면 금방 적응하실 거예요"라고요. 팀이 집중하는 일들을 크게 뒤흔들지 않으며 더 좋은 성과를 낼 수 있도록 업무를 돕는 것이 먼저입니다. 그 후에 새로운 일을 시도해도 늦지 않아요.

③ 반반 팀장

반은 동료이고 반은 팀장인 반반 팀장입니다. 어제까지는 팀원들과 같은 위치였는데 승진이나 회사의 요청에 의해 팀장 역할을 수행하는 경우입니다. 첫 회사였던 P&G에서 승진하여 처음 팀장이 되었을 때 저도 반반 팀장이었습니다. 팀장 경험이 없는 반반 팀장의 경우 많은 것이 낯설고 어려울 것입니다. 저도 그랬고요.

준비 기간이 충분할 수도 있지만, 급작스러운 회사의 요청이나 조직 변경 때문에 팀장이 될 수도 있습니다. 마음의 준비를 할 시간도 주어지지 않고요. 스타트업에서는 이 경우를 심심치 않게 볼 수 있습니다. 큰 회사였다면 팀장이 된다는 부담을 고민할 필요가 없을 정도로 나이나 경력이 일천해도 스타트업에서는 팀장이 되는 경우가 많습니다.

처음 반반 팀장이 되면 큰 성취감을 느낍니다. 팀원으로 열심히 일했던 힘든 시간들을 보상받는 것 같고, '회사가 나의 재능을 알아봐주는구나'라는 뿌듯한 생각이 들기도 합니다. 하지만 그런 시간은 잠깐이에요. 동료였던 팀원들과 일하려 하면 불현듯 이상한 기운이 감지됩니다. 더 이상 자신을 동료로 쳐다보지 않는 것이죠. 예전처럼 지내려고 해도 이미 늦었습니다. 반반 팀장도 결국은 팀장이니까요.

반반 팀장의 가장 큰 장점은 팀원들의 성격과 성향을 속속들이 알고 있다는 것입니다. 그래서 이를 팀 운영에 잘 활용하는 것이 중요합니다. 반반 팀장은 어떤 팀원들끼리 케미가 좋거나 껄끄러운지 잘 알고 있습니다. 여기에 맞게 업무 조합을 변경하거나 맞추면서 팀의 전반적인 케미를 끌어올릴 수도 있습니다.

어렵게 팀원들을 파악하지 않아도 평소 어떤 생각을 하면서 회사를 다녔는지, 최근 만족하거나 불만족한 점은 무엇인지, 어떤 커리어를 진심으로 원하는지 등을 알고 있으니 에너지를 많이 쓰지 않아도 됩니다. 반반 팀장은 잘 보이지 않는 어두운 곳의 문제까지 잘 알고 있을 것입니다. 이를 바탕으로 팀원들에게 바로 도움을 줄 수 있습니다. 팀의 고질적인 문제를 잘 보이는 곳으로 끌어올리고 같이 문제를 풀어가려는 모습을 보이면 팀원들과도 금방 신뢰 관계가 만들어질 거예요.

반반 팀장은 좋은 성과를 인정받은 경우가 많으니, 팀원으로서 쌓아온 명성과 회사 내 협업 자산을 활용할 수 있습니다. 그래서 팀원과 협업 부서가 갈등하면 빠르게 해결해줄 수도 있습니다. 자신이 곧 반반 팀장이 될 것 같으면 미리 인적 네트워크과 협업 자산을 많이 만들어놓는 것도 좋은 방법입니다. 팀원들에게 빠르고 많은 도움을 제공하면 신뢰 관계를 빠르게 형성할 수 있습니다.

반반 팀장의 가장 큰 단점은 작은 뉘앙스에도 쉽게 주눅들 수 있다는 점입니다. 어제까지 팀원들과 동료였으니 자연스레 그들의 눈치를 보게 됩니다. 팀원들의 사소한 반응에도 '나를 팀장으로 생각하지 않는구나'라고 생각할 수 있어요. 반반 팀장이 멘탈을 잘 관리하지 않으면 시조새 팀장, 이방인 팀장보다 힘든 갈등 상황을 맞이할 수도 있습니다.

한편으로 유예기간이 비교적 짧은 반반 팀장이 미성숙하게 행동하면 '역시 아직 준비가 되지 않았구나'라며 부정적으로 생각하는 팀원들이 생길 수도 있고요. 하지만 팀원들 입장에서는 그럴 수밖에 없다는 점을 이해해주세요. 팀원들도 그간 동료로서 편하게 했던 과거의 말들이 문제가 되진 않을지, 동료였을 때의 사적인 관계가 팀장과 팀원 관계에서도 계속 이어질지 걱정할 테니까요. 분명 바뀐 관계에 적응하는 데 시간이 필요할 거예요.

가끔 반반 팀장들을 보면 갑자기 다른 사람이 된 것처럼 행동을 바꾸기도 하는데요. 그러면 보는 사람과 팀원들을 더 불편하게 만들 수도 있습니다. '팀장이 되더니 사람이 바뀌었네'라고 생각할지도 모르고요. 당장 모든 것을 완벽하게 통제하는 팀장이 되려 하기보다는 팀원과 심리적 거리가 가까운 말 그대로 반반 팀장 역할을 하면서 서로의 바뀐 역할에 조금씩 적응하는 것이 좋습니다.

누군가는 단번에 팀장으로서 행동을 바꿔야 쉽게 적응할 수 있다고 말하는데요. 저는 아니라고 생각합니다. 우리는 쉽게 잊을 수 없는 경험과 쉽게 바뀌기 힘든 감정을 가진 사람들이니까요. 경험과 감정으로 만들어진 관계가 변하기 위해서는 충분한 시간이 필요합니다. 그게 인간의 본성이지 않을까요.

팀원들의 어려움이나 문제를 잘 알고 있는 반반 팀장의 장점을 살려 하나씩 해결하고 유관 부서와의 업무에서 성과를 올리면서 팀원들의 신뢰를 얻으면 됩니다.

신규 입사자들을 팀원으로 채용하면 문제가 자연스럽게 해결되기도 해요. 신규 입사자들에게는 반반 팀장이 그저 처음부터 팀장이니 팀에 조금씩 역학 관계가 자리 잡습니다. 필요한 팀원을 신규 채용하면서 팀을 재정비하는 것도 좋은 방법입니다.

④ 하드캐리 팀장

힘든 상황에서도 팀을 밀고 나가야 하는 하드캐리 팀장입니다. 최근 계속해서 성과가 저조한 팀을 맡은 이방인 팀장을 말해요.

저도 여러 회사에서 하드캐리 팀장으로 일해야 했던 시기가 있었습니다. 앞서 반반 팀장도 어려운 경우가 많다고 했는데요. 경험 많은 베테랑에게도 하드캐리 팀장은 쉽지 않습니다. 아마 가장 어려운 경우의 수가 하드캐리 팀장일 거예요.

성과가 저조한 팀은 확실히 전반적인 분위기가 가라앉아 있고 부정적인 기운이 많습니다. 하드캐리 팀장은 초반에 "어차피 해도 안 됩니다" 혹은 "그건 해봤는데 안 될 겁니다" 같은 말을 가장 많이 들을 거예요. 일반적으로 시조새·이방인·반반 팀장보다 시작점이 가장 어렵고 힘듭니다.

그래서 아무리 예전에 좋은 성과를 거두었더라도 단단히 마음먹지 않으면 금방 지치거나 포기해버릴 수도 있습니다. 저도 하드캐리 팀장으로 일한 모든 경험이 성공적이었다고 말하기 힘듭니다. 중간에 포기한 적도 있으니까요. 하드캐리 팀장에게는 다음 네 가지 요점을 강조하고 싶습니다.

먼저 작은 부분이라도 성과를 만드는 것에 집중해야 합니다. 저성과 팀은 최근 시도한 일에서 대부분 안 좋은 성과를 얻었을 텐데요. 전반적으로 깔려 있는 부정적인 기운을 반전하기 위해서는 작더라도 팀원들이 함께 기뻐할 수 있는 성과를 만들어내는 것이 중요합니다. 작은 부분에서부터 '그래도 새 팀장과 함께하니 뭐가 되긴 하네?'라고 생각해야 하니까요. 그래서 저는 진행되는 프로젝트들 중 성공 가능성이 가장 높아 보이는 일, 그리고 가장 빠르게 고쳐 실질적인 변화를 만들 수 있는 프로세스, 팀의 부족한 역량을 채워줄 수 있는 빠른 채용에 저와 팀의 리소스를 집중했습니다.

이를 위해 경영진에게 더 큰 의사 결정 권한을 요구한 것도 도움이 되었습니다. 팀의 '반전 성과'를 위해 하드캐리 팀장이 더 주도적으로 결정할 수 있도록 미리 합의하는 것이죠. 팀원들 입장에서도 최종 의사 결정권자는 같고 중간 관리자인 팀장만 바뀐 경우와 달리, 팀장이 직접 의사 결정을 하도록 맥락이 전환되면 실질적인 업무 방식이 바뀐다고 느낍니다. 경영진에게서 조금 더 큰 의사 결정 권한을 부여받아 팀원들과 함께 작지만 의미 있는 첫 성과를 이루는 데 집중해보세요.

두 번째는 부정적인 분위기 속에서도 반짝반짝 빛나는 팀원을 찾고 집중하여 의미 있는 변화를 만드는 것입니다. 저성과 팀이라 하더라도 분명 빛을 잃지 않고 눈빛에 힘이 있는 팀원이 있을 거예요. 그런 팀원을 중심으로 저성과 팀에 필요한 작지만 의미 있는 성과를 만들면 큰 도움이 되었습니다.

물론 특정 팀원을 편애한다는 이야기를 들을 수도 있지만, 어쩔 수 없어요. 어떤 사람들은 불평할 수 있지만 저성과 팀을 이끄는 하드캐리 팀장에게도 어려운 상황을 함께 돌파할 수 있는 팀원이 필요합니다. 함께 도전하고 바꿔나갈 의지가 있는 팀원이 있다면 전폭적으로 지원하여 분위기를 반전할 성과를 올릴 수 있도록 해야 합니다.

세 번째는 협업 부서와의 관계를 재정비하는 것입니다. 일반적으로 저성과 팀은 다른 부서로부터 안 좋은 평판을 듣습니다. 그래서 다른 팀으로부터 필요한 도움을 제때 충분히 받지 못하고 있을 가능성이 높아요. 협업 부서 입장에서도 저성과 팀보다는 성과가 잘 나오는 팀이 우선일 테니까요. 하드캐리 팀장은 협업 부서를 찾아가 어떻게든 좋은 관계를 구축하기 위해 노력해야 합니다.

마치 스타트업 대표가 투자자를 찾아가 회사의 미래와 성장성을 이야기하며 설득하는 것처럼 우리 팀이 어떻게 변모할 것인지, 우리 팀과 협업하면 어떤 멋지고 재미있는 일들이 일어날지를 설득하는 것이죠. 앞서 말한 것처럼 먼저 협업 부서를 지원하면 관계 재정비에 도움이 되기도 합니다. 협업 부서와 좋은 관계를 회복하면 팀원들도 적시에 훨씬 수월하게 지원을 받으며 일할 거예요.

마지막은 적극적으로 팀 외부의 도움을 받는 것입니다. 하드캐리 팀장이 저성과 팀에 침투해보면 곁에서는 보이지 않던 깊고 어두운 문제를 많이 보게 됩니다. 이 문제들을 하드캐리 팀장 혼자서 해결하기란 쉽지 않아요. 팀장이 모든 분야의 다양한 문제를 풀 수 있는 전문가는 아니니까요.

팀원들 개개인과의 깊은 면담이 필요할 수도 있고, 팀 문화나 분위기 차원에서 팀장이 할 수 있는 수준을 넘어선 전문적 조치가 필요할 수도 있습니다. 이를 위해 팀장이 문제를 풀어나갈 수 있도록 옆에서 조언할 수 있는 존재를 빠르게 찾을 필요가 있습니다. 같이 문제를 고민하고 해결할 수 있는 인사팀이나 경영진의 도움을 받으면 힘이 됩니다.

태도나 성과가 안 좋은 팀원이 있다면 회사 차원에서 제대로 된 피드백을 해야 하고, 성과나 태도를 개선하기 위한 별도의 트레이닝이나 프로그램이 필요할 수도 있습니다. 회사 안 전문가들의 도움을 받으면 효율적으로 문제를 풀어나갈 수 있습니다.

더 깊은 문제 진단과 솔루션을 위해서 다양한 전문가들을 활용할 수 있다는 것을 명심하고, 문제 해결에 필요한 도움을 고민할 필요가 있습니다.

지금까지 첫 3개월이 막막한 팀장에게 도움이 될 만한 내용을 정리했습니다. 사실 이 또한 저의 경험에 바탕한 의견이니 정답이라고 할 순 없어요.

모든 상황에 마법처럼 들어맞는 만능 정답은 없습니다. 정답을 찾으려 하기보다는 회사와 팀의 맥락과 팀장이 처한 구체적인 상황에 따라서 첫 걸음마에 무엇이 필요하고 중요한지를 파악하는 것이 중요합니다. 팀원, 경영진, 동료 팀장들을 깊게 이해하기 위한 방법과 다양한 경우의 수에 따른 접근법이 좋은 출발점이 되기를 바랍니다.

미팅으로 가득 찬 팀장의 하루

미팅을 잘하는 것이 팀장의 일이다

팀장이 되기 전에 '팀장은 무슨 일을 할까?' 생각해본 적이 있습니다. 요즘은 일정을 잡을 때 온라인으로 서로의 캘린더를 살펴보는 경우가 많은데요. 제가 본 팀장의 캘린더는 대부분 일정으로 빼곡히 차 있었습니다. 팀원이었던 제 눈에 팀장은 항상 바빠 보였어요. 직접 처리하는 실무가 딱히 없는데도요. 팀원들 입장에서 '진짜 일은 하지 않고 입으로만 일한다'라고 생각하는 것도 어쩌면 당연합니다. 저 또한 그랬고요. 그래서 처음 팀장이 되었을 때 정말 바쁘게 열심히 하고 있는데 팀원들이 일을 안 하는 팀장이라고 생각할까 봐 걱정하기도 했습니다.

제가 '팀장들은 입으로만 일한다'고 오해한 이유는 팀장의 일도 결국 팀원들의 일과 다르지 않다고 생각한 탓입니다. 팀원과 팀장은 비슷한 일을 하고, 팀장은 책임을 조금 더 지는 사람이라고 생각했거든요.

제가 하고 있는 마케팅에 비유하자면, 마케팅 팀장은 팀원들이 하는 마케팅을 잘하면 된다고 생각했던 것이죠. 의사 결정을 조금 더 하는 대신 책임은 조금 더 지면서요. 그런데 팀장으로 일해보니 그게 아니었습니다.

팀장이 되면 팀원으로서 하던 일과 전혀 다른 일을 하게 됩니다. 마케터가 마케팅 팀장이 되면 마케팅과 상관없는 일을 더 많이 하게 돼요. 디자이너가 디자인 팀장이 되면, 기획자가 기획 팀장이 되면 원래 하던 디자인이나 기획과는 다른 일을 더 많이 할 거예요.

팀 전체 업무의 우선순위를 정하고 어떤 일을 하거나 하지 않을지를 결정하는 일, 팀원들을 성장시키고 어려움을 해결하는 일, 협업 부서와의 갈등을 조율하고 합의를 이끄는 일, 진행되는 일에서 교훈을 얻고 다음에 할 일과 그 일을 더 잘할 수 있는 전략과 프로세스를 가다듬는 일이 대표적입니다.

어떤 이들은 마케팅 팀장이 관리하는 대상이 마케팅하는 사람들이니 팀장도 마케팅을 하는 것과 다르지 않다고 말하는데요. 틀린 말은 아닙니다. 팀원들이 마케팅에 대해 고민하고 있고, 그들이 마케팅을 더 잘할 수 있도록 돕는 사람이 팀장이니까요.

하지만 팀의 목표와 전략, 그리고 매끄러운 운영을 위해 관리하는 일과 마케팅에는 각각 다른 역량과 스킬이 필요합니다. 예를 들어 많은 사람이 마케팅을 잘하려면 톡톡 튀는 창의성과 설득을 위한 논리력이 중요하다고 하는데요. 마케팅팀을 잘 관리하기 위해 대단한 창의성과 논리력이 필요한 것은 아닙니다. 오히려 팀장에게는 창의성보다 팀원들에 대한 관찰력이, 논리력보다는 갈등을 조정하는 능력이 더 필요할지도 모릅니다. 마케팅 소재나 문구를 기획하고 창작하는 일과, 팀원들의 고충을 듣고 해결하는 일에는 전혀 다른 스킬이 필요합니다. 그래서 저는 마케팅팀을 관리하는 일과 마케팅은 다르다고 봐요.

팀을 관리하는 일은 대부분 사람들과의 만남을 통해 이루어집니다. 회사에서의 만남을 우리는 미팅이라고 부르고요. 결국 팀장의 일은 사람을 만나 의견을 나누고, 결론을 도출하고, 결론을 결과로 만들기 위해 힘을 모으는 일로 귀결됩니다. 이렇다 보니 팀장들은 미팅을 무척 많이 합니다. 팀원들의 눈에는 입으로만 하는 일로 보일지라도요.

얼마 전 제가 최근 3개월 동안 팀장으로서 무슨 미팅을 많이 했는지 회고한 적이 있는데요. 일단 야근을 하지 않았다고 가정(?)하면 업무 시간 중 70퍼센트는 미팅에, 30퍼센트 정도는 개인 업무에 썼더라고요. 누군가를 만나서 의견을 나누고, 합의점을 찾고, 결론을 도출한 일이 전체 업무 시간의 70퍼센트를 차지합니다. 이 정도면 정말 '팀장은 입으로만 일한다'는 이야기가 과장은 아니겠네요.

30퍼센트 혼자 일하는 시간	70퍼센트 사람들을 만나는 시간

미팅 유형은 몇 가지로 나눌 수 있습니다. 팀원들과 함께한 미팅이 일주일에 평균 9.2시간으로 전체 미팅 시간의 40퍼센트 정도였습니다. 여러 협업 부서와 새로운 일을 벌이고, 다른 팀과 만나 문제를 해결하는 미팅에도 각각 4.5시간, 2.3시간 정도 사용했습니다. 팀의 운영 상황과 향후 방향성에 관해 경영진과 대화하는 데 1.7시간, 잠재적 채용 대상자를 만나는 커피챗 시간에 1.6시간 정도를 썼습니다. 팀 빌딩에 대한 논의와 채용을 위한 면접에도 일주일에 4.3시간이라는 적지 않은 시간을 썼습니다.

사람마다 비율이 다르겠지만 팀장은 팀원들과 가장 많이 대화하고 시간을 보냅니다. 저의 경우 전체 업무 시간의 30퍼센트 정도를 팀원들과 미팅하며 대화하는 일에 썼습니다. 1년간 일했다면 그중 4개월은 온전히 팀원들과의 미팅으로 채워집니다. 정말 긴 시간이죠. 이 정도면 팀원들과 얼마나 질 좋은 미팅을 하느냐가 팀장, 나아가서는 전체 팀의 성과를 좌우할 수 있다고 해도 과언이 아닙니다.

좋은 미팅은 행동과 성장을 이끈다

팀장이 되고 나면 본인의 일보다 팀원들의 일에 대해 고민하고 논의하는 시간이 많아집니다. 팀원이 많아질수록 그 시간은 기하급수적으로 늘어나는데요. 5명의 팀원이 있고 일주일에 1명에게 1시간만 쓴다고 하더라도 5시간이 필요합니다. 미팅을 하며 중요한 주제로 이야기할 때는 1시간은 턱없이 부족한 경우가 많아요. 팀원당 2시간을 사용하면 총 10시간이 됩니다. 일주일에 40시간 일한다고 생각하면 이것만으로도 업무 시간의 25퍼센트가 필요합니다.

처음 팀장이 되었던 P&G에서는 4~5명으로 이루어진 작은 팀을 관리했습니다. P&G는 일반적으로 각 팀을 4~5명 정도의 소규모로 유지합니다. 지금 생각해보면 팀장의 숙련도를 떠나 가장 효과적으로 성과를 올릴 수 있는 규모와 구조를 만들려고 했던 것 같아요. 당시 저는 팀원들에게 충분한 시간을 낼 수 있었습니다. 모두 모여 논의하는 시간도 부족하지 않았고요.

하지만 스타트업으로 이직한 후에는 훨씬 많은 팀원과 함께했습니다. 팀의 일은 회사의 필요와 전략에 따라 진화하니 변화가 많은 스타트업에서는 자연스럽게 팀도 더 많이 변화합니다. 샌드박스네트워크에서도 처음에는 4명 정도로 이루어진 작은 팀을 관리했습니다. 하지만 회사 규모가 급속하게 커지면서 10명, 마지막에는 40명이 넘는 규모의 여러 팀을 동시에 관리하기도 했습니다.

10명 정도면 격주에 1시간쯤 팀원을 제대로 만나는 것도 벅차고, 40명이 되면 한 달에 한 번 만나기도 힘들어집니다. 그 일에만 한 달에 40시간이 필요하니까요. 자연스럽게 팀원이 어제 혹은 지난주에 구체적으로 무슨 일을 했고 지금 어떤 문제로 고민하고 있는지 잘 모르게 돼요.

마이리얼트립에서는 인턴을 포함하여 12명 정도로 구성된 팀을 관리했습니다. 모든 팀원을 매주 고르게 만나는 것이 힘들어, 합류한 지 얼마 안 된 팀원들만 매주 만나고 나머지는 격주로 만났습니다. 만나서 생각을 듣고, 고민을 이해하고, 문제를 해결하기 위해 대화하는 것이 중요하다는 것은 알지만 모두에게 충분한 시간을 쓸 수 없어 생각해낸 저만의 고육지책이었습니다.

그런데 팀원과의 대화가 부족하면 곧장 팀의 성과가 영향을 받습니다. 좋은 미팅과 만남을 통해 팀원 각자가 일에 더 집중하고, 막힘없이 다음 행동을 하고, 결국 맡은 일에서 좋은 성과를 내야 팀의 성과가 좋아지니까요. 팀원의 성과가 곧 팀장의 성과(너잘내잘 원칙 기억하시죠?)입니다. 그리고 이는 팀원들과의 미팅과 면담을 통해 가능합니다.

많은 팀장이 효율적이고 체계적으로 대화하기 위해 다 같이 모이는 정기 팀 미팅과 일대일 면담을 하고 있을 거예요. 정기적으로 모두 모이는 팀 미팅은 어느 회사나 많이 하지만, 일대일 면담은 몇 년 전까지만 해도 낯선 것이었습니다. 분명한 목적 없이 겉치레의 안부인사만 하느라 속마음이나 중요한 문제는 말하지 못하고 텅 빈 이야기로 시간만 보내는 일대일 면담도 많았고요.

그런데 요즘은 일대일 면담이 점점 많아져 여러 회사가 정기적으로 팀원들과 일대일로 대화하도록 권장하고 있어요. 효율적인 팀 미팅과 의미 있는 일대일 면담과 관련하여 지금까지 제가 경험하며 배운 교훈들을 공유하고자 합니다.

팀 운영의 핵심, 정기 팀 미팅

팀원으로서 정기 팀 미팅에 참석할 때는 팀장이 어떤 고민과 준비를 하는지 몰랐어요. 팀장이 된 후의 첫 팀 미팅에서 어떤 말을 어떻게 시작해야 할지 몰라 쩔쩔매던 기억이 납니다. 회의실에 앉은 팀원들이 저만 쳐다보고 있는데 긴장되고 막막했어요.

가벼운 대화로 아이스 브레이킹ice breaking을 시도해도 모두 대답 없이 조용한 경우가 많아 '내가 모르는 무슨 일이 있나?'라는 불안감이 덮쳐 올 때도 많았습니다. 제가 이야기하더라도 다들 노트북만 보거나 급한 일을 하는 듯한 모습을 볼 때면 '미팅이 별로 도움이 안 되나?' 하는 생각에 막막해지기도 했습니다.

코로나 팬데믹 이후 재택근무하는 팀원이 많아지고 비대면으로 팀 미팅을 진행하면서 막막함은 더욱 커졌습니다. 화상으로는 팀원들이 무슨 생각을 하는지, 표정이나 리액션은 어떤지 잘 알 수 없어 더욱 외롭게 혼자 떠들고 있다는 느낌이들 때도 많았습니다.

하지만 정기 팀 미팅은 팀 관리와 성과 달성, 팀 빌딩을 위해 중요한 일이니 신경 써서 챙겨야 합니다. 저는 요즘 매주 월요일에 정기 팀 미팅을 진행하고 있어요. 규모가 큰 경우 팀을 몇 가지 세부 파트로 나누고 파트별로 소규모 그룹의 팀원들이 다시 모여 좀 더 상세하게 대화하는 '파트 미팅'이나, 격주로 모든 파트의 팀원들이 모여 각자의 성과를 리뷰하는 '회고 미팅'도 정기적으로 진행하면 큰 도움이 됩니다. 이렇게 여럿이 모인 정기 팀 미팅을 진행할 때 팀장이 명심하면 도움이 되는 것은 무엇일까요?

① 우선순위 얼라인먼트 만들기

가장 먼저 할 일은 우선순위 얼라인먼트^{alignment}입니다. 팀 미팅은 우선순위 얼라인먼트를 위한 것이라고 해도 과장이 아닙니다. 얼라인먼트는 자동차의 운전대와 바퀴를 같은 방향으로 정렬하는 것을 의미합니다. 운전대와 바퀴의 방향이 틀어지면 운전하기가 힘들어지니까요. 마찬가지로 팀 목표나 OKR^{Objective and Key Result}을 중심으로 팀이 집중해야 하는 우선순위를 정하고, 이것이 팀원의 업무 우선순위와 잘 연결되었는지를 점검하고 조정해야 합니다.

얼라인먼트를 위해서는 팀의 목표나 OKR과 비교하여 현재의 성과와 주요 업무 진행 상황을 살펴보아야 합니다. 이를 바탕으로 우선순위를 정리하며 어떤 일을 먼저 하거나 나중에 할지, 어떤 일에 더 집중하거나 포기할지 결정하는 것도 중요합니다. 이어서 팀원들이 이번 주에 집중하고자 하는 핵심 업무와 해결하고자 하는 중요한 문제 등을 돌아가면서 공유하면 팀과 팀원의 우선순위를 효율적으로 정렬(얼라인먼트)할 수 있습니다.

저는 항상 팀 미팅에서 팀의 목표와 현재의 달성 현황을 가장 먼저 이야기합니다. 미팅 전에 팀의 목표 달성 현황을 체크하고, 목표 달성을 위해 제가 생각하는 주요 파트별 우선순위 업무를 회의록 상단에 적습니다. 그럼 자연스럽게 목표 달성 현황과 그에 맞는 우선순위를 먼저 논의하게 됩니다.

팀이 목표를 달성하지 못하면 문제를 파악하고 개선하기 위한 일이, 목표를 달성하면 이를 가속화하고 다음 주와 다음 달을 준비하는 일이 우선순위가 됩니다. 팀 미팅의 초반에는 팀원들과 함께 목표 달성 현황을 점검하고, 이에 맞는 팀 전체의 업무 우선순위를 합의할 필요가 있습니다.

미팅 전에 팀원들은 이번 주의 우선순위를 정리해야 합니다. 그리고 함께 논의한 팀의 우선순위를 개인의 우선순위와 비교하면 팀의 우선순위와 잘 연결되지 않는 업무들이 보입니다. 그럼 그 자리에서 해당 업무의 목적과 기대 효과에 대한 논의를 바탕으로 개인의 업무 우선순위를 조정하면 됩니다.

이런 결정으로 인해 발생하는 문제도 있을 거예요. 팀원의 업무 우선순위를 조정하면 그 일을 함께 하고 있는 다른 팀에도 영향이 미칠 테니까요. 그런 문제를 해결해주는 것 또한 팀장의 중요한 역할입니다. 팀이나 팀원의 우선순위 변경이 다른 팀에 영향이 미친다면 팀장이 빠르게 소통하여 양해를 구해야 합니다.

이렇게 팀원들과 팀의 목표, 목표 달성 현황, 이에 맞는 팀과 개인의 업무 우선순위를 이야기하다 보면 자연스럽게 둘 사이의 우선순위 정렬이 단단해집니다.

② 주요 쟁점 파악하기

두 번째는 개별 팀원의 주요 쟁점을 파악하는 것입니다. 쟁점 파악은 팀원들이 각자 우선순위 업무에서 느끼는 문제나 고민 그리고 해결책을 논의하는 것을 말합니다. 쟁점 파악을 통해 팀원의 업무 우선순위와 함께 문제 지점을 파악할 수 있고, '이 팀원은 이런 문제를 해결하며 시간을 보내겠구나'라고 예측할 수도 있으니 팀장이 반드시 챙겨야 합니다.

저는 팀원들에게 미팅 전에 짧게라도 각자의 주요 쟁점을 회의록에 적어달라고 부탁했습니다. 단순히 공유만 하면 되는 쟁점도 있고, 논의와 도움이 필요한 쟁점도 있을 텐데요. 둘을 구분하여 작성해달라고 하는 편이에요. 이렇게 팀원들의 주요 쟁점들을 모은 후 논의와 도움이 필요한 사안에 집중하여 이야기하면 팀원에게 도움이 됩니다.

가능하다면 그 자리에서 해결 방향과 다음 행동을 결정하면 좋습니다. 만약 논의에 시간이 더 필요해 바로 결론 내리기 힘든 쟁점이 있다면 언제까지 무엇을 추가로 확인하고 모여서 결정하자며 다음 행동을 명확히 하는 것이 좋습니다. 팀 미팅의 목적은 세세한 어젠다보다는 전체 업무를 둘러보고 팀원의 업무에 문제가 없게 하는 것이니까요.

저는 팀 미팅에서 논의한 쟁점들을 요약하여 다른 서체와 색상으로 기록합니다. 그러면 다음 주에 팀 미팅을 하더라도 지난주에 논의했던 쟁점들을 모두가 쉽게 상기할 수 있고, 이를 바탕으로 한 주 동안의 진행 상황을 간단히 파악할 수 있습니다.

논의하여 기록한 것들이 합의한 방향으로 잘 해결되고 있는지, 생각지 못한 문제나 갈등이 발생하지는 않았는지 추적하여 대화하면 막막하던 쟁점들도 하나씩 해결되는 경험을 할 수 있습니다.

이를 통해 팀원들도 '내가 일하는 데 구체적인 도움이 된다'라고 생각하기 시작하면 팀 미팅의 전반적인 분위기와 생산성이 좋아집니다. 팀원들도 더 적극적으로 참여하기 시작하니까요. 이렇게 참여도와 분위기가 좋아지면 팀장의 부담도 줄어듭니다.

③ 모두 함께 논의하기
세 번째는 팀 전체의 참여가 필요한 논의를 하는 것입니

다. 모두가 알아야 하거나 머리를 맞대면 효과적으로 해결할 수 있는 어젠다를 모아 같이 고민하는 것을 말합니다. 모두가 알아야 하는 중요한 사항과 변화, 지난주의 주요 의사 결정을 공유하는 것도 해당됩니다.

가장 중요한 것은 각 팀원이 업무에서 거둔 주요 성과를 공유하는 것입니다. 성과에는 좋은 것과 안 좋은 것이 있을 텐데요. 두 가지 모두를 공유하면 도움이 됩니다. 동료 팀원의 좋은 성과를 보면서 인사이트를, 안 좋은 성과를 보면서 반면교사로서의 교훈을 얻을 수도 있기 때문입니다.

저는 경영진이나 협업 부서와 논의하여 결정한 사안이나 팀 방향성의 변화, 모두가 파악해야 하는 회사 전체의 목표 달성 현황을 빠짐없이 공유하기 위해 노력합니다. 회사 전체에 중요하고 큰 프로젝트가 돌아가고 있다면 이에 대한 진행 상황이나 향후 일정 등도 빠트리면 안 됩니다.

함께 아이데이션ideation을 하면 좋을 주제, 혹은 팀원들의 의견을 반영하며 좋은 문화나 제도를 논의하는 것 또한 중요합니다. 팀에서 준비하고 있는 주요 프로젝트의 기획을 위해 다양한 아이디어를 모으고, 평소 불편하다는 이야기가 나왔던 팀 프로세스나 문서 템플릿을 개선하는 방향 등을 논의하는 것이 이에 해당합니다.

서로 의견이 다르거나 심도 있는 논의가 필요한 부분이 발견되면 쟁점의 경우와 마찬가지로 주중에 별도 미팅을 통해 서로의 생각을 이해하고 '추가 논의하여 결론을 내리자'라는 다음 행동을 명확히 하고 마무리하는 것이 좋습니다.

다시 한번 강조하자면 팀 미팅의 목적은 우선순위를 명확히 하고, 팀원들이 중요한 일을 문제 없이 하는 데 있습니다. 결국 이것이 팀의 목표 달성에 큰 영향을 미치니까요.

앞서 말한 우선순위 선정, 쟁점 파악, 팀 전체 논의라는 세 가지 항목에 집중하면 팀원들이 매끄럽게 일하기 위한 다음 행동을 구체적으로 도출할 수 있어 효과적입니다. 중요한 내용이나 합의된 행동을 팀 미팅 회의록에 기록하여 언제든 쉽게 볼 수 있도록 하면 팀원들이 일하는 데 도움이 될 거예요.

효과적인 팀 미팅을 위한 팁

공유 회의록 만들기

요즘은 다양한 협업 툴이나 서비스를 활용하며 일합니다. 구글 공유 문서, 노션, 컨플루언스, 슬랙 등이 대표적인데요. 팀이 사용하고 있는 문서 툴을 이용해 팀원이 함께 작성할 수 있는 회의록 템플릿을 만들고, 미팅 30분 전이라도 각자가 어젠다를 미리 적도록 하는 것이 중요합니다.

이때 팀장뿐만 아니라 팀원 각자가 이번 주 업무 우선순위, 지난주의 주요 공유 사항, 논의나 도움이 필요한 쟁점을 구분하여 작성하면 팀장이 전반적인 어젠다를 한눈에 파악할 수 있습니다. 그럼 한정된 시간에 맞춰 미팅하기가 훨씬 수월해집니다. 중요해 보이는 어젠다에 시간을 더 쓰고, 가벼워 보이는 어젠다는 빠르게 넘어가면서요.

다 함께 보면서 기록하기

회의록을 화면에 띄우고 미팅을 진행하는 것을 추천합니다. 그렇지 않으면 각자 노트북만 바라보며 눈 한 번 마주치기 힘든 회의가 될 거예요. 같은 회의록을 보면서 대화해야 주제에 집중하기 좋고, 다른 팀원들도 상대방의 이야기를 더 쉽게 이해할 수 있습니다.

또한 논의한 내용들을 기록하면서 미팅하면 팀장이나 팀원 모두 미팅 내용을 더 잘 기억할 수 있습니다. 글로 적으면 잘못 이해할 확률도 줄어듭니다.

특히 다음 행동을 논의하고 기록하는 것이 중요합니다. 결국 팀 미팅의 결론은 팀장이나 팀원의 다음 행동이니까요. 기록을 해야 모두가 각자 해야 할 일을 명확히 실행할 수 있습니다.

가벼운 잡담으로 시작하기

팀 미팅을 누구나 참여할 수 있는 가벼운 잡담으로 시작하는 것도 좋은 방법입니다. 소규모 팀이라면 상관없겠지만 많은 팀원이 한자리에 모이면 누구든 편하게 이야기하기가 어려워집니다. 엄숙하고 진지한 분위기로 팀 미팅을 시작하면 어려움이 더 커질 수 있어요.

업무 이야기를 바로 시작하기보다는 누구나 쉽게 참여할 수 있는 잡담을 5분 정도 나누면 전반적인 분위기가 가벼워지고 본 미팅에서도 팀원들이 더 편하게 참여할 수 있었습니다. 1시간 남짓의 미팅 동안 논의할 것이 많아 5분이 아쉬웠지만 결과적으로 더 생산적인 회의를 한 경우도 많았습니다.

관계의 핵심, 일대일 면담

팀원들을 만나는 또 다른 형태는 일대일 면담입니다.

저는 처음에 팀원들이 갑작스럽게 면담을 요청하면 '안 좋은 이야기인가?' 하는 걱정에 겁이 나기도 했고, 면담이 다가오면 무슨 말을 해야 도움이 될지 고민했습니다. 팀원의 문제를 마법처럼 해결해주고, 멋진 코칭과 피드백을 하고, 충만한 동기를 부여하는 대단한 스피치를 해야 한다는 부담감을 가졌던 탓입니다.

요즘 일대일 면담을 장려하는 회사가 많아졌고, 저도 많이 하고 있는데요. 몇 년 전만 하더라도 일대일 면담은 문제가 있을 때만 가끔 하는 낯선 것이었습니다. 정기적인 일대일 면담 문화가 자리 잡지 않은 회사도 많았던 것 같고요.

저는 첫 회사였던 P&G에서 정기적인 일대일 면담 문화를 처음 경험했습니다. 10여 년 전 일이지만 당시에는 팀장과 팀원이 하나의 의무처럼 매주 정기적으로 일대일 면담을 했습니다.

이 면담에서는 참 다양한 주제의 대화가 오갔습니다. 업무의 우선순위나 준비 중인 프로젝트의 진행에 관한 이야기도 많이 했지만 회사 생활은 어떤지, 어떤 업무에서 특히 재미를 느끼는지, 최근 보람을 느꼈던 순간은 언제인지, 앞으로 해보고 싶은 일이나 커리어의 목표는 무엇인지 등도 빠지지 않고 주제에 올랐습니다. 이 대화는 팀원이었던 제가 회사 생활과 커리어에 대해 생각하는 계기가 되기도 했습니다.

한국인부터 외국인까지 다양한 상사들과 일대일 면담을 하면서 P&G의 면담 문화에는 몇 가지 독특한 점이 있다는 것을 알게 되었습니다. 그중 항상 일대일 면담을 통해 성과를 낼 수 있게 도와주고 저의 성장을 이끌어주었던 H 팀장의 면담 방식을 소개합니다.

H 팀장은 최근에 한 일 중 '효과가 있었던 일'을 먼저 물었습니다. 최근의 업무 중 특히 성과가 좋았던 일을 듣고 싶어 했고, 제가 판단한 핵심 이유, 그리고 성과를 더 좋게 만들거나 성공을 반복하기 위해 본인이 도울 수 있는 일에 관해 이야기 나누고 싶어 했어요.

그다음 질문이 재미있는데요. H 팀장이 두 번째로 한 질문은 문제에 대한 것입니다. H 팀장은 집요하게 문제에 집중했습니다. 생각처럼 잘 진행되지 않은 일이 있다면 제가 생각하는 문제가 무엇인지 듣고 싶어 했어요.

생각해보면 팀원 입장에서는 불편할 수도 있습니다. 생각처럼 성과가 나오지 않는 일의 문제를 찾다 보면 스스로의 부족한 점이나 잘못을 이야기해야 하기도 하니까요. 아무리 성숙한 사람이라도 스스로의 부족함을 이야기하려면 묘하게 불편해집니다.

하지만 이 불편은 세 번째 질문을 통해 해소됩니다. H 팀장의 세 번째 질문은 항상 필요한 도움이었습니다. 문제를 해결하기 위해 필요한 도움이 무엇인지를 이야기하는 것입니다. 이런 일대일 면담은 결과적으로 문제를 해결하기 위한 행동에 집중하도록 해주었습니다.

팀원 입장에서 허심탄회한 이야기는 큰 도움이 되었습니다. 특히 팀장과 팀원이 같은 문제를 풀고 있다는 생각이 들어

좋았습니다. 팀장은 숙제를 내고 팀원은 풀어서 검사를 받는 관계가 아니라요.

그래서 저는 일대일 면담을 통해 팀원이 고민을 해결하고 '다음 행동'이라는 명확한 결과물을 낼 수 있도록 집중합니다. 팀원이 막연히 '좋은 면담이었어'라고 생각하는 것보다 '고민하던 것이 해결되었으니, 이제 이것을 하면 되겠구나'라고 명확히 생각하는 것을 목표로요.

면담할 때마다 이전 면담에서 도출한 다음 행동이 잘 진행되고 있는지 점검하고, 그 과정에서 얻은 교훈에 대해 대화하면 팀원이 빠르게 연속적으로 행동하여 성과를 내도록 도울 수 있었습니다. 또한 팀원의 일에 일조했다는 뿌듯함도 느낄 수 있었고요.

저는 H 팀장에게 배운 일대일 면담 방식에 몇 가지 질문을 추가하여 저만의 방식을 만들었습니다. 제가 일대일 면담에서 파악하고자 하는 것은 크게 네 가지입니다.

① 필요한 도움 파악하기

첫 번째는 제가 배운 대로 필요한 것을 묻고 이해하는 것입니다. 팀원의 막연한 건의 사항을 들으려 하는 것은 아니고요. 더 좋은 성과를 내려는 과정에서 직면한 어려움이 있는지, 이를 위해 필요한 도움이 있는지 파악하고 해결해주는 것입니다.

다른 팀의 동료와 갈등하거나, 모르는 분야가 있어 교육이 필요하거나, 기존 프로세스나 원칙에 부합하지 않는 이슈가 발생하거나, 인력이 부족해서 성과를 거둘 수 있는 길이 막혀 있을 수도 있거든요.

팀원 스스로 고민하고 문제를 해결할 수 있는 시간을 주는 것도 중요하지만, 직접 해결하기 힘든 수준이라면 최대한 빠르게 해결해줌으로써 다음 행동으로 넘어갈 수 있게 도와줄 필요가 있습니다. 이 경우 "이 부분은 제가 해결해볼 테니 ○○ 님은 다른 부분에 집중해주세요"와 같이 말하며 다음 행동을 정리할 수 있습니다.

② 의사 결정 도와주기

두 번째는 팀원이 고민하는 부분을 파악하고 좋은 의사 결정을 도와주는 것입니다. 일대일 면담은 다른 미팅에서는 하기 힘든 이야기를 깊게 나누기 좋습니다. 처음 일을 같이 하게 되어 서로를 잘 모르거나, 프로젝트가 새로워서 서로의 생각을 이해해야 하거나, 평소 업무 중 의견이 달라서 충분한 논의가 필요한 부분이 있다면 일대일 면담에서 팀원과 깊게 이야기 나눠보는 것이 좋습니다.

이렇게 대화하다 보면 업무에 관해 고민하고 있는 팀원이 분명 많을 거예요. 좋은 성과를 내려고 하다 보면 고민이 없을

수가 없으니까요. 너무 많은 일을 하려 해서 과부하가 걸려 있거나, 우선순위 파악에 어려움이 있거나, 의사 결정을 해야 하는데 고려해야 하는 요소가 너무 많거나, 확신이 없어 여러 방향을 고민하고 있거나, 본인의 결정이 동료들에게 영향을 미치게 되어 염려하는 경우가 대표적입니다.

팀원 스스로 좋은 의사 결정을 위해 고민하는 것은 좋은 일이지만 지나친 고민으로 결정이 늦어지거나 아무런 행동도 하지 않는 상황을 경계해야 합니다.

해당 업무의 전체 타임라인을 확인하고, 필요한 의사 결정이 늦어지지 않도록 명확한 기준을 세워주세요. 기준은 명확한데 고려 요소가 많아 어떤 방향으로 가더라도 명확한 장단점이 있는 경우에는 팀장이 빠르게 대신 결정해주는 것도 좋습니다. 팀원 입장에서는 명확한 단점이 있음을 알면서도 결정하는 것이 걱정되고 힘들 테니까요.

때로는 "이 일은 하지 맙시다" 혹은 "이 일은 나중에 합시다"와 같이 과감하게 우선순위를 정하면 팀원이 빠르게 다음 행동으로 나아가는 데 큰 도움이 됩니다.

③ 성장을 위한 피드백하기

세 번째는 서로에 대한 피드백입니다. 피드백은 팀원뿐만 아니라 팀장의 성장을 위해서도 꼭 필요합니다. 하지만 막상

하려고 하면 피드백만큼 힘들고 부담스러운 일이 없습니다. 단점에 대한 피드백이라면 더욱 그렇고요.

처음에는 어떻게 팀원에게 피드백해야 하나, 이렇게 말하면 상처받거나 의지가 꺾이지 않을까, 반발하지 않을까 하며 걱정을 많이 했습니다. 부정적인 피드백을 위한 일대일 면담이 다가오면 심장이 쿵쾅대고 면담을 미루고 싶었어요.

대부분의 회사는 1년에 1, 2회 정도 공식적인 성과 평가 및 피드백을 합니다. 제가 다녔던 회사들도 대부분 반기에 한 번씩 전체를 평가하는 기간을 두곤 했습니다. 저는 일대일 면담의 중요한 목적 중 하나가 서로에게 피드백하는 것이라고 생각해요. 자주 피드백하면 6~12개월을 기다리지 않고 빠르게 서로의 개선점을 찾고, 합의하고, 변화할 수 있다는 장점이 있습니다.

평소 업무를 하다가 피드백하고 싶은 일이 생기면 간단하게 메모해놓고 일대일 면담에서 사례와 함께 전달하는 것이 가장 효과가 좋았습니다.

이를 위해 무엇보다 필요한 것은 서로의 성장을 위한 일이라는 명확한 합의와 진심입니다. 성장과는 무관하거나 진심이 느껴지지 않는 피드백은 서로의 감정을 상하게 하거나 관계를 망치기도 합니다. 모두가 알고 있는 것처럼 우리는 사회적인 동물이잖아요. 감수성이 일반적이고 평범한 성인이라면 직관적으로 상대방의 진심을 알 수 있습니다.

면담에서 자주 서로에게 피드백하면 정기 평가의 부담을 줄일 수 있습니다. 1년에 한 번, 그것도 부정적이고 힘든 피드백을 해야 한다면 양쪽 모두 부담감과 거부감이 커질 테니까요. 특히 피드백을 받는 사람에게 큰 도움이 된다 하더라도 스스로 행동을 바꿔볼 시간 없이 평가만 받는다면 피드백이 아니라 점수를 통보받는다고 느낄 가능성이 매우 높습니다.

평소 일대일 면담에서 피드백을 주고받으면 본인의 개선점을 부담 없이 알게 되고, 공식적 평가 전까지 시간 여유가 있으니 스스로 개선을 위해 노력할 수 있습니다. 피드백의 목적은 평가가 아니라 개선과 성장을 위한 것임을 생각하면, 일대일 면담에서 피드백을 자주 주고받는 것이 공동의 목표와 성장이라는 목적에도 훨씬 잘 부합합니다.

팀원에게 부정적인 피드백을 하는 팁

평소에 칭찬 많이 하기

가벼운 일이라도 평소에 칭찬을 많이 하는 것이 중요합니다. 팀원이 잘한 일을 칭찬으로 충분히 인정해주었다면, 높아진 자존감이 부정적인 피드백을 수용할 때도 심리적 완충재 역할을 해줄 것입니다. 그러니 부정적인 피드백을 전달하기 전에는 팀원이 잘하고 있는 부분을 꼭 짚어주세요.

어떤 사람들은 이런 칭찬을 슈거코팅sugarcoating이라며 부정적으로 묘사하기도 합니다. 부정적인 피드백을 약간의 칭찬이라는 달콤한 포장으로 교묘하게 가린다는 의미입니다. 이들은 피드백할 때 직설적이고 명료하게 개선점에 대한 이야기만 해야 한다고 강조하는데요. 동의하는 부분도 있지만 저는 그렇게 하지 않는 편이에요. 명확한 사실이나 개선 계획만큼이나 그 사실을 받아들이는 팀원의 감정도 중요하다고 믿기 때문입니다.

감정은 행동을 이끄는 강한 촉매입니다. 크게 도움이 될 듯한 피드백도 그저 기분을 상하게 하는 말이 될 수도 있습니다. 피드백을 잘하기 위해서는 그것이 잘 수용될 수 있는 분위기나 감정을 만드는 것도 중요합니다. 저 또한 누군가에게 피드백받을 일이 있을 때 직설적으로 사실만 전달받기보다는 감정을 배려받고 싶기도 하고요.

팀원의 의견을 경청하고 합의하기

단순히 일방적으로 피드백을 전달하기보다는 그 과정에서 팀원의 생각을 충분히 듣는 것이 중요합니다. 오해가 있을 수도 있고, 팀원이 어떤 상황에서 그렇게 행동했는지 정확히 이해해야 하기 때문입니다. 저도 한쪽 의견만 듣고 설

불리 피드백을 했다가 아무런 도움은 못 되고 팀원의 감정만 상하게 했던 적이 있습니다.

한편 피드백에 대한 팀원의 의견을 듣고 충분히 논의하여 서로가 '합의할 수 있는' 구체적인 개선 계획을 한두 가지라도 정하는 것이 좋았어요. 개선점에 대해 합의했다면 쉽고 단순하더라도 내일부터 실천할 수 있는 계획을 세우고, 팀원이 행할 수 있도록 도와주어야 합니다.

리더십 개선이 필요한 팀원에게는 도움이 필요한 동료에게 먼저 커피챗을 제안하여 건의 사항을 취합하도록 한다거나, 일을 꼼꼼하게 할 필요가 있는 팀원에게는 문서 한 장이라도 실수나 오타 없이 완성하도록 하는 것이 좋은 예입니다.

협업에 관한 태도의 개선이 필요한 팀원에게는 동료들과 회의하기 전에 논의 주제를 취합하고 회의록을 작성하는 일을 도맡게 하거나, 약속을 잘 지키지 않는 팀원에게는 미팅에 5분 먼저 참석하게 하는 등의 사소하고 작은 행동이라도 좋습니다.

작은 변화가 의미 있는 변화의 시작이 될 테니까요. 그리고 그 행동을 계속하고 있는지 자주 묻고, 행동을 바꾼 이후 어떤 기분이 들었는지, 계속 실천하는 데 힘든 점이 있는지 수시로 물어보고 챙겨주세요.

팀장도 피드백받기

일대일 면담의 피드백에서 빠트리면 안 되는 점은 팀장도 피드백을 받아야 한다는 것입니다. 자주 받을수록 좋습니다.

저는 팀장과 팀원 사이의 케미가 정말 중요하다고 생각하는데요. 케미가 좋아지려면 서로가 서로에게 맞춰가는 노력이 필요합니다. 팀원이 일방적으로 팀장에게 맞추는 것이 아니라요. 그러려면 팀장도 팀원에게 자주 피드백을 받아야 합니다. 겉치레가 아니라 더 좋은 성과를 내는 팀장과 팀원의 케미를 위해서요.

제가 무심코 한 말이 팀원에게 상처가 되었을 수도 있고, 일하다 보면 오해가 생길 수도 있고, 특정 행동이 팀원을 힘들게 하거나 스트레스를 줄 수도 있습니다. 이런 부분에 관해 피드백을 받으면 서로의 더 나은 성과를 위해 빠르게 행동을 바꿔주세요.

팀장도 팀원에게 피드백을 받는 것이 중요합니다. 저도 팀원들에게 피드백을 많이 받습니다. 가장 자주 듣는 피드백은 좀 웃으면서 말하라는 것과, 팀원들이 고생한 부분에 대해서는 칭찬을 많이 해달라는 것입니다. 일하다 보면 모르던 것을 알게 되어 제가 고집했던 가설이나 전략을 바꾸는 경우도 있는데, 이때 생각을 바꾼 맥락과 근거를 더 자세하게 설명해달라는 피드백 또한 종종 받았습니다.

그동안 많은 피드백을 받아 저의 부족함을 잘 알지만 팀원들이 만족할 정도로 행동을 고치는 것은 쉽지 않아요. 바쁘게 일하다 보면 평소 하던 것처럼 행동하기 일쑤입니다. 하지만 팀원이 쉽게 말할 수 있고, 팀장 또한 부족함을 고치기 위해 노력하는 모습을 팀원들에게 보여주는 것은 큰 의미가 있습니다. 이런 사소한 피드백과 팀장의 행동이 팀 내부에 자라나는 신뢰와 케미의 싹이 될 테니까요.

만약 팀원의 피드백이 처음에는 공감되지 않거나 대수롭지 않다고 생각되더라도 무조건 공감하고 인정해주세요. 그래야 팀원들이 솔직하게 말할 수 있습니다. 팀장의 반응이 방어적이거나 변명만 늘어놓는다면 팀원들은 '벽이랑 이야기한다'라고 생각하여 금세 입을 닫을 거예요. 그럼 팀장 또한 성장할 기회를 잃습니다.

④ 인간으로서 팀원 이해하기

앞에서도 이야기했지만 꿈과 감정을 가진 한 인간으로서 팀원을 이해하기 위한 노력은 매우 중요합니다. 이는 팀원과의 일대일 면담을 통해 가능한 경우가 많아요.

그래서 정기적 면담에서 팀원들의 동기와 보람, 커리어의 목표를 이해하기 위한 대화도 자주 해야 합니다. 요즘 출근할 때는 어떤 기분인지, 일에서 가장 스트레스받는 것은 무엇인지, 어떤 일을 할 때 보람을 느꼈는지 물어보는 것이죠. 이런 질문을 통해 팀원이 어떤 생각과 동기를 가지고 일하는지 이해해야 합니다. 그래야 팀장도 팀원들이 몰입할 수 있는 더 나은 환경과 업무를 제시할 수 있을 테니까요.

커리어에 대한 대화도 3~4개월에 한 번씩은 꼭 하기를 추천합니다. 어떤 팀원은 커리어에 대한 이야기를 불편해하기도 해요. 승진이나 이직을 빼놓을 수 없는데, 이런 이야기를 입 밖으로 꺼내기가 어색해서 그렇습니다. 하지만 편안한 분위기에서 커리어에 관해 고민하는 부분이 있는지, 앞으로 어떤 방향으로 성장하고 싶은지, 그리고 도와줄 수 있는 부분이 무엇인지 자주 이야기 나누는 것이 좋습니다.

이때 팀원이 지금 하는 일만 하도록 답정너 같은 조언만 하기보다는 인생과 커리어의 선배로서 진심 어린 조언을 하는 것이 중요합니다. 팀원들도 바보가 아니니 그냥 하는 조언은 눈치채니까요. 그런 팀장에게는 팀원도 꿈과 목표에 대한 진심을 말하지 않을 것입니다.

팀장이 미팅에 가장 많은 시간을 쓰는 현실은 앞으로도 변하지 않을 것입니다. 그중에서 팀원들과 하는 미팅이 가장 많을 것이고요. 앞에서도 말했지만 팀원과의 좋은 미팅이 결국 팀과 팀장의 성과를 만듭니다.

"그 일이 너무 힘들어서 피하고 싶다면, 아마 꼭 해야 하는 일일 것이다."

이런 말을 들은 적이 있는데요. 지금도 팀원들과의 미팅이 힘들고 피하고 싶은 것을 보면 아직까지 저에게 너무나 중요한 일인가 봅니다. 시행착오를 통해 나만의 방식으로 대화하다 보면 언젠가는 능수능란하게 팀원들과의 케미를 만들어나갈 수 있지 않을까 하며 오늘도 힘들고 어려운 미팅을 열심히 하고 있습니다.

일잘러의 탄생

누가 일잘러일까?

팀장이 되면 팀원때와는 다른 일을 하게 됩니다. 팀원들이 더 좋은 성과를 내며 일할 수 있도록 지원하며, 팀이 집중하여 풀어야 하는 목표와 우선순위를 결정하고, 팀원을 가로막고 있는 돌덩이들을 찾고 함께 치우는 것 같은 관리적인 일들로 하루가 채워집니다.

그러므로 팀의 성과는 팀원들의 실무에 팀장의 관리가 합쳐진 결과물입니다. 팀장이 관리에 집중하다 보면, 팀의 성과 달성을 위해 해야 하는 실무는 팀원들의 역할이 됩니다.

이렇게 생각하면 누구보다 '일잘러'의 도움이 필요한 사람은 바로 팀장입니다. 실무를 든든하게 챙겨줘야 하는 일잘러

들요. 일잘러는 일 잘하는 사람을 줄여 부르는 말입니다.

팀의 목표 달성을 위해서는 팀원들이 각자의 일을 잘해주는 것이 중요합니다. 아무리 팀장이 일을 잘하더라도 혼자 모든 실무를 처리하는 것은 불가능하니까요. 팀장이 팀원의 실무 하나하나를 살펴보고 세세하게 감독하는 것 또한 불가능에 가깝습니다.

저는 팀장의 관리에 앞서 팀원들의 실무가 있다고 생각합니다. 팀원들의 실무가 안정적일수록 팀장 또한 본연의 관리에 집중할 수 있습니다. 실무가 잘 돌아가지 않는다면 팀장이 관리보다는 실무가 잘 돌아가게 하는 데 많은 시간을 쓰게 됩니다. 팀장 본연의 역할이 중요하다는 것을 알면서도 일단 눈앞의 급한 불을 꺼야 하니까요.

이렇게 보면 팀장의 역할은 스스로 일을 잘해내는 것이 아니라 모든 팀원이 일잘러가 되도록 지원하고, 일잘러 팀원들이 더 좋은 성과를 낼 수 있도록 묵묵히 후원하는 일이라고 할 수 있습니다. 일잘러 팀원들이 득점하는 공격수라면, 팀장은 뒤에서 팀원들이 쉽게 공격하고 또 지칠 때는 돌아와서 힘을 얻을 수 있도록 지원하는 서포터로 비유할 수 있습니다.

그렇다면 팀장 입장에서 정의할 수 있는 일잘러는 어떤 팀원일까요? 많은 사람이 일잘러라는 말을 씁니다. 저도 그렇고요. 이 단어는 다양한 맥락과 입장에서 제각각 다른 의미로 쓰이고 있습니다.

지금까지 참으로 많은 팀원을 만났습니다. 외국계 회사부터 스타트업까지 팀장과 디렉터로 일하면서 함께했던 팀원을 모두 합하면 60명은 넘을 것 같아요. 제가 만났던 일잘러들은 이런 팀원들이었습니다.

> 남들은 어려워하는 힘든 문제를 풀어내는 팀원
>
> 좋은 성과를 구조적으로 반복할 수 있는 팀원

일잘러 팀원들은 다소 시간이 걸리더라도 다른 사람들은 어려워하는 크고 힘든 문제를 풀어내고, 이를 통해 좋은 성과를 거두었습니다. 진짜 일잘러는 타이밍과 운이 좋아 한두 번 좋은 성과를 내는 팀원과는 다릅니다. 이들은 구조적으로 좋은 성과를 반복합니다.

일잘러 팀원들에게는 힘든 미션이 주어지고, 그들이 성과를 내지 못하더라도 의심의 여지없이 고개를 끄덕이게 됩니다. '그 일은 누가 해도 안 되는 일이구나'라고 생각하면서요.

저는 이럴 때 빨리 다른 방향을 찾습니다. 그 과정에서 얻은 경험과 교훈이 일잘러 팀원을 더 성장시켰을 것이라는 생각에 한편으로 흐뭇해하면서요. 여러분 주위에도 '이 사람이 했는데 안 되면, 누가 해도 안 되는 거지'라고 생각하게 되는 일잘러가 있을 거예요.

처음에는 일잘러가 아니었는데 지금은 일잘러가 된 경우도 있습니다. 처음에 같이 입사한 신입 사원들도 어느 순간 누군가는 일잘러가 되어 있고, 다른 누군가는 그렇지 않으니까요. 저도 그런 팀원들을 여럿 보았어요.

그때마다 이런 생각을 합니다.

> '일잘러는 입사할 때부터 정해져 있는 것이 아니라 만들어지는구나.'
> '평범한 직원도 어떤 사람과 어떻게 일하느냐에 따라 일잘러가 될 수 있구나.'

여기서는 제가 일하면서 만난 평범한 팀원들이 어떻게 일잘러가 되었는지를 이야기하려 합니다. 팀장으로서 일잘러 팀원들이 탄생하는 과정을 관찰한 결과라고 할 수 있겠네요.

일잘러는 합리적으로 일한다

제가 만난 일잘러 팀원들은 모두 합리적으로 일했습니다.

팀원이 합리적으로 일하니 팀장 입장에서 지금 무엇을 왜 하고 있는지 이해하기 쉽고, 결과도 어느 정도 예측할 수 있어서 신뢰가 갑니다. 반대로 그렇지 않은 팀원들은 팀장으로 하여금 종종 '지금 왜 하고 있지?'라거나 '왜 저렇게 하고 있지?'라고 생각하게 만들어요.

일잘러 팀원들은 합리적으로 일하기 때문에 결과가 예측 가능하고, 대부분의 경우 높은 수준의 성과를 꾸준히 달성했습니다. '팀원이 지금 하고 있는 일을 끝내면 이런 결과물이 나오겠구나'라고 예측할 수 있죠.

팀장이 팀원의 일 처리 과정과 결과를 예측할 수 있으면 훨씬 큰 도움을 줄 수 있습니다. 예상되는 문제를 미리 해결해 줄 수도 있고, 더 나은 결과를 위해 시의적절하게 의견을 제시할 수도 있게 되니까요.

특히 일잘러 팀원들은 남들이 생각하지 못한 기발한 아이디어를 떠올리는 것에 집착하지 않았어요. 대부분의 팀원이 기발한 아이디어가 있어야 문제를 해결할 수 있다고 생각하는 것과는 대조적입니다.

평범한 팀원들은 새로운 아이디어를 떠올리기 위한 일에

많은 시간을 씁니다. 경쟁사의 성공 사례도 많이 찾아보고요. 그래서 '어떤 회사가 이번에 기막힌 캠페인을 했는데 정말 참신하더라' 하는 업계 뉴스와 트렌드를 줄줄 외우고 있지만 실제로는 크고 힘든 문제를 해결해본 적이 없는 경우가 많았습니다.

하지만 일잘러 팀원들은 번뜩이고 기발한 아이디어 없이도 어렵고 복잡한 문제를 풀어냈습니다. 합리적으로 일하다 보면 너무나 당연했는데 놓쳐서 발생한 문제의 원인이나, 너무 가까이 있어 자세히 보지 않았던 부분의 허점을 찾아내기도 하니까요. 모두 합리적으로 일하기 때문에 가능한 일입니다.

그럼 일잘러 팀원들이 끈덕지게 지키는 합리적 방식이라는 것은 무엇일까요? 사실 우리 모두가 아는 간단한 것들이에요.

- 이루고 싶은 목표를 명확히 하기
- 가장 큰 문제를 파악하고, 근본 원인을 알아내기
- 근본 원인을 해결하기 위한 가설들을 세우기
- 가설들을 실행하고 결과를 바탕으로 정답을 찾아나가기

그럼 이런 질문이 떠오릅니다.

'모두 방법을 알고 있는데 왜 현실에는 일잘러가 드물지?

왜 내 주위에는 저렇게 일하는 사람이 없지?'

제 생각을 말씀드리자면 그 이유는 합리적으로 일하기 시작하더라도 초기에 쉽게 빠지는 함정들이 있어서입니다. 이 함정들은 무엇인지, 어떻게 피할 수 있는지는 뒤에서 설명하고, 먼저 합리적으로 일하는 방식을 간단히 살펴보겠습니다.

① 결말을 미리 정하자: 목표 설정

명확한 목표 수립은 일을 시작하기 전에 원하는 결과를 정의하는 것을 말합니다. 영화를 만들기 전에 결말을 정하는 것과 같아요. 영화를 촬영하면서 결말을 생각하는 것이 아니라요.

목표를 위해 내가 그 일을 통해 얻고 싶은 최종 결과물을 구체적으로 묘사해보거나, 특정 수치나 지표가 얼마나 오르거나 내리기를 기대하는지를 생각해보면 좋습니다. 이렇게 만든 목표는 간단하고 명확해서 듣는 사람이 쉽게 이해할 수 있어야 해요. 듣는 사람이 쉽게 이해하지 못한다면 명확하지 않은 목표일 확률이 높습니다.

목표가 명확하지 않으면 주위 사람들이 왜 그 일을 하는지 알지 못합니다. 그래서 일잘러들은 일을 시작하기 전에 목표를 명확히 합니다. 누군가가 시킨다면 일의 목표를 먼저 깊게 물어보고, 본인이 직접 발의하는 일이라면 남들도 쉽게 이해할 수 있는 구체적인 목표부터 세워요.

이후 팀장, 경영진, 동료들과 충분히 이야기해서 왜 이 일을 해야 하는지, 이 일로 얻고자 하는 결과물이 무엇인지 합의합니다. 그러면 주위의 도움을 받기도 좋아요. 무엇을 이루고 결과물을 얻으려 하는지를 잘 알고 있으니까요.

목표가 명확하면 팀장도 앞으로 팀원이 할 일을 예측할 수 있고, 피드백하기도 수월해집니다. "저번에 ○○이 목표라고 했는데 계획의 이 부분은 거기에 부합하지 않는 것 같아요"와 같이 팀장의 주관적인 느낌이 아니라 목표를 기준으로 이야기할 수 있거든요.

목표가 명확하면 일이 끝난 후에 구체적으로 회고하고 개선점을 찾을 수 있습니다. 애초에 명확한 목표가 없으면 일이 끝난 이후 회고를 통해 개선점을 찾지 못하는 경우가 많습니다. 일이 끝나고도 그 일이 잘된 것인지 잘못된 것인지 불명확한 경우가 많으니까요. 좋은 회고가 있어야 좋은 교훈을 얻을 수 있으니, 목표가 없다면 교훈도 없다는 말이 됩니다. 이처럼 일잘러들이 일을 시작하기 전에 명확한 목표를 수립하면서 얻는 이점은 한 둘이 아닙니다.

② 나무를 베기 전에 도끼날 갈기: 문제와 원인 파악
합리적으로 일하는 두 번째 단계는 문제와 원인을 찾는 것

입니다. 문제는 목표 달성에서 가장 큰 걸림돌이 되는 것을 말하고, 원인은 걸림돌이 왜 거기 있는지 이해하는 것을 말합니다. 대부분의 팀원이 문제는 비교적 쉽게 찾아냅니다. 문제는 일반적으로 현상에 가까우니까요. 목표를 정해놓고 거기에 이르는 길을 잘 살펴보면 큰 문제들이 눈에 띄기 마련입니다. 하지만 대부분의 팀원이 원인을 찾지 못해 문제를 풀지 못합니다.

여기서 헷갈리면 안 되는 것은 문제와 원인이 다르다는 점입니다. 문제는 아웃풋이고, 원인은 그 아웃풋의 인풋입니다. 인과관계라고 할 수 있겠네요. 우리가 보는 현상에는 항상 원인이 있습니다.

원인에도 여러 종류가 있는데요. 자신이 발견한 문제 근처에서 가장 먼저 쉽게 찾을 수 있는 원인은, 잘 보이지 않는 또 다른 원인으로 인해 발생하는 경우가 많습니다. 한마디로 원인에는 또 다른 원인이 있죠. 이렇게 원인의 원인을, 그 원인의 또 다른 원인을 찾아가다 보면 근원적인 원인에 다다를 수 있습니다.

보통 이런 원인을 '근본 원인', 줄여서 '근인'이나 '루트 코즈Root Cause'라고 부릅니다. 일잘러가 될 수 있느냐는 근인을 얼마나 빨리 파악하느냐에 달려 있습니다. 물론 쉽지 않은 일입니다.

일잘러 팀원들은 대부분 복잡한 일에도 쉽게 접근합니다. 복잡한 상황을 단순화하여 집중해서 해결해야 하는 문제와 원인을 파악하는 데 많은 시간을 씁니다. 여러 변수가 복잡하게 얽힌 상황에서도 목표 달성을 위해 가장 큰 변수인 핵심 문제와 근원적인 원인을 찾아야 문제를 풀 수 있기 때문입니다.

에이브러햄 링컨은 "나에게 나무를 벨 수 있는 1시간이 주어진다면 그중 40분은 도끼날을 가는 데 쓰겠다"라고 말했다는데요. 일잘러가 합리적으로 일하는 것 또한 마찬가지입니다. 도끼를 들고 찍기 전에 나무가 어떤 모양인지, 어디를 내리찍어야 쉽게 넘어갈지 잘 살펴야 합니다. 날도 예리하게 갈아야 하고요. 문제와 원인을 구체화할 때는 링컨의 말을 명심해야 합니다.

일잘러들은 그렇게 찾은 문제와 원인을 동료들과도 공유하고 피드백을 받아 문제와 원인에 관해 합의하고 일을 시작하는 경우가 많았습니다. 풀고자 하는 핵심 문제와 근원적인 원인이 그 일의 방향을 결정하니까요. 한마디로 일잘러들은 문제와 원인을 파악함으로써 일의 방향성을 사전에 합의하고 일을 시작합니다.

③ 해결의 열쇠 꾸러미 만들기: 가설 수립
세 번째 단계는 문제와 원인을 해결할 수 있는 가설을 찾는 것입니다. 앞서 일잘러들은 남들이 생각하지 못한 기발한 아이디어에 집착하지 않는다고 했는데요. 목표 달성을 위해 파악한 문제와 원인이 뾰족하고 구체적이기 때문에 세상에 없던 아이디어가 아니라 단순하고 효율적인 솔루션으로 해결하려고 합니다.

명확하게 정의된 원인을 해결할 수 있는 솔루션들을 나열하면 가설이 됩니다. 실행해보기 전에 A의 원인인 B를 C로 바꾸면 A가 해결될 것이라고 가설적으로 시나리오를 구상하는 것이지요. 그렇게 모은 가설들은, 열고자 하는 문제라는 자물쇠에 맞을 열쇠가 모인 열쇠 꾸러미가 됩니다.

사실 문제와 원인이 명확하면 해결을 위한 가설은 쉽게 세울 수 있습니다. 본인이 직접 생각하지 않더라도 명확한 원인과 가설을 동료들과 공유하면 집단지성의 힘으로 좋은 해결책이 금방 나오기도 합니다. 일잘러는 이 단계에서 집중하여 우선순위를 정합니다. 열쇠 꾸러미 중 어떤 열쇠가 가장 임팩트가 크고, 어떤 것이 가장 쉽고 효율적인지를 고민하면서 말이죠.

④ 장인 정신을 발휘할 시간: 실행과 회고
합리적으로 일하는 마지막 단계는 지금까지 만든 열쇠 꾸러미를 자물쇠에 하나씩 넣고 돌려보며 가장 빠르고 쉽게 열

수 있는 열쇠를 찾는 것입니다.

가설의 우선순위가 정해지면 일잘러는 바로 실행하여 결과를 만듭니다. 이미 문제와 원인에 대해 합의했으니 망설일 이유가 없어요. 일잘러가 실행 단계에서 집중하는 것은 집요함입니다. 얼마나 집요하게 가설을 그대로 실행했느냐가 마지막 단계의 관건이 됩니다.

아무리 빠르게 실행하더라도 가설에서 의도했던 바가 충분히 구현되지 않으면, 실패해도 왜 실패했는지가 불명확합니다. 가설이 잘못된 것인지, 아니면 가설 구현이 잘못된 것인지 알 수 없죠.

그러므로 꼼꼼함과 장인 정신이 필요합니다. 장인이 명품 가방이나 신발을 한 땀 한 땀 만들듯 일잘러들은 본인이 수립한 가설의 의도가 충분히 실행되도록 디테일에도 신경 씁니다. 실행하더라도 회고 단계에서 개선점을 찾기 힘든 경우는 보통 가설이 온전히 실행되지 못해 의도가 제대로 구현되지 않았을 때가 많으니까요.

일잘러들은 실행 결과가 안 좋더라도 당황하지 않습니다. 원하는 결과가 나오지 않으면 열쇠 꾸러미에서 해당 열쇠를 빼서 휴지통에 넣어요. 그리고 빠르게 다음 열쇠를 준비합니다. 문제와 원인에 대한 확신이 있으니 올바른 실행 방법만 찾으면 되니까요.

이번 열쇠가 맞지 않으면 빨리 다음 열쇠를 넣고 돌려보는 것이죠. 그러다가 가능성이 보이는 결과가 나오면 이를 극대화할 수 있는 개선점을 찾아 빠르게 더 큰 성과를 만들어나갑니다.

함정만 피하면 누구나 일잘러가 될 수 있다

목표를 정하고, 문제와 원인을 정의하고, 가설의 열쇠 꾸러미를 만들고, 집요하게 실행하여 검증합니다. 다시 생각해보아도 모두가 아는 방법이에요. 하지만 현실에서 이렇게 합리적으로 일하는 일잘러는 많지 않습니다. 왜 그럴까요?

저는 모두가 방법을 알고 있기 때문에 실천만 하면 일잘러가 될 수 있다고 믿어요. 현실에 일잘러가 드문 이유는 실천이 어려워서입니다. 실천이 어려운 가장 큰 이유는 집요함이 부족하기 때문이에요. 문제와 원인을 찾고, 맞는 열쇠가 나올 때까지 바꿔가며 자물쇠를 열어보는 일에는 집요함이 필요 합니다. 이것이 많은 사람이 중간에 포기하는 원인입니다.

포기하지 않더라도 예비 일잘러들이 중간에 빠지기 쉬운 함정도 존재합니다. 사람들의 성향과 성격이 모두 다르고, 지금까지 경험하여 올바르다고 생각하는 업무 방식 또한 제각각이기 때문입니다. 그래서 각자의 성향이나 경험에 따라 일잘러가 되는 과정에서 쉽게 빠지는 함정도 다릅니다.

팀장은 팀원들을 세심하게 관찰해 어떤 방식으로 일하고 있는지 파악해야 합니다. 팀원들 각자가 옳다고 믿고 있는 업무 방식은 무엇인지, 그래서 현재 어떻게 일하고 있는지를 파악해야 합니다. 일잘러처럼 일할 수 있도록 도와주기 위해서요. 팀장의 세심한 관찰과 적절한 도움만 있다면 누구나 일잘러가 될 수 있습니다.

팀장은 먼저 팀원들이 일하는 방식을 관찰해야 합니다. 열심히 일할 의욕 없이 퇴근만 기다리고 있거나, 목표 달성이 안중에 없거나, 성장에 관심 없는 팀원이 아니라면 예비 일잘러 팀원들은 다음과 같이 분류할 수 있습니다.

- 열정 넘치는 실행파인 과다 열정러
- 모든 것의 완벽을 추구하는 완벽주의자
- 최대한 많은 것을 파악하려 하는 프로 걱정러
- 트렌드를 좋아하는 화려한 테크니션
- 효율성과 정교함을 찬양하는 효율성 맹신자

형태별로 어떤 함정에 주로 빠지고, 이때 팀장이 어떤 도움을 줄 수 있는지 이야기해보겠습니다.

① 과다 열정러

과다 열정러는 과감하고 도전적인 실행파라고 할 수 있어요. 항상 업무에 최선을 다하기 때문에 일을 잘한다, 열심히한다는 이야기를 들어보았을 것입니다. 이들은 도전적이고 열정이 충만해 다른 동료들보다 업무 시간이 길고, 어려운 프로젝트도 일단 빠르게 실행하여 부딪힙니다. 과감하고 용감한 리더십이 돋보이는 부류죠.

제가 만난 대부분의 일잘러 팀원이 과다 열정러였습니다. 문제가 보이면 누구보다 빨리 소매를 걷어붙여 달려들었고, 바늘구멍 같은 확률에도 성공의 가능성이 보이면 주저하지 않고 해보겠다고 했어요. 그래서 팀장에게 큰 도움이 되는 고마운 존재들입니다. 이런 팀원이 많으면 팀의 전반적인 에너지 레벨이 매우 높아집니다. 동료 팀원들에게도 좋은 영향을 많이 주고요.

하지만 이들은 과도한 열정으로 섣부르게 움직여 팀과 본인의 리소스를 낭비하는 경우가 종종 있습니다. "정확하진 않지만 일단 해볼게요"라거나 "해보기 전까지는 모르니까요"라는 말을 많이 한다면 특히 그렇습니다.

과다 열정러가 일할 때는 원인보다 현상만 보고 있지는 않은지 팀장이 자주 살펴볼 필요가 있습니다. 실행파인 과다 열정러들은 현상을 보면 바로 행동을 취해야 직성이 풀리니까요.

매출이 떨어지는 현상을 접하면 '어떻게 매출을 올리지'라고 고민하기 시작하고, 마케팅 예산 효율이 떨어지는 현상을 접하면 아이데이션부터 시작합니다. 반대로 매출이나 마케팅 예산 효율이 좋아지면 구체적으로 어떤 이유로 좋아졌는지를 파악하기 전에 같은 성공 공식을 다른 영역에도 적용하기 위해 덤벼들었다가 실패를 맛보기도 합니다.

아이디어가 떠오르면 바로 행동에 옮기는 과다 열정러들은 합리적으로 일하는 방식의 두 번째 단계인 '문제와 원인 파악'을 건너뛰기도 합니다. 이것이 과다 열정러 팀원들이 가장 많이 빠지는 함정입니다.

효율적으로 일하기 위해서는 실행하기 전에 풀고자 하는 문제의 근본 원인을 명확히 할 필요가 있습니다. 언제나 가장 중요한 것은 사람의 리소스와 시간이니까요. 원인이 아니라 현상에만 집중하면 근본 원인을 해결할 수 있는 솔루션의 갈피를 잡지 못한 채로 방향성이 다양한 아이디어를 생각하고, 큰 고민 없이 모두 실행하게 됩니다.

그러면 자원과 시간을 비효율적으로 낭비하게 됩니다. 과다 열정러들은 이런 낭비를 신경 쓰지 않을 수 있지만, 같이 일하는 동료들은 쉽게 지칠 수 있습니다. 과다 열정러들은 명확한 문제와 원인을 파악해야 실행력과 집요함도 빛난다는 것을 항상 명심해야 합니다.

현상만 보고 일을 시작하려는 과다 열정러 팀원이 있다면 꼭 문제와 원인을 먼저 찾아서 알려달라고 말해주세요. 매출이 떨어진 원인을 명확히 하고 나서, 마케팅 효율이 좋아진 이유를 명확히 알고 나서 해결하거나 극대화할 수 있는 방법을 찾아도 늦지 않습니다. 과다 열정러가 포착한 현상에서 구체적으로 해결하려 하는 문제는 무엇인지, 가장 근본적인 원인은 무엇인지 파악할 수 있는 여유를 주면 팀장과 팀원 모두에게 도움이 되는 경우가 많았습니다.

② 완벽주의자

두 번째는 완벽주의자입니다. 이들은 굉장히 세심하고 꼼꼼해요. 담당하는 업무에서 세밀한 부분까지 촘촘하게 챙기므로, 합리적으로 일하기 위한 실행과 검증 단계에서 가설을 실행하여 구현하는 과정에서 엄청난 강점을 발휘합니다.

이들은 모든 업무에서 장인 정신을 발휘하는, 말 그대로 회사 안의 장인입니다. 이런 팀원이 있으면 전반적인 업무의 퀄리티가 높아집니다. 본인도 작은 디테일이 큰 차이를 만든다는 것을 알고 있고, 다른 팀원들도 지켜보면서 업무 완성도의 기준을 높이거든요.

팀에 완벽주의자가 있다면 일할 때 결과보다는 과정에 지나치게 집중하지는 않는지 세심히 지켜봐주세요. 이들은 결과에 큰 영향이 없을지도 모르는 과정의 매끄러움을 중요시하기 때문에 결과뿐만 아니라 과정 또한 완벽해야 한다고 생각하는 경우가 많습니다.

그래서 완벽한 과정을 위해 프로세스와 R&R^{Role and Responsibilities}, 매뉴얼들을 만들고 관리하는 데 과도한 시간을 쓸 수 있어요. 다른 팀이나 동료들도 본인의 업무를 최우선순위로 중요하게 생각하고 본인과 같은 수준의 장인 정신을 모든 과정에서 발휘해주길 바라는 경우도 있을 거예요.

물론 프로세스와 매뉴얼은 효율적으로 일하기 위해 반드시 필요합니다. 그리고 좋은 성과를 내기 위해서 가능한 한 회사 전체의 리소스를 최대한 효과적으로 활용하면 좋을 거예요. 하지만 우리가 일하는 이유가 '프로세스를 위함'이 아니라 '결과를 위함'이라는 것을 완벽주의자들은 이해할 필요가 있습니다.

현실적으로 모든 일에 완벽한 프로세스가 존재하기 힘들

고, 다른 사람들 모두가 완벽주의자만큼 그 과정에서 장인 정신을 발휘하기를 기대하는 것 또한 무리입니다. 본인의 기대만큼 상황이 완벽하지 않다면 완벽주의자의 실망감 또한 커질 수밖에 없습니다. 실망하는 것을 넘어, 완벽하지 않은 과정과 환경 때문에 앞으로 나아가지 못하고 제자리에서 망설이고 있다면 큰 문제입니다.

제가 토스 등의 스타트업에서 일하면서 만난 팀원들 중 많은 비율이 완벽주의자였습니다. 인력이 부족한 스타트업에서는 한 사람 한 사람이 최종 결과물을 만드는 역할을 하고, 그 결과물이 안전 장치 없이 최종 고객에게 바로 노출되는 경우가 많아서 모두가 담당 업무 과정과 결과에서 예민하고 높은 수준의 장인 정신을 추구하게 됩니다.

이들에게서 가장 많이 들은 말은 "○○이 없어서 안 돼요", "○○팀이 도와주지 않아서 문제가 생겼어요"였습니다. 실제로 그 요소들이 문제라고 볼 수도 있지만, 완벽한 시기와 조건을 기다리며 준비를 더 해야 한다거나 일정을 늦춰야 한다는 생각에 사로잡혀 있다면 문제입니다. 우리 모두 알고 있듯이 우주의 기운이 모이는 완벽한 타이밍과 환경이라는 것은 존재하지 않으니까요.

완벽주의자에게 필요한 팀장의 도움은, 완벽하지 않더라도 일단 빠르게 실행하여 결과를 볼 수 있도록 등을 부드럽게 밀어주는 것입니다. 완벽주의자에게 '일잘러의 합리적인 방식'은 결국 온전하지 않은 가설을 약간의 위험과 혼란을 감수하며 검증하는 과정이라는 것을 알려주어야 합니다.

그리고 일단 가설이 실행 단계에 들어가면 아무리 완벽하게 준비했더라도 반드시 예상치 못한 문제가 발생하며, 이에 연연하지 않고 계속 발견되는 문제를 포기하지 않고 개선하다 보면 큰 결과 앞에 다다른다는 것을 계속 상기시켜줄 필요가 있습니다. 어느 상황에서나 첫 결과물은 완벽하지 않고, 우리의 일은 첫 결과물을 만드는 것으로 끝나지 않으니까요.

첫 결과는 개선점을 찾고 계속 보완하기 위한 긴 여정의 시작에 가깝습니다. 하지만 완벽주의자들은 첫 결과물을 만드는 과정에서 완벽을 추구하느라 많은 에너지와 시간을 써버리는 경우가 많아 팀장의 세심한 관찰이 필요합니다.

이런 팀원이 있다면 지금 많은 시간을 들이려고 하는 과정의 완벽함이 결과에 어떤 영향을 미칠지 생각해보고 알려달라고 말해주세요. 만약 큰 영향이 없을 것 같다면 없어도 되는 과정일 확률이 높습니다.

어떤 경우에는 빠른 결과를 만들기 위해 과정에서의 혼란을 감수해야 합니다. 우리가 가진 것은 대부분 검증되지 않은 가설들이니까요. 과정 또한 완벽하길 기대하는 장인 정신이 아니라 결과 지향적으로 생각하며 일하게 도와주면 완벽주의자들도 결과에서 임팩트를 낼 수 있는 일에 집중할 수 있을 거예요.

이 경우 완벽주의자에게 필요한 것은 '계획대로 일이 진행되지 않고 있다'는 불평보다는, 결과 지향적으로 생각하며 상황에 맞춰 유연하게 과정을 바꾸며 대응하는 것입니다. 필요에 따라서는 결과를 위해 희생하거나 포기해야 하는 것이 있다는 것을 팀장과 팀원 모두 알 필요가 있습니다. 그래도 너무 걱정하지 마세요. 이 또한 실행 과정에서 보완하면 되니까요.

③ 프로 걱정러

세 번째인 프로 걱정러에 속하는 팀원들은 보통 신중하고 조심스러운 성향이 강합니다. 신중하고 침착하여 큰 실수를 범하는 경우가 없고, 비판적인 시선으로 날카로운 피드백이나 의견을 주기도 하여 팀장 입장에서는 객관적으로 팀을 운영하는 데 큰 도움이 됩니다.

프로 걱정러들은 맡은 일을 열심히 하기 위해 많은 고민을 하고 신중하게 접근법을 찾아갑니다. 합리적으로 일하는 일잘러의 두 번째 단계인 '문제와 원인 파악'에서 큰 강점을 발휘하기도 합니다.

이들은 보통 다른 팀원들이 '이쯤이면 되겠지'라고 생각하는 지점에서 한두 발자국 더 들어가서 깊은 문제와 또 다른 원인을 찾기 위해 고민하는 탐구자들이거든요.

이들은 일을 맡겨놓으면 본인의 품속에 오래 품고 있어요. 품속에 들어간 일이 시간이 지나도 돌아오지 않아 이야기를 나눠보면 고민에 휩싸여 있는 경우가 많습니다. 본인이 이끌어야 하는 기획이나 의사 결정에 모든 변수와 요소를 포함시키려 하다 보니 남들보다 배로 고민거리가 많아지거든요.

물론 시간이 조금 걸리더라도 모든 기획과 의사 결정에서 많은 것을 고민하고 염두하면, 중요한 기획이나 의사 결정에서 틀린 결정을 할 확률이 무척 낮아진다는 장점이 있습니다.

문제는 프로 걱정러들이 고민 과정에서 '안 될 이유'에만 과도하게 집중하는 경우입니다. 과도한 고민으로 합리적인 업무 방식인 '문제와 원인 파악'에서 앞으로 나아가지 못하고 있는 상황이라고 할 수 있습니다.

사실 이것은 좋은 일입니다. 일이 안 될 이유를 찾았다면, 문제를 해결하여 일이 되게 만들면 되니까요. 대부분의 실패하는 프로젝트들은 안 될 이유를 파악하지 못해 일이 벌어진 후 손을 쓰지 못하는 경우가 많습니다.

하지만 안 될 이유에 집중해 프로 걱정러가 제자리에 멈춰

버린다면 그건 문제입니다. 안 될 이유를 발견하면 해결하고 앞으로 나아가기 위해 어떤 도움이 필요한지 논의해야 하는데, 그보다는 이 일이 얼마나 어려운지 강조하고 알리는 것에 시간을 많이 쓰니 세심하게 지켜볼 필요가 있습니다.

프로 걱정러들에게 가장 많이 들은 말은 "근데 이건 어떡하죠?"였습니다. 아무리 좋은 방향으로 일이 될 이유가 있더라도, 본인이 발견한 한두 가지의 안 될 이유가 있다면 대화가 보통 "근데 이건 어떡하죠?"로 시작해서 "그래서 안 될 것 같아요"로 끝나는 경우가 많습니다.

물론 팀장도 심각한 문제나 전략 오류가 있다면 공감하고 그 일을 그만두어야 할 것입니다. 기본적으로 팀원들이 팀장보다 실무에 관해 더 많은 정보를 가지고 있고, 정말 심각한 안 될 이유가 있다면 열심히 해보더라도 일이 되지 않을 테니까요.

하지만 제가 만났던 프로 걱정러들은 대부분 안 될 이유를 직접 고쳐 일이 되게 만들어본 경험이 없거나, 안 될 이유를 찾았는데 팀장이 그 생각을 무시하고 일을 진행했다가 결국 잘 안 되었던 경험이 많아 '안 될 이유 = 그 일을 하면 안 됨'으로 생각의 초점이 맞춰져 있는 경우가 많았습니다. 프로 걱정러가 일잘러가 되기 위해서는 생각을 전환할 수 있는 긍정적인 시도와 경험이 필요해요.

이를 위해 프로 걱정러에게 '안 될 이유'라는 문제를 해결하려면 무엇이 필요하다고 생각하는지, 그리고 팀장이나 회사에게서 어떤 도움과 지원이 필요한지를 꼭 물어봐주세요. 팀원 스스로 생각의 프레임이나 초점을 바꿔 '문제 = 언제든 발생할 수 있는 것 = 해결하면 성공 확률을 높이는 것'이라고 긍정적으로 생각할 수 있도록 도와주고, 찾은 문제를 직접 해결하면 일이 된다는 것을 경험하게 해주면 일잘러가 되는 모습을 여러 번 목격했습니다.

④ 화려한 테크니션

멋지게 포장하고 전달하기 → '문제와 원인'이라는 본질에 집중하기

화려한 테크니션들도 일을 잘한다는 소리를 들어보았을 것입니다. 업계 트렌드나 경쟁사 동향을 잘 알고, 최근 화제가 된 레퍼런스나 화제의 밈^{Meme}도 줄줄 외우고 있어서 걸어다니는 네이버, 인스타그램이 따로 없습니다.

화려한 테크니션들은 보통 외부 활동도 열심히 해서 업계의 개인 네트워크가 좋고, 이를 통해 얻는 고급 정보나 인사이트도 많아서 대화하다 보면 큰 도움이 되는 경우가 많습니다.

화려한 테크니션들은 기술과 테크닉이 좋습니다. 지나가듯 가볍게 대화한 내용을 기억하고, 필요한 데이터나 레퍼런스를 수집해 멋진 대시보드나 문서를 만들어서 짜잔 하고 나타납니다. 미팅에서 나눈 대화 내용이 계속 결과물로 만들어지니 팀장 입장에서도 "이걸 벌써요?"라는 말과 함께 감탄하는 경우가 많아요.

이들은 일을 잘하고 싶다는 열정이 크고 호기심도 왕성한 경우가 많습니다. 아마 "손이 빠르다"라는 말도 많이 들어보았을 거예요. 새로운 기술이 화제가 되거나 새로 나온 업무용 어플리케이션이나 협업 툴이 있으면 가장 먼저 공부하여 적용합니다. 이를 위해 근무시간 외에 시간을 내어 공부하고 새로운 것을 익히는 데 거리낌이 없습니다.

화려한 테크니션들은 합리적으로 일하는 방식의 세 번째와 네 번째인 '가설 수립'과 '실행과 회고' 단계에서 큰 강점을 발휘합니다. 이들의 방대한 레퍼런스와 인사이트가 좋은 가설과 해결책의 가짓수를 늘려주고, 화려한 기술이 실행과 회고 단계에서 팀에 큰 도움이 되는 경우가 많거든요.

반면 다음과 같은 특징을 보여주기도 하는데요. 이것이 과하여 업무의 본질적인 부분에 소홀해진다면 주의가 필요하니 팀장의 관심이 필요합니다.

- 트렌디한 레퍼런스 발굴에 집중하기
- 인사이트보다는 데이터 자체를 많이 수집하기

• 문서 작업과 커뮤니케이션에 신경 쓰기

화려한 테크니션은 일잘러가 합리적으로 일하는 첫 번째와 두 번째 단계인 '목표 설정'과 '문제와 원인 파악'을 크게 신경 쓰지 않을 수도 있습니다. 저도 여러 스타트업에서 일하면서 이런 팀원들을 많이 만났습니다. 빠른 가설 수립과 초스피드 실행을 강조하는 스타트업에서 일하다 보면 목표와 진짜 문제에 관해 깊이 생각할 틈이 없는 경우가 많습니다.

이런 팀원이 있다면 가설 수립 단계에 타사의 성공 레퍼런스를 표면적으로 따라 한다고 해서 똑같은 성과를 얻기는 힘들다는 것을 알려주세요. 일잘러의 합리적인 업무 방식에서도 보았듯, 우리의 문제를 풀기 위해서는 우리만의 인과관계를 찾아야 합니다. 우리의 목표를 달성하기 위한 우리만의 문제와 원인을 찾아야 하죠.

타사의 성공 레퍼런스가 성공적이었던 것은 그것이 타사의 고유한 문제와 원인을 잘 해결해주었기 때문일 것입니다. 레퍼런스를 따라 한다고 타사의 문제와 원인의 인과관계를 모두 따라 하진 못합니다. 그래서 레퍼런스가 어떤 일을 하거나 하지 말아야 할 때의 근거가 되어서는 안 됩니다.

하지만 이미 외부의 다양한 레퍼런스를 알고 있는 화려한 테크니션은 계속 그 사례에 눈이 갈 거예요. 그런 팀원에게는 타사의 레퍼런스는 좋은 참고가 되지만 우리는 우리만의 문제를 정의하고 원인을 찾는 것이 먼저라는 것을 꼭 말해주세요.

화려한 테크니션에게는 데이터를 통해 도출할 수 있는 인사이트가 무엇인지 물어봐주세요. 호기심이 많고 정보를 많이 알고 있는 테크니션의 특성상 다양한 데이터를 줄줄 외우고 있습니다. 그리고 회고 단계에서 리뷰할 수 있는 많은 데이터를 수집하고 멋진 장표나 문서로 정리하기도 합니다.

반대로 너무 많은 데이터를 봐서 그 이면의 인사이트를 놓치는 경우도 많습니다. 기술과 테크닉에 집중하다 보면 데이터를 멋진 대시보드나 문서로 만드는 데 몰두하여 데이터 정리가 업무의 끝인 것처럼 생각하게 됩니다. 사실은 데이터를 수단으로 문제와 인사이트를 찾고 이를 어떻게 해결할 수 있을지를 생각하고 실행하는 것이 본질인데도 말이죠.

화려한 테크니션 팀원이 있다면 왜 이런 데이터가 나왔는지, 데이터가 의미하는 것은 무엇인지, 그래서 결국 데이터가 말해주는 점은 무엇이고 우리는 무엇을 해야 하는지를 꼭 물어봐주세요. 그럼 자연스럽게 데이터 자체의 정리보다는 이면의 인사이트와 시사점에 초점을 맞춰 수집하고 정리하는 것이 더 중요하다는 것을 알게 될 테니까요.

화려한 테크니션에게는 멋지게 정리된 PPT보다는 몇 줄의 글로 짧게 설명해달라고 요청해보세요. 공유하고 싶은 레퍼런스와 데이터가 많은 이들은 유려한 슬라이드와 대시보드를 만들어 공유하는 데 많은 시간을 쓰기도 합니다.

하지만 정작 이때 집중해야 하는 명확한 문제와 원인, 그리고 해결책에 대한 핵심 메시지를 놓치는 경우가 많아요. 그러면 자연스럽게 우리만의 원인과 해결책이 아니라, 당장 멋져 보이는 레퍼런스를 전달하는 데 집중하게 됩니다.

이때는 화려한 테크니션에게 핵심적인 메시지만 담은 짧은 글로 의견을 정리해달라고 하면 도움이 됩니다. 저는 가끔 한 문장이 두 줄이 넘어가지 않도록 하여 딱 다섯 문장만으로 핵심 내용을 요약하고 문서가 아닌 화이트보드에 써서 설명해달라고 하기도 했습니다.

이렇게 하면 팀원 입장에서는 과다한 문서를 만드는 데 쓰는 시간을 절약할 수 있고, 팀장도 팀원의 생각을 쉽고 깊게 이해할 수 있습니다. 테크니션에게 화려하지 않더라도 집요하게 우리만의 문제와 원인을 찾아내는 것이 더 멋진 일임을 알려줄 필요가 있습니다.

⑤ 효율성 맹신자

효율성 맹신자들은 보통 "이건 효과가 없을 것 같은데, 꼭 해야 하나요?"라는 질문으로 대화를 시작합니다.

사실 이들은 회사에 꼭 필요해요. 일정 규모를 이룬 회사에서 성과 달성을 위해 효율성 개선만큼 중요한 일은 많지 않으니까요. 하지만 문제는 새로운 아이디어를 실험하는 일 자체가 매우 비효율적이라는 것에 있습니다.

통계에 따르면 어떤 일이건 실행하는 일의 70~80퍼센트는 망한다고 합니다. 저는 이 말이 회사, 특히 스타트업에 잘 적용된다고 생각합니다. 무슨 일이건 처음 하면 시행착오가 많고 배워야 할 것도 많아 약간의 위험은 감수해야 하기 때문입니다.

그래서 효율성 맹신자들은 약간의 애매모호함을 감수하는 '시도의 낭비'를 하는 대신 아예 시도하지 말자고 제안합니다. 하지만 저는 이 또한 문제라고 생각해요. 회사가 늘 하는 일만 할 수는 없으니까요. 회사의 성장을 위해서는 위험하지만 의미 있는 새로운 시도가 필요합니다.

효율성 맹신자들은 "데이터가 완벽하지 않아서 결론 내릴 수 없어요"라는 말도 자주 합니다. 이들은 명석한 논리로 데이터나 분석과 관련하여 회사의 수준을 높이는 질문과 피드백을 많이 합니다. 하지만 논문 수준의 모델링을 통한 분석과 완벽한 실험을 통해 얻은 데이터만을 믿는다면 문제입니다.

우리가 일하는 곳은 실험실이 아니라 회사이기 때문입니다.

효율성 맹신자들은 모두를 안심시킬 수 있는 정확한 예측이나 근거를 요구하는 경우가 많습니다. 새로운 일이나 아이디어의 근거가 되는 세부적인 데이터나 분석에 수많은 의문을 던지면서요. 하지만 그들이 요구하는 완벽한 예측과 근거는 실행의 속도를 늦춥니다. 결국 실행해봐야 정답을 아는데도 말이죠.

제가 만난 일잘러들은 효율성 맹신자들과 반대로 일했습니다. 그래서 효율성 맹신자들을 만나면 꼭 같이 고민해봐야 하는 질문들이 있어요.

첫 번째는 '현재의 데이터로 어떤 시도를 할 수 있을까?'입니다. 일잘러들은 '어떻게 완벽한 예측을 할까'가 아니라 '현재의 데이터를 어떻게 활용할 수 있을까'에 집중합니다.

일잘러들은 수집하고 있는 데이터가 불완전하더라도 다양한 경로로 알게 된 정보와 데이터를 결합하여 본인만의 가설을 만들어냅니다. 이 가설은 완벽한 근거와 예측을 포함하지는 않지만, 실험을 통해 충분히 검증해볼 만큼 상식적이고 합리적인 경우가 많습니다.

두 번째 질문은 '어떻게 적은 비용과 위험으로 검증할 수 있을까?'입니다. 일잘러들은 '어떻게 한 번에 성공할 수 있는 일을 찾을까'가 아니라 '어떻게 적은 비용과 위험으로 내 가설을 검증할 수 있을까'에 집중했습니다.

일잘러들은 본인의 가설이 무조건 맞다고 생각하지 않고 '시도해서 확인해볼 정도'까지 구체화하여 많은 사람의 의견을 듣습니다. 그리고 가장 효율적으로 실험할 방법을 찾습니다. 이를 위해 가설에서 중요하지 않은 부분은 기꺼이 포기하거나, 퀄리티를 낮추거나, 조금 어설프더라도 스스로 직접 할 수 있는 방법을 찾는 경우가 많았어요. 그들은 그렇게 얻은 결과와 데이터로 또 다른 가설과 실험 계획을 세웁니다.

일잘러들이 말하는 아이디어나 제안은 효율성 맹신자들이 보기에는 만족할 만한 완벽한 수준이 아닐 수도 있습니다. 하지만 회사가 시도하는 새로운 영역에서 실험하고 검증해야 하는 일의 방향을 찾는 데는 부족하지 않은 경우가 많았습니다.

일잘러들은 불완전하지만 가설을 만들고, 작은 위험을 감수할 방법을 찾고, 가장 효율적인 실행을 통해 검증해냅니다. 특히 초반에 반대를 마주하더라도 기꺼이 위험을 감수하고 시도하는 경우가 많아요. 이들이 반대를 무릅쓰고 진행했던 일들이 결국 촉매가 되어 큰 변화를 만들어내는 것을 많이 목격했습니다.

팀장이 놓쳐서는 안 되는 부분은 바로 효율성 맹신자와 일잘러 모두 같은 문제의식을 가지고 있다는 점입니다. 팀장은 효율성 맹신자에게 정확하고 완벽하게 예측하고 분석하기보다 합리적인 가설을 세우고 효율적으로 시도하며 시행착오를 통해 답을 찾아나갈 수 있는 방법을 알려주어야 합니다.

일잘러로 성장하는 관건은 팀원 각자에게 달려 있습니다. 합리적으로 목표와 문제를 정의하고, 이를 통해 끝내 성과를 내는 것은 팀원이니까요.

하지만 월드 클래스 손흥민 선수에게도 코치가 필요하듯 일잘러 팀원이 탄생하기 위해서는 팀장의 지원과 도움이 반드시 필요해요. 경기에 나서서 드리블하고 골을 넣는 것은 손흥민 선수지만, 이를 합리적인 과정을 통해 이루도록 조언하고 트레이닝해주는 운동장 밖의 코치와 트레이너가 있다면 더 빠르게 좋은 성과를 낼 수 있습니다.

그 과정은 팀장과 팀원 모두에게 힘듭니다. 각자 본인만의 방식이나 성향에 따라 일해왔기 때문에 무언가를 바꾸기 위해서는 배의 노력과 시간이 필요하기 때문입니다. 특히 일하다 보면 바쁘니까 '일단 원래 하던 대로 하자'라고 생각하게 됩니다. 그래서 팀원이 일잘러로 성장할 수 있도록 돕기 위해서는 서로 시간을 내어 일하는 방식을 수정하여 접근해보자는 팀장과 팀원의 합의와 집요한 노력이 필요합니다.

말하는 것 이상의 커뮤니케이션

커뮤니케이션, 컴케, 컴…?

"이 소재는 커뮤니케이션이 좀 약한 것 같아요."

"이 부분은 광고주에게 확실히 컴케해주세요."

"이거 혹시 디자인팀에 컴되었나요?"

회사 생활이 10년이 넘어가니 커뮤니케이션이라는 단어가 익숙해졌지만, 신입 사원 때는 커뮤니케이션이라는 말 자체가 낯설었습니다. 요즘은 '컴케' 혹은 '컴' 정도로 줄여서 부르는 이 말은 회사에서 여러 의미로 사용되고 있어요.

상황에 따라 해석의 여지가 있지만 커뮤니케이션은 '설득하거나 강조하거나 전달하여 소통하다'라는 의미로 자주 사용

됩니다. 그리고 많은 직장인이 커뮤니케이션 때문에 고통받고 있어요. 커뮤니케이션을 잘하기 위한 고민도 정말 많이 하고 있고요. 경영진이나 팀원들을 설득하지 못해 어려움을 겪는 팀장부터, 다른 부서와 원활한 소통이 안 되어 고민하는 매니저까지 많은 사람에게서 소통에 대한 고민을 들었습니다.

저도 마찬가지입니다. 전 그때마다 제가 만난 일잘러 팀장들의 커뮤니케이션을 생각해봅니다. 그런데 뭔가 묘하게 다른 느낌이에요. 제가 경험한 일잘러 팀장들의 커뮤니케이션에는 소통 이상의 무언가가 있었던 것 같거든요.

우리가 회사에서 '소통하다'라는 단어를 쓰지 않고 '커뮤니케이션'이라는 거창한 용어를 사용하는 데는 커뮤니케이션에 '말하기' 그 이상의 의미가 있기 때문이라고 믿습니다.

제가 근무할 당시 P&G의 한국 오피스에는 외국인이 꽤 있었고, 최종 의사 결정을 하는 경영진이나 긴밀하게 협업해야 하는 본사 동료들 대부분이 외국인이어서 영어를 많이 사용해야 했습니다. 한국인 직원 대부분은 영어를 잘했지만, 잘 못하는 사람도 꽤 많았습니다. 저 또한 마찬가지였고요.

그런데 영어를 잘 못하더라도 큰 프로젝트를 문제없이 이끄는 팀장이 많았습니다. 영어로 능수능란한 농담을 하지 못하고, 원어민 발음으로 유창하게 말하는 것도 아닌데 경영진부터 동료나 팀원 모두와 긴밀하게 소통하고 협업하는 데 아무 문제가 없었습니다.

영어를 잘하지 못하지만 좋은 성과를 내며 협업을 이끈 팀장들을 보면서 이렇게 확신했습니다.

'팀장에게 커뮤니케이션은 단순히 말하고 소통하는 것 이상을 의미하는구나.'

한때 영어가 부족해 소통하기 힘들었고, 그래서 일이 잘 안 된다고 생각한 적이 있습니다. 이런 고민에 선배들이 저에게 딱 맞는 롤 모델이 있다고 알려주었어요. 영어가 유창하지 않지만 일 잘하는 팀장들요.

그중 제가 커뮤니케이션의 롤 모델로 생각한 J 팀장은 여러 브랜드를 이끈 포근한 인상의 선배였습니다. 따뜻하고 유쾌하여 후배들에게도 인기가 많았습니다. 항상 주위 사람들에게 먼저 관심을 가지는 밝고 긍정적인 분이었어요. 누구든 J 팀장과는 편하게 소통할 수 있었고, 힘든 일이 있으면 찾아가 도움을 청했습니다. 회사의 비공식 건의함처럼요. J 팀장은 어렵고 부정적인 이야기를 해야 할 때도 편안하고 믿을 수 있는 분위기에서 대화를 이끌었습니다.

그분은 항상 신입 사원도 쉽게 이해할 수 있는 간단한 표현으로 구체적인 이야기만 짧게 했고, 많은 시간을 듣는 데 사용했습니다. 영어라는 언어의 제약이 오히려 커뮤니케이션에 도움이 되었다는 생각이 들 정도였어요.

그래서 J 팀장은 외국인들과 함께하는 큰 프로젝트에서도 항상 성과를 냈습니다. 곤두박질치던 브랜드를 살려내기도 하고, 모두가 피하는 어려운 프로젝트에서 오래 기억할 만한 성과를 만들기도 했습니다. 모두 '내 의견을 조리 있게 전달하는 것이나 유창하게 말하는 것'이 커뮤니케이션의 전부였다면 이루지 못했을 일들이에요.

이런 인물들을 관찰하며 일한 P&G에서의 경험은 저에게 몇 가지 큰 깨달음을 주었습니다. 첫 번째는 커뮤니케이션은 기술이 아니라 마인드와 프로세스라는 것, 두 번째는 커뮤니케이션은 말하기가 아니라 협력하기라는 것입니다.

커뮤니케이션은 기술이 아니라 마인드와 프로세스다.
커뮤니케이션은 말하기가 아니라 협력하기 그 자체다.

결론과 행동을 이끄는 커뮤니케이션

회사 생활을 하다 보면 '커뮤니케이션이 일의 전부다' 혹은 '커뮤니케이션을 잘하고 싶다'는 말을 자주 듣습니다. 저도 그런 생각을 많이 했고요. 그럴 수밖에 없어요. 회사에서 커뮤니케이션은 정말 중요하니까요. 여러 번 강조해도 지나침이 없습니다.

회사에 입사하는 순간 우리 모두는 암묵적으로 동의합니다. '혼자가 아니라 여럿이 일하기로 합의했고, 여럿이 일할 때 더 큰 성과를 낼 수 있다'고 말이죠. 이 합의 때문에 커뮤니케이션이 무엇보다 중요해집니다.

우리가 서로 눈빛만 봐도 마음을 알 수 있는 텔레파시로 소통하는 것이 아니라면, 커뮤니케이션이 함께 일할 수 있는 유일한 방법이니까요. 팀장은 그 협업의 중심에 있으니, 일잘러 팀장의 핵심 역량은 훌륭한 커뮤니케이션이라고 할 수 있습니다.

그런데 '커뮤니케이션을 잘하고 싶다'는 사람 대부분은 그 의미를 조리 있게 말하고 소통하는 것, 혹은 구조적으로 말하여 상대방을 설득하는 것 정도로 좁게 생각하는 경우가 많습니다. 물론 남들보다 조리 있거나, 말투가 아나운서처럼 듣기 좋고 믿음이 가거나, 생각하는 근거와 논리를 잘 구조화하여 보다 설득력 있게 말할 수 있다면 팀장으로 일하는 데 큰 도움이 될 거예요. 비교적 쉽게 상대방을 설득할 수 있을 테니까요.

이들의 생각 한켠에는 상대방을 설득하여 '내 생각대로' 일이 진행되는 것이 좋다는 마음이 자리 잡고 있는 것 아닐까요? 반대로도 생각해보면 좋겠습니다. 여럿이 모여 큰 성과를 내는데 '내 생각대로' 일이 진행되는 것이 정말 중요한지 말이에요. 특히 여러 사람의 의견을 고루 듣고 결론을 내려야 하는 팀장은 스스로에게 꼭 답변해봐야 하는 질문입니다.

물론 '내 생각'이 정말 옳다면 최대한 많은 사람을 설득해야 합니다. 내 말을 믿지 않거나 반대하는 사람이 많더라도요. 그리고 회사 생활을 하다 보면 그런 날이 분명히 있을 것입니다. 모두가 처음 마주하는 상황에서 낯설지만 책임이 큰 의사결정을 해야 할 때, 그 일을 가장 잘 알고 책임지는 담당자로서 동료들이 반대하더라도 본인 생각을 제시하고 밀고 나가야 할 때라면 그런 설득도 필요할 거예요.

하지만 평소 우리에게 설득력이 필요한 이유는 '내 생각대로 하기 위해서'가 아니라 목표를 달성하기 위해서입니다. 현실에서는 더 나은 결과를 위해 '내 생각대로 되지 않아야' 하는 경우도 많아요.

제가 상대방을 설득하지 못하고 상대방 의견대로 일이 진행되어 아쉬워했는데 좋은 성과가 나왔던 경험은 나열하기 힘들 정도로 많았습니다. 반대로 제 생각대로 진행되었는데 일을 그르쳤던 경험도 많았고요.

커뮤니케이션을 잘하기 위해서는 '우리는 왜 커뮤니케이션을 하는가'라는 근본적인 질문부터 생각해보아야 합니다.

커뮤니케이션의 목적은 무엇일까요? 가볍게 안부를 묻거나 단순히 정보를 교환하는 커뮤니케이션도 있습니다. 조금 더 복잡하게 서로의 의견을 나누거나 설득하는 커뮤니케이션도 있을 것입니다. 하지만 '여럿이 모여 함께하는 일'이라는 맥락에서 넓은 의미를 생각하면 좋겠습니다.

> 공동의 목표를 달성하기 위해 더 나은 결론을 내고
> 서로의 명확한 행동을 이끌어낸다.

저는 이것이 커뮤니케이션의 가장 중요한 목적이고, 회사에서도 중요한 핵심적인 이유라고 생각합니다. 커뮤니케이션의 목적은 크게 두 가지입니다.

먼저 '더 나은 결론을 낸다'는 것입니다. 만약 내 생각이 (아쉽게도) 더 낫지 않다면 상대방 의견을 따르거나, 상대방 의견을 합리적으로 판단하여 더 나은 의사 결정을 해야 합니다. 커뮤니케이션의 목적을 생각하면 누가 이기고 질 필요가 없습니다. 누군가는 설득하고 누군가는 설득당하는 것일 필요도 없고요.

두 번째는 '명확한 행동을 만들어낸다'입니다. 여기서 말하는 '행동'에는 상대방의 합의나 승인 같은 절차적인 것과, 상대방의 협조 혹은 구체적인 실행 같은 실질적인 것이 포함됩니다. 커뮤니케이션으로 더 나은 결론을 도출하고 이에 대한 승인을 받거나, 내가 요청한 내용에 관해 합의하고 상대방의 실행을 이끌어내는 것 등이 해당한다고 볼 수 있습니다.

P&G에서 일하던 어느 날 제가 팀원으로 일하던 섬유유연제 상품에 물류 사고가 발생하여 당장 그달에 판매할 상품이 부족해진 적 있었습니다. 대책 회의를 위해 본사와 한국 오피스의 여러 동료가 화상회의에 모였습니다. 팀원이었던 저와 당시 브랜드 팀장이었던 K 팀장도 그 자리에 참석했고요.

문제를 해결하기 위해 모였지만 막상 미팅이 시작되니 자연스럽게 '왜 이 이슈가 발생했는가'에 대해 열띤 논쟁이 일어났습니다. 원인을 파악하여 문제를 예방하는 것도 중요하지만, 당장 그 달에 판매할 제품이 없는 한국팀 입장에서는 해결책 논의가 더 시급했습니다. 이때 K 팀장이 조용히 마이크를 켜고 말했습니다.

> "지금 우리가 풀어야 하는 문제는 원인 파악이 아니라 고객이 받을 물건이 없다는 거예요. 우리의 문제를 해결하기 전에 고객의 문제를 먼저 해결하기로 해요."

이 짧은 두 마디가 회의 분위기를 바꾸었습니다. 오래전 일인데 아직도 회의 모습이 생생하게 기억나는 이유는 당시 K 팀장의 커뮤니케이션이 훌륭했기 때문입니다. 그의 짧은 몇 마디가 동료들의 행동을 이끌어내었고 더 나은 결론을 도출할 수 있었습니다.

좋은 커뮤니케이션은 좋은 협업을 이끌어냅니다. 몇 마디만으로도요. 지금도 중요한 커뮤니케이션을 앞두면 K 팀장이 회의에서 보여준 모습을 떠올립니다. 특히 모두의 명확한 합의와 행동이 필요할 때요.

그동안 일하면서 참으로 많은 일잘러 팀장을 만났습니다. 그들은 다양한 방식으로 커뮤니케이션의 핵심 목적을 달성했습니다. 소통의 상대방이 누구이건 항상 더 나은 결론을 도출하고 명확한 행동을 이끌었습니다.

제가 만난 일잘러들을 떠올려보니 커뮤니케이션에 몇 가지 특징이 있었습니다. 단순히 조리 있거나 설득력 있게 말하는 것 말고요. 한 발자국 뒤에서 그들이 일하는 전체적인 모습을 보면 커뮤니케이션을 잘 관찰할 수 있었습니다.

본인의 생각이 명확하다

평범한 팀장 이런 문제가 있는데, 당신의 생각은 무엇인가요?

일잘러 팀장 이 문제에 대한 제 의견은 이렇습니다.
제 의견에 대한 생각은 무엇인가요?

일잘러 팀장들은 생각이 구체적이고 분명합니다. 커뮤니케이션의 목적에서도 이야기했지만 더 나은 결론을 도출하기 위해서는 먼저 본인의 의견이 필요합니다. 일단 상대방에게 의견을 명확하게 전달하고 상대방 의견도 잘 들어야 합니다. 일잘러들은 어떤 정보들을 살펴봤고, 이를 바탕으로 어떤 근거를 찾았고, 어떤 결론을 내렸는지를 먼저 분명하게 말합니다. 이것이 좋은 대화의 시작점이 됩니다.

많은 전문가가 커뮤니케이션에 관해 '두괄식으로 요점만 일목요연하게 전해야 한다'고 힘주어 강조합니다. 저는 이것이 같은 맥락의 조언이라고 생각해요. 두괄식은 결론을 먼저 말하는 것을 의미합니다. 그러기 위해서는 말하기 전에 본인의 생각과 결론을 분명히 해야 합니다.

보통은 배경 ➡ 근거 ➡ 결론의 순서로 생각을 도출합니다. 결론에는 근거가 있고, 근거는 특정한 배경과 맥락에서 도출되는 경우가 많으니까요. 하지만 결론을 쉽게 전달하는 방법은 역순으로 설명하는 것입니다. 결론 ➡ 근거 ➡ 배경 순서라고 할 수 있겠네요. 이렇게 설명하면 듣는 사람이 말하는 사람의 생각을 쉽게 이해할 수 있습니다. 결론을 마지막에 말하면 듣는 사람이 배경과 근거를 듣는 과정에서 결론을 추론해야 합니다. 계속 집중해서 상대방의 말을 듣고 논리 구조를 파악해야 하는데, 생각보다 힘들고 피곤한 일입니다.

결론을 먼저 들으면 듣는 사람이 훨씬 쉽게 본인의 의견을 정리할 수 있습니다. 상대방과 본인의 생각이 같은지 다른지를 파악할 수 있고, 결론이 다르면 이어지는 근거와 배경에서 어떤 부분이 본인과 다른지 집중하며 들을 수 있습니다. 두괄식으로 말하기는 말하는 사람과 듣는 사람 모두의 의견 전달을 쉽게 만듭니다.

상대방이 내 의견을 쉽게 이해하면, 내 생각에 대해 더 정확하고 좋은 의견을 줄 수 있어요. 그러기 위해서는 먼저 내 생각을 구체적이고 분명하게 전달해야 하고, 대화를 시작하기 전에 '나의 결론'이 분명하고 구체적이어야 합니다.

커뮤니케이션을 어려워하는 사람은 대화를 시작할 때 본인의 명확한 결론이 없는 경우가 많습니다. 배경과 근거만 말하고 결론을 말하지 않아요. 의외로 많은 팀장이 배경을 잘 요약하고 설득력 있는 근거를 정리하여 공유하는 것만으로 본인의 역할이 끝났다고 생각하는 것 같습니다.

하지만 이런 커뮤니케이션은 의사 결정을 주도해야 하는 팀장에게 문제가 될 수 있습니다. 듣는 사람에게 생각 없는 사람으로 보일 수 있기 때문입니다. 팀장은 배경을 파악하고 근거를 찾는 것에서 한 걸음 더 나아가 팀의 의견을 대변할 수 있는 결론을 내려야 합니다. 그 결론으로 경영진이나 협업 부서와 소통하여 더 나은 결론을 이끌어내야 하고요.

샌드박스네트워크에서 디렉터로서 여러 팀장과 일하다 보니 커뮤니케이션 스타일을 두 부류로 나눌 수 있었습니다. 결론을 내리고 말하는 팀장과 그렇지 않은 팀장입니다.

설사 틀렸을지라도 본인의 결론을 내리는 팀장과는 짧게 대화해도 의견을 쉽게 이해할 수 있었고, 이를 바탕으로 빠르게 논의하고 결정할 수 있었습니다. 그렇지 않은 팀장과 일할 때는 무척 힘들었어요. 배경과 근거만 알려주고 결정은 저에게 미루는 것 같았거든요.

실무 상황을 모르는 디렉터나 상사가 팀장의 의사 결정을 대신 해주기는 힘듭니다. 대신 해준다 하더라도 그 결정에 모든 팀원이 동의할지, 실무에 적용하기 힘든 뜬구름 잡는 이야기는 아닐지 걱정되는 부분도 많거든요. 팀장은 누군가와 대화하기 전에 본인의 결론을 내리고 팀 전체가 합의한 원 보이스one voice를 담는 것이 중요합니다.

'나만의 결론'이 분명해지려면 다양한 데이터를 검토하여 근거들을 찾아야 합니다. 나의 결론과 근거가 커뮤니케이션의 좋은 출발점이자 논의의 기준이 될 것입니다.

사실 내 결론이 조금 부족해도 상관없습니다. 우리는 여럿이 함께 일하기로 합의했으니까요. 결론을 잘 전달하면 함께 일하는 실장, 팀장 그리고 동료들이 보완해줄 것이라 믿으면 커뮤니케이션할 때 마음이 한결 편해집니다.

결국 대화임을 잘 알고 있다

평범한 팀장 오늘 미팅은 이런 결론으로 끝나야 해.

일잘러 팀장 오늘 미팅에서 상대방 의견을 고루 들어보고 결정
하자.

저는 몇 가지 사건을 경험하며 '커뮤니케이션은 단순한 대
화다'라는 교훈을 얻었습니다. 가장 생생하게 기억나는 사건
은 P&G에서 팀장이 되고 얼마 지나지 않아 처음으로 외국인
사장에게 다음 분기 마케팅 기획을 승인받아야 하는 일대일
미팅에서 일어났습니다.

저는 팀이 준비한 마케팅 기획에 관해 한 방에 오케이를
받아내는 팀장이 되려고 했습니다. 그것이 함께 준비한 팀원
들에게 좋은 일이라고 생각했어요. 회의가 끝난 후 팀원들에
게 "여러분, 우리가 준비한 그대로 승인받았어요. 제가 한 방
에 설득했어요"라고 말하는 팀장이 되고 싶었고, 그게 더 멋
져 보였어요. 지금 돌아보면 초보 팀장의 철없는 생각이었습
니다.

저는 담당하고 있던 기저귀 브랜드의 마케팅 계획을 승인
받기 위해 본사의 캐나다인 사장과 일대일 미팅을 했습니다.
한 방에 '오케이' 승인을 받기 위해 엄청난 자료와 메시지를

준비했습니다.

일대일 회의가 시작되자 저는 총력을 다해 설득했습니다. 생각보다 사장은 팀의 계획에 관해 많이 질문하고 피드백했습니다. 모든 질문과 피드백에 저는 '아니에요, 사장님. 제 말이 맞아요. 이걸 보세요'라는 태도로 준비한 자료를 열심히 전달했습니다. 어두워진 사장의 표정을 저는 눈치채지 못했고, 점점 질문이 줄어드는 것을 보며 설득에 성공하고 있다고 생각했습니다.

1시간이 지나갈 무렵 사장은 "오케이"라고 했습니다. 한편으로 마음이 불편했지만 어찌 되었건 원하던 승인을 받았으니 괜찮다고 생각했어요. 자리에서 일어나 회의실을 나가려고 하는데 사장이 이렇게 말했습니다.

> "현직, 다음부턴 우리의 논의가 대화였으면 좋겠어. 일방적인 전달이 아니라."

저는 순간 머리가 멍해졌습니다. 인사를 하고 자리로 돌아왔는데 한동안 마지막 말이 머릿속을 떠나지 않았습니다. 제가 커뮤니케이션에 대해 완전히 잘못 생각하고 있다는 느낌이 들었거든요.

그 회의를 되돌아보면 저는 사장과 대화한 것이 아니었습니다. 그저 제가 원하는 결론을 일방적으로 강요했죠. 사장은 합리적이고 상식적인 질문과 의견을 주었는데, 저는 방탄조끼처럼 모두 튕겨냈습니다.

대화가 아니라 전달, 열린 결말이 아니라 닫힌 결말이었죠. 지금 생각하면 저는 커뮤니케이션의 목적을 전혀 이해하지 못했어요. 제 생각대로 상대방을 설득하는 것이 커뮤니케이션의 목적이라고 생각했습니다. 더 나은 결론이 아니라요.

평소 친구와 나누는 대화를 생각해보았습니다. 제가 사장을 설득하기 위해 한 커뮤니케이션을 친구에게 그대로 했다면 어떤 일이 벌어졌을지 아찔했습니다. 친한 친구에게서도 꼰대, 고집불통, 말이 안 통하는 놈 등 온갖 안 좋은 소리를 들을 각오를 해야 했을 겁니다.

친구와 평범한 이야기를 나누더라도 대화는 일방적인 것이 아니라 양방향이어야 합니다. 저녁 식사 메뉴를 정할 때 피자를 먹고 싶었더라도 친구가 점심때 피자를 먹었다는 말을 듣는다면 자연스럽게 생각이 바뀌게 됩니다. "그럼 햄버거는 어때?" 이렇게요. 친구가 점심때 피자를 먹었다는 데, 그 사실을 알기 전과 다름없이 계속 피자를 먹자고 하면 아마 저를 이상하게 볼 것입니다.

양방향 대화에서 모르던 정보, 맥락, 상황, 관점 등을 얻으면 자연스럽게 생각이 바뀌게 됩니다. 생각이 바뀌지 않으면 오히려 이상하죠. 그것이 대화니까요.

그런데 왜 저는 사장과는 대화하려 하지 않았을까요? 더 나은 결론이 아니라 제 생각대로 결론이 나와야 좋은 것이라고 오해했기 때문입니다.

이후 저는 일잘러들의 커뮤니케이션을 더 자세히 관찰했습니다. 그들은 커뮤니케이션은 결국 편안한 대화라는 것을 잘 알고 있었습니다. 대화는 양방향으로 일어나는 소통이고, 그렇기 때문에 유동적이고 유연할 수밖에 없습니다. 일방적인 전달이라면 할 말만 하면 되니 결과를 쉽게 예측할 수 있지만, 대화는 결과를 예측할 수 없습니다. 좋은 대화를 하다 보면 스스로의 생각이 바뀌기도 하고 상대방의 생각이 바뀌기도 하니까요.

하지만 많은 팀장이 답을 정해놓고 커뮤니케이션을 시작하는 실수를 범합니다. 커뮤니케이션은 설득하는 사람과 설득당하는 사람이 정해져 있고, 대화를 통해 얻는 것과 잃는 것이 있다고 생각했겠죠.

제가 시행착오를 통해 깨달은 것은, 전달이나 설득이 아닌 대화를 하려고 하면 누가 옳고 틀린지를 떠나 더 나은 결론이 만들어진다는 것입니다. 내 생각대로 설득되지 않으면 어때요? 우리에게 중요한 것은 더 나은 결론을 만들어내는 것이잖아요.

어떤 사람은 커뮤니케이션 과정에서 의견이 바뀌는 사람을 이상하게 보고, 심지어 말을 바꾼다고 부정적으로 묘사하기도 합니다. 그런 모습을 볼 때마다 안타깝습니다.

물론 합의한 내용을 이행하지 않거나, 결정된 사항을 번복하는 것은 협업하는 사람들에게 고통과 시련을 주므로 비판받아야 합니다. 하지만 저는 대화 과정에서 생각이 바뀌지 않는 사람들이 나중에는 더 문제가 될 수 있다고 생각해요.

어제는 맞다 하고 오늘은 틀렸다 한다고 제게 불평하는 팀원에게 저는 이렇게 말합니다. 어제는 진짜 그게 맞았다고 생각했는데 생각이 바뀌었고 그 이유는 이렇다고요. 그리고 팀원에게도 의견을 묻습니다. 이런 이유로 생각이 바뀌었는데 그게 더 합리적이지 않냐고요.

우리는 좋은 대화를 원합니다. 저에게 좋은 대화는 상대방에 대해 모르던 사실을 알게 되고, 생각해보지 못한 관점을 가지게 되고, 느껴보지 못한 감정들을 간접 경험할 수 있는 것입니다. 좋은 대화를 했다면 그 과정에서 생각이 바뀌지 않는 것이 오히려 부자연스럽습니다. 좋은 대화를 하더라도 결론이 바뀌지 않는 사람이 꼰대나 고집불통일 테니까요.

앞에서 좋은 커뮤니케이션의 시작을 위해서는 명확한 '나만의 결론'이 필요하다고 했는데요. 좋은 커뮤니케이션을 완성하기 위해서는 대화를 시작하기 전에 가졌던 명확한 '나만의 결론'이 유연하게 바뀔 수 있다는 것을 명심해야 합니다. 상대방을 무조건 설득해야 한다는 생각으로 고집부리지 않아야 하죠.

앞으로 회사에서 누구와 커뮤니케이션하더라도 이건 서로가 서로의 생각을 유연하게 바꿀 수 있는 좋은 대화라고 생각해보세요. 우리의 목적은 상대방을 설득하는 것이 아니니까요. 그럼 누구와 커뮤니케이션하더라도 한결 마음이 편안해질 거예요. 물론 더 나은 결론도 찾을 수 있을 것이고요.

먼저 신뢰 관계를 쌓는다

평범한 팀장 관계에 대한 집착은 정치꾼들이나 하는 거야.

일잘러 팀장 좋은 관계가 효율적인 커뮤니케이션의 시작이야.

일잘러 커뮤니케이션의 또 다른 특징은 신뢰 관계를 기반으로 한다는 것입니다. 관계라는 표현을 보고 '사내 정치를 하란 말인가?'라고 의아해하는 분도 있을 거예요. 저도 그랬어요. 저도 네트워킹이나 관계의 중요성을 강조하는 사람들을 정치꾼이라고 생각했습니다. 평소 인맥과 친분을 쌓아 자기편을 많이 만들어놓고, 중요한 커뮤니케이션의 순간에 활용하여 결정을 이끌어내는 정치꾼요. 회사 생활에서 정치는 높은 분들에게나 필요한 것이라고도 생각했습니다. 그냥 묵묵히 실무를 하는 평범한 팀장들에게는 그런 게 전혀 필요 없다고요.

그런데 일잘러들의 커뮤니케이션을 관찰하다 보니, 뉘앙스가 미묘하게 다르긴 하지만 다양한 방법으로 신뢰 관계를 구축하는 것이 매우 중요하다는 사실을 깨달았습니다.

신뢰 관계를 생각하면 가장 먼저 떠오르는 인물은 S 매니저입니다. 모두에게 많은 응원을 해주는 사촌 같은 분이었어요. S 매니저는 누구와도 인사를 했습니다. 새로 들어온 신입 사원들의 이름도 거의 다 알았고, 회사에서 가장 나이 많은 시니어 매니저들과도 항상 가깝게 지냈습니다. 가깝지 않은 사람을 찾기 힘들 정도였어요.

그는 항상 주위를 살폈습니다. 힘들어하거나 도움이 필요한 사람이 있는지 살폈고, 그런 사람이 보이면 먼저 손을 내밀었습니다. 그러면서 커피를 많이 사주었어요. 저도 그가 건네는 커피를 마시기 전에는 직장인들이 왜 그렇게 커피를 많이 마시는지 이해하지 못했습니다.

그러던 중 동료들과 S 매니저에 관해 이야기한 적이 있습니다. 대부분이 그에게 도움을 받은 사람이었죠. 한 동료가 S 매니저의 신뢰 관계를 '패밀리십(가족애)'이라고 표현했는데,

그때나 지금이나 무릎을 칠 만큼 적절한 말이었습니다.

S 매니저의 패밀리십은 커뮤니케이션할 때 빛을 발했습니다. 특히 내용이 부정적이거나 협업 부서에 급박한 도움을 요청하는 커뮤니케이션에서 그랬습니다. 회사 곳곳에 그를 도와줄 가족 같은 사람이 많았거든요.

어떤 사람들은 회사에서 사적인 감정은 중요하지 않다고 말하고, 감정을 중시하는 사람은 프로페셔널하지 않다고 평가합니다. 가족 같은 회사는 구시대 조직 문화의 상징이라고 하면서요. 하지만 저는 S 매니저를 만나고 가족 같은 회사에 대해 다시 생각하게 되었습니다.

저는 가장 빠르게 신뢰 관계를 구축하는 방법은 먼저 인사하고, 먼저 잘 지내는지 묻고, 상대에게 힘든 일이 있으면 먼저 커피를 권하고, 먼저 도움과 믿음을 주는 것이라는 것을 깨달았습니다. 우리 모두 알고 있습니다. 사회에서 그런 사람을 만나기란 쉽지 않다는 것을요.

그래서 저는 회사에서 가족 같은 동료나 팀장을 만나면 감사합니다. 사회적 동물인 우리는 나를 위해 먼저 시간을 내고 도와주는 사람을 믿고 따릅니다. '일만 해도 바빠 죽겠는데 동료들과 커피는 왜 마셔?'라고 생각하며 누구보다 개인적인 사람이었던 저는, 지금 S 매니저의 모습을 따라 하며 저만의 패밀리십을 만들고자 노력하고 있습니다.

제가 관찰한 일잘러들은 S 매니저처럼 많은 사람을 만납니다. 항상 누군가를 만나서 대화하고 있어요. 회사 생활을 시작한 지 얼마 안 되었을 때는 이런 행동을 이해하지 못했습니다. '저 시간에 차라리 중요한 업무를 처리하는 게 낫지'라고 생각했어요.

하지만 지금은 잘 알고 있습니다. 커뮤니케이션의 중심에 있는 팀장에게는 평소 많은 동료와 신뢰 관계를 구축하는 것이 중요하고, 이 또한 중요한 업무라는 것을요.

일잘러들은 급한 용무가 없더라도 다양한 부서의 다양한 직급의 사람들과 자주 대화하여 심리적 거리감을 좁히고 신뢰 관계를 만듭니다. 그럼 이후의 커뮤니케이션이 훨씬 수월해져요. 신뢰 관계는 힘든 요청을 하거나 부정적인 내용을 전해야 할 때 커뮤니케이션 비용을 크게 낮춰줍니다.

커뮤니케이션 비용은 커뮤니케이션을 원활하게 하는 데 드는 다양한 직간접적 비용입니다. 대표적인 것은 커뮤니케이션에 들어가는 시간과 노력입니다. 커뮤니케이션 과정에서 불필요한 시간과 노력이 든다면 비용이 높은 커뮤니케이션을 하고 있는 것입니다.

커뮤니케이션 비용이 높아지면 비효율이 발생합니다. 신뢰 관계가 있다면 문자 메시지나 짧은 대화로도 해결할 수 있는 문제에 관해 여러 사람이 모인 회의나 계약서 등과 같은 방식으로 소통하게 될 테니까요. 사전에 신뢰 관계가 잘 구축되어 있다면 낮은 커뮤니케이션 비용으로 대화할 수 있습니다.

우리는 다른 사람들과 회사에서 만났다는 이유 하나만으로 서로를 존중하며 일해야 합니다. 회사 밖에서 만났으면 가까운 사이가 되지 않았을 사람들과도요. 그래서 회사에서 만난 사람들 대부분이 처음에는 서로를 의심하고 경계하는 경우가 많습니다. 처음 만난 우리가 서로를 신뢰하고 믿어야 하는 이유가 전혀 없거든요.

이런 상황에서는 커뮤니케이션이 너무 힘듭니다. 기본적으로 경계와 의심이 깔려 있으니까요. 서로 경계하고 의심하는 상태에서는 발전적인 커뮤니케이션이 힘든 경우가 많아서 커뮤니케이션 비용이 높아집니다.

그래서 일잘러들은 평소에 신뢰 관계를 구축하는 일이 중요하다고 직감적으로 이해하고, 많은 사람과 대화하며 관계를 쌓습니다. 저는 이제 회사에서 모르는 누군가가 도움을 요청하면 그 사람과 신뢰 관계를 쌓을 수 있는 절호의 기회라고 생각합니다.

맥락을 자주 이야기한다

평범한 팀장 이거 급하고 중요한 일이에요.

그러니 좀 도와주세요!

일잘러 팀장 우리가 처한 문제들 중 이 문제가 가장 심각해요. 그리고 현재 상황은 이렇습니다.

일잘러들은 커뮤니케이션할 때 배경과 맥락을 자주 이야기합니다. '요즘 그렇게 안 하는 사람도 있어?'라고 생각할 수 있지만 일잘러 팀장들이 그러는 데는 다른 이유가 있습니다.

여러 사람이 같이 일하는데 일의 배경과 맥락을 모른다면 협동하기가 힘들 거예요. 이것들은 분명 함께 목표를 달성하는 데 중요한 정보이므로 일잘러들은 왜 이 일을 해야 하는지를 설명합니다. 그래야 같이 일하는 사람들이 이해해줄 것이라 믿으면서요. 이 일이 왜 중요하고, 왜 급하고, 왜 당신의 도움이 필요한지를 말이죠. 보통 팀장들이 배경과 맥락을 강조하는 데는 이런 의미가 있습니다.

'여러분, 이것은 중요하고 급한 일이에요. 그러니 빨리 도와주세요!'

일잘러들도 이해와 협조를 위해 배경과 맥락을 이야기하지만 또 다른 의도가 있습니다. 바로 더 나은 방향성을 찾고 더 큰 성과를 내기 위함입니다. 먼저 일잘러 팀장들이 생각하는 배경과 맥락이 무엇인지 살펴보죠.

일잘러 팀장들이 말하는 배경과 맥락

배경

회사의 수많은 문제 중 왜 이 문제에 집중하려 하는가.
왜 이것이 많은 문제 중 가장 중요한가.

맥락

그 문제에 대해 우리가 알고 있는 것과 모르는 것은 무엇인가.
지금 그 문제의 상태는 정확히 어떠한가.

일하다 보면 '다 똑똑한 사람들인데 왜 모이면 대화가 안 되지?'라고 생각하는 경우가 생깁니다. 대부분 배경과 맥락에 대한 이해가 다르기 때문이고, 그러면 업무 실행 속도가 느려집니다. 커뮤니케이션이 잘되지 않으니 중간중간 멈춰서 꼬인 이해의 실타래를 풀어야 하니까요.

사실은 똑똑한 두 사람이 코끼리를 이야기하는데 누군가는 코에 대해, 누군가는 다리에 대해 커뮤니케이션하는 것이죠. 이러면 문제가 생깁니다. 전체 상황의 서로 다른 부분을 이야기하거나, 현재 상태를 서로 잘못 이해하거나, 같은 현상에 대해 다른 데이터를 보고 있는 경우가 대표적인 사례입니다.

일잘러들은 우리 모두 똑똑한 사람이니 '지금 코끼리의 코가 가장 큰 문제이고(배경), 코 상태가 구체적으로 어떤지(맥락)'를 이야기하면 코끼리에 대해 더 좋은 결론을 내릴 수 있다고 믿습니다. 그리고 누군가가 코끼리의 발에 대해 이야기하려고 하면, 코에 집중하자고 계속 주의를 환기합니다. 모두 같이 일하는 사람들이 동일한 지점을 바라보게 만들어 더 좋은 결론을 이끌어내기 위해서입니다.

그래서 일잘러들이 자주 배경과 맥락을 공유하는 과정에는 다음과 같은 질문이 포함되어 있습니다.

> "여러분, 우리 같은 곳을 보며 답을 찾아봐요. 제가 잘못 짚은 부분은 없을까요? 더 좋은 의견 있나요?"

저도 전문가들에게 배경(문제가 무엇인지)과 맥락(문제의 현재 상황이 어떤지)만 잘 전달해도 제 생각보다 훨씬 나은 결론이 나오는 것을 많이 경험했어요. 반대로 주어진 배경과 맥락에서 제가 생각한 결론이 훌륭했다면, 잘 설명하는 것만으로도 자초지종에 대한 구체적인 이야기 없이 쉽게 합의한 경우도 많았고요.

이 모든 과정이 '합의'라는 것을 강조하고 싶습니다. 중요한 것은 배경과 맥락을 전달하는 것뿐만이 아니라 일을 함께

하는 동료들의 의견도 듣고 반영하여 모두가 합의할 수 있는 결론을 만들어내는 일이니까요. 저는 우연히 참여한 스쿼드 프로젝트에서 이 합의가 얼마나 중요한지를 경험했습니다.

스쿼드는 스타트업에서 정해진 기간 내에 프로젝트를 완수하기 위해 기능이 다양한 담당자들이 모여 목적 중심으로 협업하는 프로젝트 단위의 조직입니다. 프로덕트 오너[PO], 개발자, 디자이너, 마케터, 데이터 분석가 등의 전문가들이 3개월 동안 신속하게 협업하여 신규 서비스의 테스트 버전을 만들고 고객의 반응을 살펴보는 것이 대표적인 사례입니다.

최근에 참여했던 스쿼드가 특히 기억에 남습니다. 우리는 지속적으로 떨어지고 있는 특정 고객 지표를 개선하고자 했어요. 지표가 하락하는 원인을 찾고 다양한 실험으로 문제를 해결하고자 회사 내 여러 부서에서 다양한 전문가들이 모였습니다.

저는 이 스쿼드에 많은 실험과 테스트가 필요할 것이라고 예상했습니다. 1주 차 첫날부터 빡빡하게 돌아가는 실행 일정과 함께요. 스쿼드에는 3개월이라는 시간이 있었습니다. 이런 경우 보통 3개월을 12주로 쪼개고, 매일 빠르게 할 수 있는 실험들을 신속하게 수행합니다. 첫날부터 속도를 내서 결과를 향해 뛰는 것이죠. 목표는 정해져 있고 시간은 항상 촉박하기니까요.

하지만 이 스쿼드를 이끈 H 팀장은 그렇게 하지 않았습니다. 스쿼드 멤버들과 함께 목표와 맥락을 이해하고 방향을 합의하는 데 많은 시간을 썼어요. 지표가 떨어지는 이유에 대한 본인의 가설과 함께 배경과 맥락을 상세히 공유했습니다. 이후로는 스쿼드의 전문가들과 함께 앞으로 어떻게 문제를 해결할지, 각자가 생각하는 올바른 해결책은 무엇인지 논의하고 합의하는 시간이 이어졌습니다.

1주 차부터 빠르게 실행하는 다른 스쿼드와 달리 3주 차의 시작까지 우리는 출발선에 모여 신발끈만 계속 고쳐 매고 있었죠. 3주 차가 끝날 때쯤 스쿼드의 모두가 합의할 수 있는 실험 계획이 나왔는데, 제가 예상한 것과 전혀 달랐습니다. 우리는 4주 차가 되어서야 출발선에서 달려 나갈 수 있었습니다.

그런데 신기하게도 달리는 속도가 참 빨랐습니다. 왜, 어떻게 문제를 풀지를 충분히 합의했기 때문입니다. 스쿼드는 남은 2개월 동안 많은 것을 실행했습니다. 첫 3주 동안 충분히 합의하지 않았다면, 1주 차부터 바로 출발선을 달려 나갔다면 불가능했을 거예요. 합의 없이 바로 시작할 수 있는 작은 일들만 시도했을 테니까요.

그래서 앞에서 인용한 링컨의 명언이 또다시 생각났습니다. "나에게 나무를 벨 수 있는 1시간이 주어진다면 그중 40분은 도끼날을 가는 데 쓰겠다."

처음에는 불안했습니다. 2~3주 동안 말 그대로 난상 토론이 벌어졌고, 합의할 수 있는 결론이 나올 수 있을지 걱정되었거든요. 배경이 다양한 사람들이 모여 논의하니 대화가 끝나지 않을 듯 이어졌지만, H 팀장은 전혀 불안해하지 않았습니다. 항상 웃고 있던 H 팀장은 아마 확신에 차 있었겠죠.

저는 중요하고 힘든 문제를 풀기 전에 항상 그 팀장을 생각합니다. 출발선에서 뛰어 나가기 전에, 중간에 넘어지지 않도록 어디를 향해 같이 달릴지 충분히 이야기하고 합의하며 신발끈을 고쳐 맵니다.

소통의 프로세스를 만든다

평범한 팀장 프로세스? 바쁜데 언제 그걸 정하고 있어?
일잘러 팀장 예측 가능할 커뮤니케이션을 위해 먼저 프로세스를 정리해야겠다.

일잘러들이 커뮤니케이션을 잘하는 이유에서 빠지지 않는 것이 바로 프로세스입니다. 프로세스라는 말만 들어도 알레르기 반응이 일어나는 사람이 많고, 저 또한 그랬습니다. 일을 개인으로서 달성해야 했던 주니어 때는 프로세스의 중요성을 크게 느끼지 못했는데요. 여러 동료와 다양하게 협업하는 지금은 프로세스 없이는 일하기 힘든 경우가 많습니다.

많은 사람과 협업할 때 프로세스가 없다면 몇 발자국 못 가서 모두 넘어져버릴 것입니다. 일잘러 팀장들도 이를 잘 알고 있어요. 제가 관찰한 일잘러들도 협업할 때는 항상 구체적인 소통의 프로세스를 만들어 문제를 피해 갔습니다.

우리 모두 자주 소통하는 것이 얼마나 중요한지 알고 있습니다. 각자의 진행 상황을 공유하고, 함께 문제를 파악하고, 의사 결정이 필요하면 빠르게 모여 해결하며 일이 쉬지 않고 굴러갈 수 있도록 해야 하니까요.

사람들은 "우리 앞으로 자주 이야기하면서 일해요!"라고 말하고 또 쉽게 동의하지만, 돌아서고 나면 '어떤 이야기'를 '얼마나 자주' 하자는 것인지는 각자 이해하기 나름입니다. "결과가 나오면 공유해주세요"라는 말도 많이 듣습니다. 이번 주에도 몇 번 들은 것 같아요. 이때도 대부분이 알겠다고 대답하겠지만, 막상 돌아서면 각자가 생각하기 나름입니다. '언제 공유해달라는 거지? 뭘 공유해야 할까?' 하는 궁금증이 생겨요.

여러분도 한번쯤은 요청대로 커뮤니케이션했는데 "이걸 왜 이제야 공유해주세요?"라는 원망 섞인 반응이나 "제가 공유해달라고 했던 건 이게 아닌데요?"라는 머쓱한 대답을 들은 경험이 있을 것입니다. 중요한 소통을 각자가 생각한 방식대로 하게 되면 중요한 피드백이나 의사 결정이 힘들어져요.

> A: "앞으로 자주 이야기하면서 일해요!"
> B: "좋아요!"
> (며칠 후)
> B: "프로젝트 진행 상황 공유드려요!"
> A: "이걸 왜 이제야 공유해주세요?"
> B: "…."

> A: "결과 나오면 공유해주세요!"
> B: "네, 알겠습니다."
> (몇 주 후)
> B: "캠페인 성과 공유드려요!"
> A: "제가 말한 건 이게 아닌데요?"
> B: "…."

그래서 저는 이런 말을 들으면 얼마나 자주, 어떤 내용을, 어떤 방식으로 공유받길 원하는지 그 자리에서 물어보는 편입니다. 경험상 각자가 생각하는 '나중에'와 '공유'의 기준이 달랐거든요.

마케터인 저에게 이런 일은 보통 새로운 캠페인을 론칭할 때 일어납니다. 샌드박스네트워크에서도 비슷한 일이 있었습니다. 당시 팀에서 반려견 용품, 냉동식품 등 다양한 카테고리의 브랜드를 운영했는데, 경험이 없는 새로운 카테고리의 신규 브랜드 론칭을 준비하고 있었거든요.

그래서 브랜드 론칭을 담당한 팀원들과 미리 합의했습니다. 캠페인을 론칭하자마자 면밀히 고객 반응을 살피고, 예상과 다르게 전개되는 부분이 있으면 빠르게 공유하고 재논의하여 수정해나가자고요. 그때는 몰랐습니다. 제가 한 말이 얼마나 두루뭉술했는지를요.

그렇게 며칠이 지났는데 팀원들은 감감무소식이었습니다. 무소식이 희소식이라고, 오히려 담당 팀원들이 별말이 없으니 캠페인 초반 성과가 좋은 줄 알았습니다. 그런데 2주 정도가 지난 시점에 첫 성과가 공유되었는데, 생각보다 저조했습니다. 그래서 팀원들과 이야기해보았어요. 초반 성과를 빠르게 공유하자고 했는데 왜 일찍 말하지 않았냐고요.

그랬더니 팀원들은 오히려 당황하며 말했습니다. 말씀하신 대로 초반 성과와 개선 방향을 공유했다고요. 그때 아차 싶었습니다. 이해했던 소통의 프로세스가 달랐기 때문이죠. 각자가 해석한 '초반', '빠르게', '개선점'이 모두 달랐던 것입니다. 그 일 이후에는 제가 원하는 커뮤니케이션의 프로세스를 구체적으로 말하고 미리 합의하고 시작했어요.

"캠페인 초반 2주 동안은 격일에 한 번씩 만나 A, B 지표를 중심으로 진행 상황을 확인하여 30분 정도의 짧은 미팅으로 공유하고, 협업 부서 참여자들이 함께 모여 수정이나 변화가 필요한 부분을 논의할 때는 그 자리에서 결정해요."

저는 예측 가능한 방식의 커뮤니케이션이 중요하다고 생각합니다. 회사원이라면 모두가 싫어하는 다섯 글자는 '서프라이즈'잖아요? 서로의 커뮤니케이션 방식을 예측할 수 없으면 불필요한 불안감이 높아져 쓸데없는 문서 작업을 할 수도 있고, 모두의 시간을 낭비하는 비효율적인 미팅을 하게 될 수도 있습니다.

우리 모두에게 가장 귀중한 자원은 시간이고, 예측 가능하지 않은 커뮤니케이션은 시간 낭비를 불러올 수 있습니다. 그리고 무엇보다 저는 예측 가능한 커뮤니케이션이 예의라고 생각해요. 서로의 소중한 시간을 배려하는 차원에서라도 원하는 커뮤니케이션 프로세스를 구체적이고 예측 가능하게 정해놓으면 항상 도움이 됩니다.

그래서 일잘러들은 커뮤니케이션을 시작할 때 '우리가 앞으로 어떻게 소통할지'를 함께 결정합니다. 소통 방식은 협업의 규모, 일의 특징, 참여하는 사람들의 숙련도에 따라 달라지고요. 개인의 의지와 성향에 따라 커뮤니케이션이 변하지 않고, 체계적인 프로세스를 통해 누구와 함께 일하건 질 좋은 커뮤니케이션을 할 수 있도록 유도합니다.

많은 인원이 참여하는 프로젝트에만 소통 프로세스가 필요한 건 아닙니다. 일잘러들은 상사나 팀 동료들과도 소통하고 피드백을 주고받을 수 있는 프로세스가 필요하다고 생각하고, 주도적으로 제안해요. 그래서 누구와 일하더라도 항상 상황을 잘 알고 서로를 잘 이해해서 좋은 의사 결정을 이끌어 내는 경우가 많습니다.

커뮤니케이션 프로세스를 정할 때 고려할 점

얼마나 자주 만날지 정하기

커뮤니케이션 프로세스는 얼마나 자주 만날지 정하면서 구체화할 수 있습니다. 빈도는 참여하는 사람들의 숙련도나 프로젝트의 난이도에 따라 달라질 수 있습니다. 참여자들의 숙련도가 낮을수록, 프로젝트의 난이도가 높을수록 자주 만나야 합니다.

언제 만날지 정하기

'얼마나 자주'만큼 '언제' 만나는지도 중요합니다. 시기는 커뮤니케이션의 목적에 따라 달라지기도 하는데요. 우선순위 조율이나 해야 하는 일에 대한 협의가 필요할 때는 주 초반에, 진행 상황을 맞춰보거나 오퍼레이션 과정에서 문제 해결이 필요한 경우에는 주 중반에, 결과를 함께 리뷰하며 의사 결정을 할 때는 주 후반에 만나는 것이 일반적입니다.

무엇에 대해 이야기할지 정하기

얼마나 자주, 언제 만날지 정했다면 무엇을 이야기할지 정해야 합니다. 이때 서로가 서로에게 기대하는 어젠다를 미리 합의하면 좋습니다. 일반적으로 우선순위, 업무 진행 상황, 함께 해결해야 하는 문제, 진행한 업무의 성과, 서로에 대한 피드백 등이 커뮤니케이션 프로세스에서 검토할 주요 주제입니다.

어떻게 기록할지 정하기

마지막은 어떻게 기록할지를 정하는 것입니다. 중요한 내용들이나 결정 사항을 잘 기억하고 실행하기 위해 모두가 쉽게 작성하고 볼 수 있는 방법을 합의해야 합니다.

오퍼레이터가 아니라 드라이버다

평범한 팀장   서로 좋은 의견을 나눌 수 있는 장을 만들어야지.
일잘러 팀장   좋은 대화 이후에 행동으로 연결될 수 있도록 계속
                      살펴봐야지.

처음 스타트업에서 다양한 동료가 참여하는 프로젝트를 이끄는 역할을 맡았을 때 일이 생각처럼 되지 않아 힘들었던 기억이 납니다. 배경과 맥락을 분명히 공유하고, 어떻게 문제를 풀어갈지도 합의하고, 프로세스를 만들어 자주 소통했는데도 일이 잘 풀리지 않았어요.

당시 저는 사람들을 모으고, 의견을 나눌 수 있는 미팅을 주재하고, 회의록을 작성하여 공유하는 일에 집중했습니다. 소통의 오퍼레이터^{operator} 역할만 한 것이죠. 커뮤니케이션만 잘되면 이후의 일들은 알아서 일어날 줄 알았습니다.

하지만 생각했던 일들은 여러 가지 이유로 잘 일어나지 않았어요. 커뮤니케이션의 목적은 명확한 행동이라는 것을 간과했기 때문입니다.

일잘러 커뮤니케이션의 마지막 특징은 오퍼레이터가 아니라 행동을 만들어내는 드라이버^{driver} 역할을 하는 것입니다. 사람들이 소통할 구조를 만들고 윤활유 역할을 하더라도 결

국 행동으로 이어지지 않으면 반쪽짜리 커뮤니케이션이 되니까요. 여기서 일잘러 커뮤니케이터가 되기 위해 중요한 것은 바로 주도성입니다.

디렉터로 일하면서 성향이 다양한 팀장들을 만났습니다. 커뮤니케이션에서 주도성을 보이며 행동이라는 결론을 만들어나가는 팀장들은 한마디로 집요했습니다. 일하고 있는 팀장을 찾아가 양해를 구하고 짧게 상황을 설명하며 업무 요청을 하는 경우가 많았는데요. 대부분의 팀장이 "네, 한번 고민해보겠습니다"라고 말하는 경우가 많았습니다.

하지만 집요한 팀장들은 조금 다르게 행동했어요. 잠깐 대화하는 사이에도 같이 볼 수 있는 화면이나 화이트보드에 내용을 메모하고, 구체적인 이해를 위해 질문하고, 명확한 일정을 확인했습니다. 그리고 그 자리에서 확답할 수 있는 것은 바로 알려주었어요. "이건 언제까지 어떤 형태로 전달드리겠습니다"라고요.

집요한 팀장들은 짧은 대화 이후에도 다르게 행동했습니다. 그 자리에서 확답하기 힘든 경우에는 대화 이후 구체적인 행동을 이어갔어요. 몇 시간 후에는 메시지를 보냈습니다. 대화하며 함께 정리한 내용을 짧은 텍스트로 공유하며, 요청 업무를 수행하기 위해 다른 업무의 일정 조정이 필요하고, 내일 다시 30분 정도 논의가 필요하다는 말과 함께요. '업무 일정 조정'이라는 명확한 다음 행동이 나오기도 했지만, 무엇보다 지나가듯 요청한 일도 구체적으로 이해하고 실행하겠다는 주도성이 느껴졌습니다.

일잘러 팀장들은 커뮤니케이션 자체가 목적이 아니라 수단이라는 것을 잘 압니다. 대화로 일이 끝나는 것이 아니라 대화 이후에 본격적인 일이 시작된다는 것을 알죠. 그래서 '다음 행동'이라는 대화의 결론이 나오게 하기 위해 의식적으로 노력합니다.

'그래서 이 대화 이후에 각자가 무엇을 해야 하지?'라고 스스로 되물으며, 누가 언제까지 무엇을 한다는 결론을 내리려고 해요. 대화 중 이것이 명확하지 않으면 질문과 논의를 통해 명확히 하기도 합니다. 불가피하게 다음 행동에 관해 결론 내리지 못했다면 이후에라도 꼭 정합니다.

우리는 회사에서 "한번 고민해보고 알려주세요"라는 말을 많이 합니다. 명확한 결론을 내리지 못하는 경우에 특히요. 하지만 여기에 주도성 한 방울을 가미하면 다음 행동을 이어나갈 수 있습니다.

"구체적으로 어떤 부분을 더 고민해보면 좋을까요?"나 "어떤 데이터를 확인하고 다시 논의하면 좋을까요?" 같은 질문으로도 최소한의 다음 행동을 만들어갈 수 있습니다. 만약 정말 고민해도 답이 없는 경우에는 '답을 모르겠으니 일단 아무런 행동을 하지 말자' 혹은 '언제까지 다음 행동을 유보하자' 등의 잠정적인 결론을 내리는 것도 좋습니다. 적어도 불명확한 커뮤니케이션으로 낭비할 수도 있었을 누군가의 시간을 절약해주니까요.

일잘러들은 다음 행동이라는 결론을 내린 후에도 주도적이고 집요한 모습을 보입니다. 대화에서 상대방의 표정을 살피며 결론에 대해 난감해하거나 어려워하는 부분이 있는지 파악하려고 해요. 만약 그런 동료가 보이면 따로 찾아가 아까의 대화는 어땠는지, 혹시 어렵거나 난감한 부분이 있는지 물으며 결론이 행동으로 이어질 수 있도록 문제를 찾고 해결하려고 하는 경우도 많습니다.

일잘러 팀장들의 훌륭한 커뮤니케이션에 특별한 기술이 있는 것은 아니에요. 지금 하고 있는 일을 주체적으로 이끌어 끝까지 해내겠다는 주도성이 커뮤니케이션의 핵심입니다.

아무리 커뮤니케이션 스킬이 좋더라도 주도성이 없다면 원하는 결과를 얻지 못할지도 몰라요. 생각을 명확히 하고 유연하게 대화하고, 배경과 맥락을 자주 공유하고, 소통의 프로세스를 만들면 주도성이 결국 커뮤니케이션을 완성해줍니다. 커뮤니케이션은 결론과 행동을 이끌기 위한 수단이니까요.

일잘러의 커뮤니케이션 팁

지금까지 일잘러 팀장들의 커뮤니케이션의 본질과 방법, 태도에 대해 이야기했는데요. 이외에 제가 깨달은 실전 커뮤니케이션 팁도 공유하고자 합니다. 하루하루 마주하는 현실적 상황에서 활용할 만한 커뮤니케이션 노하우입니다.

① 가능하면 짧게 이야기하자

상대방에게 무언가를 짧게 설명할 수 없다면, 자신이 그 내용을 잘 이해하고 있는지 점검해볼 필요가 있습니다. 프랑스 철학자이자 수학자 블레즈 파스칼이 친구에게 긴 편지를 쓰면서 이런 말을 했다고 합니다.

> "친구야, 미안하다. 편지를 짧게 쓸 시간이 없어서 길게 쓴다."

대화를 시작하기 전에 충분히 생각하고 본인의 생각을 짧게 이야기하세요. 짧게 이야기하려면 자연스럽게 두괄식으로 말하게 됩니다. 듣는 사람도 쉽게 이해할 수 있고 자연스럽게 상대방의 이야기를 더 많이 듣게 되는 일석이조 효과가 있습니다.

시간을 들여 고민하고 구체적인 결론을 내리지 않으면 짧고 쉽게 설명할 수 없다는 뜻입니다. 설명하기 힘들 때는 반대로 생각해보세요. 결론이 명확한데 짧게 설명하기 힘든 게 아니라, 결론이 명확하게 정리되지 않아 설명하기 힘든 거라고요.

② 상대방이 기여할 수 있는 영역을 만들자

회사에서 많은 사람과 커뮤니케이션하면서 모든 사람은 어떠한 방식으로든 '기여'하고 싶어 한다는 것을 알게 되었습니다. 그래서 커뮤니케이션을 시작하기 전에 상대방이 기여할 수 있는 영역을 만들면 도움이 되는 경우가 많았습니다.

한번은 "왜 경영진은 항상 그렇게 피드백이 많죠?"라고 농담 반 진담 반으로 질문한 적이 있는데요. 당시의 대표님이 허허 웃으며 이렇게 말씀하셨습니다.

"열심히 준비한 팀장의 보고를 듣고 아무 피드백도 하지 않으면 저도 죄책감이 들거든요."

생각하지 못한 답변이었습니다. 제 보고의 부족한 점을 지적할 줄 알았거든요. 그분은 덧붙여 이렇게 말했습니다.

"보고를 듣고 내용을 모두 이해해 피드백하는 것이 생각보다 쉽지 않습니다. 하지만 열심히 준비한 내용에 저도 어떻게든 좋은 의견을 더해 진심으로 보탬이 되고 싶어요. 그리고 아무 피드백이 없으면 '관심 없는 대표'라고 생각할까 봐 조금 걱정되기도 하고요."

이 솔직한 답변을 듣고 여러 가지를 생각했습니다. 그리고 공들여 준비한 내용을 보고할 때는 항상 '상대방이 기여할 수 있는 영역'을 미리 생각해보고 커뮤니케이션을 시작합니다. "이번 분기 마케팅 계획은 이런데, 어떠세요. 경영진 여러분?"이라고 묻는 게 아니라 "이번 분기 마케팅 계획을 말씀드릴 텐데, ○○ 부분은 저도 고민되어 경영진의 의견이 궁금합니다"라고 말하는 것이죠.

동료들과의 커뮤니케이션에도 활용할 수 있습니다. "이번 프로젝트의 디자인 기획안을 전달드립니다. 의견 있으면 말씀해주세요"가 아니라 "이번 프로젝트의 디자인 기획안을 전달드립니다. ○○ 영역은 많은 피드백이 필요한데 ○○ 님이 전문가라고 들어서요. 보시고 피드백해주시면 감사하겠습니다"라고 말하는 것이죠.

③ 최선의 인플루언싱을 하고 결정은 빠르게 받아들이자
배달의민족 사무실에 지인을 만나러 갔다가 우연히 포스

터에 적힌 행동 강령을 본 적이 있습니다. 그중 한 문장은 오랫동안 여운이 남아 (몸담은 회사도 아니면서) 지금까지도 저의 회사 생활에 영향을 미치고 있는데요. 바로 다음 문장입니다.

"회사에서 일 잘하는 방법: 이끌거나, 따르거나, 떠나거나"

길지 않아 여러 의미로 해석할 수 있을 듯한데요. 제가 해석한 내용은 이렇습니다.

회사에서 일을 잘하는 방법에는 세 가지
첫 번째는 나만의 확실한 생각이 있다면 책임지고 이끌어 실행하는 것이다.
두 번째는 나만의 확실한 생각이 없다면 생각이 있는 누군가가 이끌 수 있도록 확실히 협조하는 것이다.
세 번째는 이 중 어느 것도 아니라면 떠나는 것이다.

제가 일했던 스타트업에도 비슷한 행동 강령이 있었습니다. "치열하게 논의하되, 결정된 사항은 내 생각인 것처럼 실행하라." 회사에서는 직접 할 수 있는 의사 결정보다 그렇지 않은 것이 더 많습니다. 그 일의 최종 결정권자가 아닌 경우, 우리가 할 수 있는 커뮤니케이션은 최종 결정권자에게 잘 인플루언싱influencing하는 것입니다.

하지만 의사 결정이 뜻대로 되지 않을 수 있습니다. 일단 결정되면 내 의견과 다르더라도 쿨하게 받아들이고 지지해야 합니다. 결정권자가 다양한 의견을 들어보고 합리적으로 결정했을 거라고 믿고요.

④ 격한 감정이 올라오면 30분 뒤에 이야기하라

커뮤니케이션을 하다 보면 격한 감정이 올라올 수 있습니다. 우리 모두 감정을 가진 사람이니까요. 그런데 격한 감정에서 하는 말은 보통 30분 안에 후회하게 됩니다. 집에 돌아가서 이불킥을 하게 될 것이고요. 말이라는 것은 주워 담을 수 없으니 신중할 필요가 있습니다. 아무리 합리적인 말이더라도 감정적으로 전달하면 상대방의 감정에 상처가 생길 수 있고, 이후의 커뮤니케이션이 더 힘들어질 수 있습니다.

격한 감정이 올라올 때는 어떻게든 그 자리를 피해 시간을 벌고, 감정이 가라앉은 뒤에 차분하게 이야기하는 것이 좋습니다. 미팅 중이라면 "이 안건은 서로 더 생각해보고 내일 다시 이야기해요" 정도로 시간을 벌거나, "잠시 물을 가져올게요"라고 말하며 자리를 벗어나 머리를 식히는 것도 도움이 되었습니다.

⑤ 실명을 거론할 때는 신중해야 한다

"가장 좋은 칭찬은 그 사람의 상사에게 하는 칭찬이다"라는 말을 들은 적이 있는데요. 격하게 공감합니다. 좋은 이야기라면 마음껏 실명을 거론해도 좋습니다. 이건 좋은 부메랑이 되어 돌아올 테니까요.

하지만 안 좋은 일에 대한 이야기라면 실명 거론에 신중해야 합니다. 아무리 성장을 위한 피드백이라 하더라도 당사자가 없는 자리에서 실명을 거론하면 부정적인 부메랑이 되어 돌아오는 경우가 많았습니다.

일반적으로 회사에는 비밀이 없고, 누군가에게 이야기하면 당사자의 귀에도 들어가게 됩니다. 그리고 여러 사람의 입을 거치다 보니 왜곡되는 경우가 많아요. 상대방에게 피드백하고 싶다면 그 사람이 있는 자리에서 하는 것이 좋습니다.

커뮤니케이션은 단순히 말하는 것, 전달하는 것, 소통하고 공유하는 것 이상의 의미가 있습니다. 일잘러 팀장들이 커뮤니케이션을 통해 문제를 해결하는 것을 보면 커뮤니케이션은 결국 협업에 대한 태도라고 확신하게 됩니다.

무언가를 이루기 위해서는 좋은 커뮤니케이션이 반드시 필요합니다. 협업을 위한 유일한 수단이거든요. 커뮤니케이션은 자신의 생각부터 정리하고 관계를 바탕으로 잘 전달하며 유연한 대화를 통해 더 나은 결론을 만드는 것을 말합니다. 그래서 커뮤니케이션은 힘들어요. 간헐적으로 정보를 주고받는 것이 아니라 프로세스를 만들어 체계적으로 의사 결정을 이끌고, 대화 이후의 행동 변화까지 챙겨야 하는 주도성이 필요하기도 하고요.

회사에는 정말 다양한 사람들이 있습니다. 그러니 단번에 좋은 커뮤니케이션을 하기가 더 힘들어요. 서로를 이해하고, 경험과 신뢰를 쌓기 전까지 많은 시간과 시행착오가 필요하기 때문입니다.

그럼에도 불구하고 좋은 커뮤니케이션을 포기할 순 없습니다. 무언가를 이루고 싶은 사람들에게 너무나도 중요한 수단이기 때문입니다. 제가 관찰한 일잘러 팀장들의 커뮤니케이션이 문제를 해결하고자 하는 모든 사람에게 도움이 되길 바랍니다.

친해지는 것 이상의 팀 빌딩

나는 언제 몰입해서 일했을까?

요즘 팀 빌딩Team building이라는 말을 심심치 않게 들을 수 있습니다. 일전에 협업 부서 팀 전체가 부재중이어서 물어봤더니 일박이일 팀 빌딩 워크숍을 갔다고 하더라고요. 포털 사이트에 팀 빌딩을 검색하니 워크숍에서 협동심을 기르며 할 수 있는 다양한 액티비티들이 나오는 것을 보면 대부분 협동심을 기른다는 의미로 쓰이는 것 같습니다.

제가 신입 사원이었던 10년 전에는 팀 빌딩이라는 이유로 많은 것을 했습니다. 가장 많이 했던 것은 회식입니다. 좋은 일이 있어도, 안 좋은 일이 있어도 회식을 했습니다. 일이 고되고 힘들다는 이유로도 했고, 일이 별로 없고 여유가 있다는 이유로도 했어요.

워크숍도 많이 했습니다. 반기에 한 번, 1년에 한 번씩 회사 전체 구성원이 모여 호텔 강당의 원형 테이블에 앉아 파스타 면과 마시멜로로 가장 높은 탑 쌓기 혹은 탁구공 떨어뜨리지 않고 멀리 보내기 같은 협동 게임을 하곤 했습니다. 그러고는 다 같이 고기를 구워 먹고, 방에서 늦게까지 술 마시다가 다음 날 점심때쯤 사무실로 돌아오곤 했습니다.

P&G에서는 네트워킹이라는 이름의 팀 빌딩도 많이 했습니다. 서서 이야기 나눌 수 있는 스탠딩 테이블에 스낵과 마실 거리를 준비해놓고 자유롭게 돌아다니며 사람들과 대화하는 행사였습니다. 이런 자리에는 항상 다양한 국적의 직원들이 모여 있었고요. 이때 대화에 적극 참여하지 않거나, 먼저 다가가 친해지려 하지 않으면 소극적인 사람이라고 평가받기도 했습니다. 이를 피하기 위해 애써 쿨한 척하며 낯선 외국인 동료들 사이에 녹아들기 위해 애썼습니다. 결과적으로 큰 효과는 없었지만요.

스타트업에서 일하고 있는 최근에는 소규모 단위로 팀 빌딩을 많이 했습니다. 팀원들이 다 같이 모여 원데이 클래스를 듣기도 하고, 전문 강사를 초청해 그림 심리 상담을 받거나 타로이스트를 불러 타로점을 보기도 했습니다.

저는 MBTI를 신뢰하는 편이고 저의 MBTI는 내향적인 I로 시작한다는 점을 먼저 밝힙니다. 저에게 팀 빌딩 액티비티라는 것은 참 어려운 일이었습니다. 팀원으로 참여하는 것도 힘들었고, 팀장으로서 팀원들에게 다양한 경험을 만들어준다는 것 또한 힘들었습니다.

분명 팀 빌딩 액티비티는 팀원들이 더 가까워지고 협동심을 기르는 데 도움이 됩니다. 저도 회식과 워크숍을 통해 예상치 못하게 동료들과 가까워지고, 업무에 도움이 되기도 했으니까요. 그래서 저는 이런 일들에 소질과 흥미가 있는 팀원에게 도와달라고 했어요. 사회성이 좋아 분위기 메이커 역할을 하는 팀원이 분명 한 사람쯤은 있거든요. 그래서 팀원들이 주도하여 재미있게 액티비티를 진행할 수 있도록 했습니다. 이렇게 하면 팀원들이 하기 싫은 것을 억지로 할 필요가 없고 즐겁게 참여하여 좋았습니다.

그러면서 한편으로 저 같은 내향적인 팀장이 할 수 있는 팀 빌딩은 무엇일까를 고민했습니다. 가끔 모여 하는 액티비티가 아니라, 팀원들이 항상 몰입하여 일할 수 있는 팀을 만드는 문제에 대해서 말이죠. 그래서 곰곰이 떠올려보았습니다.

'나는 언제 몰입하며 즐겁게 일했지?'

저는 P&G에서 다우니와 질레트 브랜드를 담당하는 마케터로 일할 때 가장 즐거웠습니다. 함께했던 팀원들 모두가 좋았거든요. 훌륭한 팀장님이 저의 힘들다는 징징댐을 모두 받아주면서도 빈틈없이 팀을 이끌었습니다. 스마트하고 따뜻하기까지 한 동료들도 주위에 항상 많았고요.

그래서 출근하는 것이 싫지 않았습니다. 늦은 시간까지 야근하는 날들이 대부분이었지만 그 팀에서의 2년은 좋은 동료들에게서 배울 점을 스펀지처럼 흡수하는 시간이었고, 팀의 성과도 좋았습니다. 저도 그 팀을 졸업하기 전에 본사에서 주는 상을 두 번이나 받았고, 그 덕에 팀장으로 승진할 수 있었습니다.

샌드박스네트워크에서 마케팅 팀장으로 일할 때도 즐거웠습니다. 회사의 유일무이한 마케터로 입사하여 마케팅 조직을 제 손으로 직접 구축했고, 헌신적이고 선한 사람들로 팀을 채울 수 있었습니다. 힘든 일을 도맡아 해주는 팀원들 덕분에 저도 팀의 구조와 일하는 방식을 가다듬는 관리 일에 집중할 수 있었고요. 덕분에 팀의 성과가 좋았고, 저는 팀장에서 디렉터로 승진할 수 있었습니다.

저는 좋은 동료들과 함께 성장하며 좋은 성과를 낼 때 가장 몰입하여 일했습니다. 출근이 싫지 않았고, 더 멋진 일을 이룰 수 있을 것 같다는 기대감도 들었어요. 그 시간들의 공통점은 다음과 같습니다.

- 좋은 사람들
- 일하기 좋은 팀 구조
- 그것들로부터 이어지는 좋은 성과

결국 저 같은 팀장이 해줄 수 있는 팀 빌딩은 이런 것 아닐까요? 좋은 팀원들을 모으고 구조적으로 일하기 좋은 팀을 만드는 것. 한 달이나 1년에 몇 번 하는 팀 빌딩 액티비티를 잘하는 것이 아니라요. 그래서 이번에는 팀의 구조와 채용에 관해 이야기하려고 합니다.

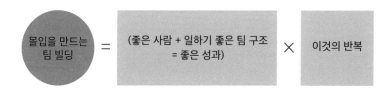

팀 빌딩 = 팀의 구조 + 팀원 채용

팀 빌딩의 핵심은 팀의 구조를 만들고 알맞은 팀원들을 채용하는 것입니다. 팀장이 되면 팀원일 때는 고민할 일이 없는 채용 계획을 세우고 면접에 들어가게 됩니다. 처음 팀장이 되었을 때 어려웠던 일이 많았는데, 채용도 그중 하나였습니다.

처음에는 팀 빌딩과 채용은 별개라고 생각했습니다. 팀 빌딩은 팀원들이 친해지는 것, 채용은 모자란 일손을 빨리 채우는 것이라고 생각했으니까요. 하지만 저 같은 팀장이 해줄 수 있는 좋은 팀 빌딩은 일하기 좋은 팀 구조를 만들고, 좋은 사람들로 채우는 것이었습니다.

이렇게 생각하면 채용 계획과 면접이라는 것이 더 무겁게 느껴집니다. 실제로 팀 구조를 만들고 팀원을 채용하는 일은 단순히 일손을 빨리 채우는 것 이상으로 팀에 큰 영향을 미칩니다.

팀 구조와 채용 계획을 정리하기 전에 일손이 급해 서둘러 채용하면 나중에 더 큰 문제가 발생합니다. 급하게 채용할 때는 나도 모르게 채용 기준이 낮아지기 때문입니다. 그러면 당장 모자란 일손을 채울 수 있지만, 향후 완성된 팀의 구조에서 팀원의 역할이 불분명해질 수도 있고 팀의 성장 방향과 맞지 않을 수도 있습니다. 이때 조금씩 어긋나는 구조를 다시 맞추려면 팀장과 팀원들의 노력이 몇 배로 들어갑니다.

처음 회사로부터 채용 계획을 세우고 빨리 채용해 팀 빌딩을 해달라는 요청을 받았을 때 막막했던 기억이 납니다. 특히 스타트업은 변수가 더 많았어요. 채용 계획을 세우거나 면접을 보는 중에도 생각지 못한 변화가 많았고, 그래서 팀 구조도 자주 바뀌었거든요.

처음 채용 계획을 언제 누구를 뽑을 것이냐의 관점으로 접근했더니 많은 시행착오가 있었습니다. 지금 돌아보니 채용계획의 핵심은 어떤 구조로 팀이 일하고, 그 구조에서 현재 부족한 부분은 무엇인지 정의하는 것이었습니다. 채용 계획은 다른 말로 팀의 구조를 짜는 일입니다.

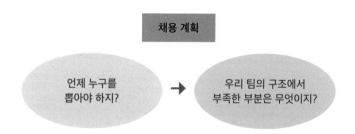

처음에는 '채용은 인사팀에서 챙겨야 하는 거 아냐? 바쁜데 이것까지 챙겨야 하나?'라고 생각하기도 했는데요. 잘못된 생각이라는 것을 금세 깨달았습니다. 채용 계획의 핵심이 팀이 어떤 구조로 일해야 하는지를 정하고 맞는 사람을 찾는 것이라면, 인사팀에서 해줄 수 있는 일이 아니니까요.

그리고 면접은 '일 잘하고 경험 많은 사람을 뽑아야지'라고 생각하고 접근했을 때 시행착오가 많았습니다. 성공 사례가 확실하고 관련 전문성도 많아 보여 채용했는데, 합류 후에 힘들어하며 금방 퇴사하거나 적응하지 못해 문제가 생기는 경우도 많았거든요. 그런 팀원들이 떠날 때 하는 말은 "생각했던 것과 다릅니다"였습니다.

이 말에는 여러 의미가 있어요. 팀원이 구체적으로 어떤 역할을 하고 어떻게 성장할지 정의하지 않은 상황에서 채용하면 이런 말을 듣게 됩니다. 구조가 잘 정리되어 있지 않으면 지원자와 팀장 모두 각자가 두루뭉술하게 상상하며 역할과 성장을 말하고 이해하는 경우가 많거든요.

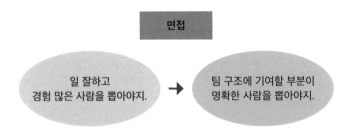

면접의 핵심은 지원자가 팀이 구축하려는 구조에서 기여할 부분이 명확하고 기존 팀원들과 케미가 잘 맞는지를 확인하는 것입니다.

팀이 어떤 구조로 일할 것인가

처음에는 팀의 구조가 허울 같은 것이라 생각했습니다. 문서에만 존재하고 사람들이 잘 보지 않는 조직 구조도 같은 것을 떠올렸어요. 구조야 어떻든 그냥 팀원들이 일만 잘하면 된다고 생각했습니다. 제가 팀원이었을 때 팀의 구조나 팀원들 사이의 역할 범위는 크게 신경 쓰지 않고 일했던 개인적 성향 때문에 다른 사람들도 그럴 것이라고 착각했던 탓입니다.

이제는 확실히 이해하고 있습니다. 대부분의 사람은 팀의 구조, 개인에게 주어진 역할, 그리고 직책에 큰 영향을 받는다는 것을요. 팀의 구조는 허울이 아니라 사람들이 모여 일할 때 충돌하지 않게 해주는 약속이자 완충 장치입니다.

이것이 없으면 아무리 좋은 팀원들이 모여 있더라도 몇 발자국 못 가서 넘어지고 말 거예요. 이인삼각 달리기 같은 것입니다. 계속 넘어지다 보면 좋은 팀원들도 지치게 되고요. 그래서 팀이 모여 일하기 전에 반드시 팀의 구조가 필요합니다.

많은 전문가가 팀을 구조화하는 다양한 이론과 방법을 제시했지만, 제 경험상 팀의 구조는 다음과 같이 네 가지 요소로 나누어 생각하면 쉬웠습니다.

· 우리는 왜^{why} 모였는가?
· 그래서 무슨 일^{what}을 할 것인가?
· 그 일을 누가^{who} 할 것인가?
· 어떤 태도와 원칙^{how}으로 일할 것인가?

팀 구조의 시작점은 비전과 목표입니다. 비전이 why, 목표가 what이라고 볼 수 있습니다. 이는 비슷하면서도 다른데요. 비전은 팀이 존재하는 이유와도 같습니다. 우리가 열심히 힘을 합쳐 노력한다면 이룰 수 있는 2~3년 후의 구체적인 성공의 모습처럼요. 목표는 비전을 달성하기 위해 우리가 당장 실행해야 하는 미션을 말합니다. 목표는 정량적 수치나 지표로 표현해야 하고, 비전은 누구나 쉽게 이해할 수 있도록 표현하는 것이 좋습니다.

시간이 흐르거나 팀의 목표를 달성하면 또 다른 목표를 세우거나 미션을 바꿀 수도 있지만 비전은 변하지 않는 경우가 많습니다. 비전은 팀이 제대로 된 방향으로 나아가고 있는지, 만들어내고 싶은 큰 변화나 성공에 가까워지고 있는지를 판단할 수 있는 나침반 같으니까요.

당연하다고 생각할 수도 있지만, 막상 팀의 존재 이유를 쉽게 설명해보라고 하면 한두 마디 이어나가다 깊은 고민에 빠지는 팀장들이 대부분입니다. 팀원들도 마찬가지고요. 비전과 목표는 팀의 구조에서 뒤따라 오는 who, how가 시작되는 지점이기도 하니 신중하게 생각할 필요가 있습니다.

팀의 구조에서 그다음은 앞서 정의한 목표와 미션을 누가 who 수행할지를 정의하는 것입니다. 구체적으로 정의한 비전과 목표를 달성하기 위해 어떤 역량을 가진 팀원이 필요하며 지금 팀에 없는 역량은 무엇인지, 어떻게 그 역량을 개발하거나 획득할지 고민하는 것을 말합니다. 팀이 이루고자 하는 목표와 현재 팀원들을 하나하나 매칭해보면 생각보다 쉽게 정리되는 경우가 많습니다.

여기서 팀장들이 가장 많이 하는 실수는 미션을 위해 누가 필요한지를 생각하기보다, 지금의 인력으로 어떤 미션을 실행할 수 있을지를 고민하는 것입니다. 이것이 why와 what 다음에 who를 구조화해야 하는 이유입니다. 현재의 인력으로 달성할 수 있는 미션을 고민하면, 대부분 지금 당장 할 수 있는 평범하고 작은 일에만 집중하게 돼요. 그래서 미션을 생각하고 여기에 필요한 인력을 생각하는 순서로 접근해야 합니다.

팀의 핵심 미션에 기존 팀원을 매칭하면 역할 분배나 위임이 됩니다. 각 미션에 배정된 팀원에게 도움이나 역량 개발이 필요하다면 역량 개발 계획이, 미션에 매칭할 팀원이 없다면 채용 계획이 만들어집니다.

마지막은 그렇게 모인 팀원들이 어떤 원칙과 태도[how]로 일할지를 정하는 것입니다. '다 큰 어른들한테 원칙과 태도를 정해주다니, 너무하는 것 아냐?'라고 생각할 수 있지만, 팀의 비전과 목표 달성을 위해 꼭 필요한 경우가 많습니다.

사람들의 성향과 경험에 따라 꼭 지켜야 한다고 생각하는 원칙과 태도가 다를뿐더러, 팀이 추구하는 비전이나 미션, 혹은 회사의 생애 주기에 따라 팀원들에게 필요한 태도나 원칙이 바뀌기도 하기 때문입니다.

도전해본 적 없는 새로운 일을 시도하거나 진취적인 가설 검증이 필요한 팀과, 늘 꾸준히 해오던 일의 효율성이나 성과를 철두철미하게 개선해야 하는 팀이 팀원에게 요구하는 태도는 다를 수밖에 없습니다. 어떤 팀에는 진취적이고 도전적인 태도가, 어떤 팀에는 안정적이고 꼼꼼한 태도가 필요하니까요.

어떤 팀은 가설에 기반한 빠른 실행이 필요한 린^{lean}한 업무 원칙을, 어떤 팀은 빠른 실행보다 면밀한 분석과 충분한 논의를 통해 합의한 전략을 도출하는 업무 원칙을 중요시합니다. 그래서 팀이 추구하는 알맞은 태도나 원칙을 정하면 팀원들이 갈등 없이 협업하는 데 큰 도움이 됩니다.

공통 원칙과 태도가 굳어지면 그 팀만의 고유한 문화가 됩니다. 누군가는 팀의 정체성이라고 말하고, 누군가는 팀의 핵심 가치라고 말하는데요. 쉽게 설명하면 팀원들의 합의에 기반하여 생긴 공동의 문화입니다. 강한 문화를 가진 팀은 경쟁력이 있습니다. 저 또한 강한 문화를 가진 팀이 결국 이뤄내는 멋진 일들을 많이 경험했습니다.

팀의 구조를 체계화하는 데는 몇 가지 유의 사항이 있습니다.

① 먼저 팀의 목표에 합의하자

팀장이 고민한 팀의 목표는 결정 전에 많은 이해관계자와 합의하는 것이 중요합니다. 팀원들 외에 이해관계가 얽혀 있는 경영진, 협업이 많은 유관 부서와도 협의해야 하고요.

이 과정 없이 일을 시작하면 협업 부서들과 서로의 목표가 다르거나 불명확하여 충돌하는 경우가 많습니다. 적어도 앞으로 6개월에서 1년 정도 팀이 집중하고자 하는 목표와 미션을 구체화하고 이를 팀원, 경영진, 유관 부서와 충분히 공유하고 협의해야 합니다.

② 지속 가능성에 대해 최소한의 검증을 하자

목표와 미션을 구체화하면 지속 가능한지를 기존 팀원들과 함께 최소한의 시도를 통해 검증해야 합니다. 지속 가능성에 대한 검증은 목표와 미션을 최소한 생각한 대로 실행할 수 있는지, 원하는 결과물을 얻을 수 있는지 직접 실행하고 확인하는 것을 말합니다.

최소한의 검증은 새로운 목표나 미션을 정하면서 팀 빌딩을 할 때 특히 중요해요. 새로운 목표나 미션으로 팀을 구축하는 경우 전략의 대부분이 가설일 때가 많습니다. 이때 기존 팀원들의 도움을 받거나 대행사 같은 외부 리소스를 활용하여 새로운 목표나 미션이 지속 가능한지를 확인하는 최소한의 검증이 반드시 필요해요.

　이 과정 없이 팀의 구조를 완성하고 채용하면 본격적으로 일을 시작한 후에 난감해질 때가 많습니다. 끝내 새로운 미션에 대한 가설 검증에 실패하여 팀의 목표나 전략이 크게 바뀌는 것이 대표적입니다. 이때 새로 채용한 팀원을 다른 업무에 투입할 수 있다면 다행이지만, 그렇지 못한 경우 얼굴을 붉히며 서로를 원망하게 되는 경우도 많으니 조심할 필요가 있습니다.

　③ 팀원들과 함께 정한다

　목표와 미션을 최소한으로 검증한 뒤에는 그 일을 함께한 팀원들과 팀 구조를 만들면 좋습니다. 가장 가까이서 일한 팀원들이 미션에서 바뀌어야 하는 부분이나 필요한 역량에 대해 더 구체적으로 생각하는 경우가 많거든요.

　수립한 목표와 미션을 달성하기 위해서 현재 팀원 구조로 해결하기 힘든 부분은 무엇인지, 새로운 사람이 필요하다면 어떤 경험, 역량, 기술이 필요한지를 함께 이야기하면 큰 도움이 됩니다.

　"이런 미션을 더 해보고 싶은데 어떤 팀원이 필요할까요?"라고 팀원들에게 물어보세요. 목표와 미션, 가설과 방향성은 팀장이 주도하여 수립할 수도 있지만 이를 실행하는 실무 담당자들인 팀원들은 어떤 팀원이 필요한지를 더 구체적으로 알 거예요. 앞서도 말했지만 일손이 모자라서 채용을 서두르면 당장 급한 불은 끌 수 있지만 나중에 난감해지는 경우가 많습니다.

④ 팀의 정체성을 구체화한다

미션과 역량까지 구체화했다면 이제 필요한 일은 팀의 정체성을 정하는 것입니다. 정체성이라고 하면 거창해 보이지만, 미션을 달성하기 위해 어떤 원칙이 중요하고, 이 원칙에 맞는 팀원의 성향과 태도는 무엇인지를 생각해보는 것입니다.

공격적으로 확장해야 하는 미션 중심이라면 도전적이고 진취적인 팀 성향이 필요합니다. 반대로 운영의 내실을 다지는 미션이 많다면 세밀하고 체계적인 팀 성향이 필요해요.

그리고 정체성과 함께 현재의 팀원들을 떠올리며 어떤 성향과 태도가 부족한지를 생각해봅니다. 팀에 대한 메타인지입니다. 팀장을 포함한 팀원 전체를 살펴보며, 이상적인 팀의 정체성을 위해 부족한 점을 채워줄 수 있는 성향과 태도를 정의하는 것이죠. 그 구체적인 모습에 따라 팀원들에게 새로운 업무 원칙을 적용하거나 팀원을 채용하는 것이 중요합니다.

⑤ 결국은 타이밍이다

팀의 정체성까지 고민했다면 이제는 알맞은 동료를 찾아

야 합니다. 이때는 타이밍이 중요해요. 언제 채용하느냐가 팀에 생각보다 큰 영향을 미치거든요.

채용할 때 지원자가 팀의 정체성에 맞는지 충분히 고민할 수 있는 여유가 필요합니다. 채용이 급한 상황이면 아무래도 합격 조건이나 기준에 대해 타협하게 되니까요. 그래서 앞으로의 일을 예측하여 여유 있게 시작하는 것이 중요합니다. 그래야 충분히 고민하여 정체성에 맞는 동료를 뽑을 수 있을 테니까요. 기준에 타협하는 일 없이요.

새로운 동료를 맞이하는 데 부담이 있는지, 팀장이 충분한 시간을 쓸 수 있는지를 판단해보는 것도 중요합니다. 한꺼번에 너무 많은 팀원이 새로 들어오면 팀장이 모두의 온보딩을 직접 챙기기 힘들고, 팀의 분위기도 어수선해질 수 있습니다. 기존 팀원들도 새로운 팀원을 챙길 일이 많아지니까요. 팀장이 충분히 시간을 들여 새로운 팀원들을 챙길 수 있을지, 팀 전체 비율에서 신규 입사자 비율이 너무 많아져 분위기가 어수선해지지는 않을지를 감안하여 채용 타이밍을 결정해야 합니다.

이 과정을 거치면 기본적인 팀의 구조와 채용 계획이 만들어집니다. 마지막으로 강조하고 싶은 것은 모든 팀의 구조에는 장단점이 존재한다는 것입니다. 제 경험상 완벽한 팀 구조는 없어요.

요즘 목적 조직, 기능 조직이라는 말을 자주 듣는데요. 모두가 알고 있는 것처럼 각 조직의 구조에는 장단점이 있습니다. 팀의 상황에 맞게 장점을 취하고 단점을 최소화하며 시의적절하게 필요한 팀 구조를 만들고 나아갈 뿐이죠.

팀장은 이 사실을 이해하고, 완벽한 구조를 고민하는 데 너무 많은 시간을 쓰는 것을 경계해야 합니다. 존재하지 않는 완벽한 구조를 고민하다가 적절한 타이밍을 놓치는 것이 가장 안 좋은 선택이니까요. 중요한 것은 단점을 감안하더라도 달성해야 하는 목표나 미션에 필요한 팀 구조가 있다면 효율적으로 적용하여 실질적인 변화를 만드는 것입니다. 팀원들의 몰입과 성과를 위해서요.

팀 구조에 꼭 필요한 사람은 누구인가

팀 구조를 만들고 채용 계획을 구체화했다면 팀 빌딩의 절반을 완성했습니다. 남은 일은 실제 지원자를 찾고, 만나보고, 채용하는 것입니다. 팀 구조를 멋지게 세웠더라도 그것을 채워줄 수 있는 좋은 팀원을 찾지 못하면 소용없습니다. 팀 빌딩의 시작은 구조를 짜는 것이지만, 완성은 채용이니까요.

그만큼 어렵기도 합니다. 사람을 직접 만나야 하기 때문에 시간이 적지 않게 필요하고, 많이 만나더라도 같이 일해보지 않고 판단해야 한다는 것 또한 매우 힘들거든요. 그 외에도 채용이 힘든 이유는 많습니다.

P&G에 다닐 때는 채용이 그렇게 어렵지 않았습니다. P&G는 대학생을 대상으로 공모전을 열어 인턴들을 채용했고, 그들 중에서 신입 사원을 선발했습니다. P&G의 공모전과 인턴십 프로그램이 나름 유명하여 취업을 준비하는 학생들이 꼽는 '워너비 스펙 리스트'에 항상 오르내렸어요. 많은 학생이 참가했고, 함께 일하는 과정에서 회사와 잘 맞았던 인턴들이 신입 사원으로 합류했습니다. 그래서 좋은 지원자가 많았어요.

하지만 스타트업으로 이직하면서 채용이 정말 힘들다는 사실을 알게 되었습니다. 깊이 고민하고 동료들과 열띤 논의 끝에 어렵사리 팀의 구조와 채용 계획을 만들었는데 채용이 되지 않아 발을 동동 구르는 날이 많았어요. 채용 공고에 지원하는 사람들도 별로 없었습니다. 면접을 하더라도 팀의 구조에 딱 맞는 지원자를 찾기는 더 힘들었고요.

게다가 규모가 작은 팀일수록 새로이 합류하는 한 사람 한 사람이 중요합니다. 단순히 계산하더라도 팀의 규모가 작으면 팀원 1명에 대한 의존도가 더 높으니까요. 좋은 팀원이 들어오면 지금까지 풀지 못해 정체되어 있던 문제가 한번에 해결되기도 하고, 팀의 구조나 정체성에 맞지 않는 팀원이 들어오면 오히려 더 힘들어지는 경험도 많이 했습니다.

회사의 규모가 작을수록 채용의 난이도는 더 높아집니다. 채용하는 포지션의 매력뿐만 아니라 회사의 인지도나 평판도 채용에 큰 영향을 주거든요. 설상가상으로 만들어진 지 얼마 안 된 팀은 팀장이 챙길 일이 채용 말고도 훨씬 많아요. 작은 팀의 팀장이 느끼는 채용의 체감 난이도는 더 높아집니다. 회사 규모가 작고 만들어진 지 얼마 안 된 팀일수록 채용이 무척 중요하지만 정작 채용의 난이도는 더 높아지는 아이러니한 상황이었습니다.

하지만 어쩔 수 없습니다. 그렇다고 팀의 구조나 정체성에 맞는 팀원에 대한 기준을 낮추거나, 이상적으로 생각하는 팀원의 모습을 바꿀 수는 없으니까요. 이런 부담은 오롯이 팀장의 몫이 됩니다. 이 또한 어쩔 수 없어요. 좋은 팀원을 필요로 하는 것은 무엇보다 팀장이고, 목마른 사람이 우물을 파야 하니까요.

특히 채용을 해본 적 없는 상황에서 팀장이 되었다면 더 막막할 수밖에 없습니다. 채용은 생각보다 챙길 것이 많고, 늘 생각처럼 되지 않고, 될 것 같다가도 막판에 무산되는 경우가 많거든요. 그래서 채용에 조금이나마 쉽게 접근할 수 있는 방법을 순서대로 정리했습니다.

① 채용 공고 작성하기

채용을 위해서는 가장 먼저 공고를 작성해야 합니다.

팀의 구조에 바탕한 채용 계획을 세웠다면, 팀이 풀려 하는 문제^{what}, 그것을 위해 필요한 역량과 경험^{who}, 팀의 정체성에 필요한 업무 성향^{how}을 이미 정의했을 거예요.

채용은 이 내용에 부합하는 사람을 찾고 만나보는 것입니다. 그래서 채용 공고에는 what, who, how 세 가지를 누구나 쉽게 이해할 수 있는 간단한 글로 표현해야 해요. 보통 팀이 풀려고 하는 문제를 '팀 소개'와 '주요 업무'에, 필요한 역량과 경험, 성향을 '자격 요건'과 '우대 사항'에 포함시키는 경우가 많습니다.

채용 공고를 읽어보면 팀이 풀고자 하는 문제가 구체적으로 보이지 않는 경우도 많은데요. 지원하는 사람 입장에서 친절하지 않은 공고입니다. 풀고자 하는 문제가 정확히 보여야 지원자들도 팀이 무슨 일을 하는지 알 수 있고, 스스로가 기여할 수 있는 일을 구체적으로 떠올릴 수 있을 테니까요.

채용 공고를 짧고 성의 없게 쓰는 팀장도 많이 보았는데요. 둘 중 하나였습니다. 채용하는 회사가 갑이라고 생각하거나, 본인이 어떤 지원자를 찾고 있는지 잘 모르거나였어요. 채용 공고는 원하는 팀원을 만나는 데 가장 중요한 첫 번째 단추입니다. 왜 좋은 지원자들이 우리 팀의 공고에 지원해야 하는지, 채용 공고에서 설명이 부족하거나 다른 회사의 유사한 포지션 대비 경쟁력이 없어 보이는 부분이 있는지를 지원자 입장에서 자주 체크하면 도움이 됩니다.

② 커피챗, 커피챗, 커피챗

'채용 공고가 업로드되었으니 내가 기다리는 지원자들이 지원하겠지?' 하며 기다리고 있으면 아무 일도 일어나지 않습니다. 아무 일도요. 서로 들어가려고 줄을 서는 대기업이 아니라면 좋은 지원자들은 항상 부족합니다. 사람을 채용하는 회사는 많으니까요.

팀장은 좋은 지원자를 직접 찾아 나서야 합니다. 여유가 된다면 헤드헌터의 도움을 받아도 좋은데, 회사 내부 사정을 속 시원하게 말하기 힘들기 때문에 팀에 필요한 사람을 잘 찾아내기 힘들 수밖에 없어요.

이때 필요한 것이 커피챗입니다. 몇 년 전까지만 하더라도 생소했는데 요즘은 많은 사람이 하고 있어요. 커피를 마시면서 나누는 간단한 대화를 뜻하는데, 요즘은 '정기적이지 않은 방식으로 회사 내외부의 사람을 만나 의견을 나누고 네트워킹하는 것' 정도의 의미로 사용됩니다.

커피챗은 팀원을 찾을 때도 유용합니다. 평판이 좋은 업계의 유명인들을 만나보면 '꼭 이런 사람을 뽑아야겠다'는 채용 기준이 명확해지기도 하고, 잠재적 지원자들을 많이 만나다 보면 직접 잠재 채용 풀을 만들 수도 있어요.

인맥이나 지인을 통해 커피챗 대상자를 소개받으면 좋겠지만 그렇지 못하는 경우가 더 많을 거예요. 이때 추천하는 방법은 링크드인Linked in을 활용하는 것입니다.

링크드인에 자주 들어가 내가 찾는 팀원과 유사한 사람들을 보면 적극적으로 DM을 보내서 만나보는 것입니다. 처음 메시지를 보내면 그냥 무시하는 사람도 많아서 마음의 상처를 입지만 포기하면 안 됩니다. 팀장이 적극 나서지 않으면 좋은 팀원을 만날 확률은 점점 낮아지니까요. 평소 링크드인 프로필을 잘 꾸며놓고 틈틈이 글도 쓰며 계정을 활성화하면 팀원을 찾을 때 큰 도움이 됩니다.

저는 본격적으로 채용하는 기간에는 일주일에 적어도 1, 2명의 잠재 지원자를 커피챗으로 만나려고 해요. 실제로 커피챗을 함께한 분이 팀원이 되는 경우도 많았습니다. 팀장 여러분, 채용 공고만 올려놓고 기다리지 마시고 직접 찾아 나서세요.

③ 면접하기

좋은 지원자들이 모였다면 이제 면접에 들어가야 합니다.

팀원을 채용하는 입장으로 처음 면접에 들어갔던 일이 기억납니다. 너무 긴장해서 딱딱하게 굳은 채로요. 아마 지원자보다 제가 더 떨었을 거예요. 작은 미팅룸에서 대면으로 진행했는데, 지원자가 나를 바보로 생각하지 않을까 걱정하며 신중하게 질문하느라 정작 답변은 제대로 듣지 못했어요.

면접이 잡히면 적어도 30분에서 1시간 전에는 이력서를 꼼꼼히 다시 읽으며 어떤 질문을 할지 생각해야 해요. 지원자의 서류를 검토할 때 분명 읽어보았겠지만 다른 사람과 헷갈리거나 기억나지 않을 수도 있습니다. 면접 전에 질문을 준비하면 중간에 질문이 끊겨 어색한 30초를 방지할 수 있습니다.

특히 질문을 준비할 때 관심이 가는 이력과 걱정되는 이력 위주로 꼭 해야 하는 질문 2~3개를 표시합니다. 그래야 걱정되거나 관심 가는 부분을 잊지 않고 확인할 테니까요.

모두에게 할 질문도 1~2개 준비합니다. 여러 지원자를 최대한 객관적으로 비교할 수 있는 답변들을 수집할 수 있으니까요. 면접이 끝나고 고민할 때 공통 질문에 대한 답변을 보면 지원자들의 성향을 더 쉽게 비교할 수 있습니다.

면접에 들어갈 때는 내가 이 지원자를 뽑아야 하는 이유와 떨어트려야 하는 이유를 하나씩 찾는다고 구체적으로 생각해야 해요. 그렇지 않으면 준비한 질문을 읽는 것에 급급해 정작 지원자에 대한 의견을 정리하지 못한 채로 끝나는 경우도 많습니다.

면접이 시작되면 지원자의 이력서와 채용 공고를 나란히

놓고, 지원자의 이야기에서 자격 요건이나 우대 사항에 해당하는 부분을 체크해야 합니다. 처음 면접에 들어가면 아마 지원자보다 더 긴장할 텐데요. 밝게 웃으면서 인사하고 가볍게 회사와 팀 소개도 해주세요. 그럼 모두의 긴장이 풀립니다.

질문할 때는 단순 성과를 파악하기보다는 성과 이면에 있는 역량이나 성향을 파악하기 위한 질문을 하면 좋습니다. 성과를 내기 위해 스스로 정의했던 문제, 수립했던 가설과 판단의 근거, 그리고 실행 과정에서 어려움을 해결한 방법 등을 질문하면 그 성과가 어떤 역량이나 성향을 통해 나왔는지를 파악할 수 있습니다.

지원자는 면접에서 자랑할 만한 성과를 강조하지만, 운이 좋았을 수도 있고, 그 일을 주도하거나 직접 해결한 당사자가 아닐 수도 있습니다. 이런 경우 깊게 고민하지 않았다면 대답하기 힘든 세밀한 부분까지 질문하면 감을 잡을 수 있습니다. 물론 기억이 잘 나지 않아 답변을 못 했을 수도 있습니다. 그렇지만 어쩔 수 없어요. 면접이니까요. 지원자가 본인의 사례를 기억하지 못한다면 준비 부족으로 판단할 수밖에 없습니다.

중요한 질문은 시간이 길어지더라도 양해를 구하고 꼭 해야 합니다. 지원자에 대한 면접관의 확실한 의견이 필요한데 시간이 모자란다는 이유로 검증을 못 하면 모두에게 손해입니다. 시간이 더 필요하다면 양해를 구해야 해요. 그럼에도 하지 못한 질문이 있다면 다음 면접관을 위해 메모해놓으면 좋습니다.

④ 최종 합격자를 정하자

이제 합격자를 결정해야 합니다. 꼼꼼히 쓴 면접 기록을 보며 처음으로 돌아가야 합니다. 팀이 풀고 싶은 문제와 필요한 역량, 경험, 정체성과 케미를 위한 업무 성향을 정리한 채용 공고를 보면서요.

완벽한 사람은 없다는 사실을 명심하며 채용해야 하는 이유와 걱정되는 부분 위주로 의견을 정리합니다. 걱정되는 부분은 다른 팀원들이나 팀장의 도움으로 해결할 수 있는지 판단하는 것도 중요해요.

그래도 최종 합격자 결정이 어려울 수 있습니다. 이때는 팀장으로서 '어떤 지원자의 대화가 즐거웠지?'라고 생각해보는 것도 도움이 됩니다. 말로 설명하기 애매할 수도 있지만 사람과 사람이 일할 때 케미라는 것도 무시할 수 없거든요.

만약 면접에 팀원들도 같이 들어갔다면 어떤 지원자와 일하고 싶은지 물어보는 것도 도움이 되고, 그렇지 않은 경우 팀원들에게 지원자들의 장단점을 묘사하고 의견을 들어보는 것도 좋습니다. 결국 함께 일하게 되는 것은 팀원들이니까요.

최종 합격자를 결정하는 사람이 경영진일 수도 있습니다.

경영진은 일반적으로 외향적이고, 나이스하고, 스마트해 보이는 지원자를 선호하는 경향이 있는데, 경우에 따라서 팀장에게 꼭 필요한 팀원의 모습과는 다를 수도 있습니다. 팀에 필요한 사람이 신사업을 확장하는 과정에서 맨땅에 헤딩하며 도전하는 무모함과 호기심을 가진 사람일 수도 있고, 깊이 있는 분석을 위해 하나의 우물을 깊게 파고드는 집요함과 인내심을 가진 사람일 수도 있으니까요. 팀에 가장 필요한 사람은 팀장이 누구보다 잘 압니다. 이럴 땐 팀장이 목소리를 내야 합니다. 팀이 지금 어떤 상황이고 어떤 사람이 필요한지는 팀장이 잘 아니까요.

⑤ 갑의 태도는 버린다

마지막으로 강조하고 싶은 것은 갑의 태도를 버려야 한다는 것입니다. '채용하는 내가 갑이니 지원자들을 쉽게 평가하고 골라야지'라고 생각하면 좋은 팀원을 채용할 수 없습니다.

두 가지 이유가 있는데요. 첫째는 면접에서 갑의 태도로 일관하면 지원자의 과도한 긴장을 불러일으켜 진짜 모습을 못 볼 수 있기 때문입니다. 훌륭한 인재인데, 면접관의 무례한 태도 때문에 좋은 모습을 보여주지 못했다면 회사 입장에서는 큰 손해가 아닐 수 없어요.

둘째는 면접은 팀장과 지원자가 서로를 평가하는 자리이

기 때문입니다. 팀장은 너무 마음에 들어 채용을 제안했는데 면접에서의 대화 경험이 좋지 않아 지원자가 거절하는 경우도 많습니다. 지원자 입장에서도 면접에서 '이 팀장과 일하면 어떨까?'를 자연스럽게 생각하게 됩니다. 면접에서의 태도를 보고 '같이 일하기 힘들겠다'라고 판단하면 합격 제안을 받고도 수락하지 않을 거예요.

팀장이 갑의 태도로 채용하면 여러모로 손해일 수밖에 없습니다.

인사가 만사라는 말을 한번쯤은 들어봤을 거예요. 회사 생활을 오래할수록, 팀장으로 경험을 쌓을수록 격하게 공감 하는 말입니다. 정말 사람이 중요합니다. 특히 팀을 키워나가는 팀장에게는요.

좋은 동료가 합류하면 시든 나무처럼 힘이 없던 팀에 갑자기 생기가 돌기도 합니다. 반대로 애써 쌓은 좋은 구조와 문화라는 공든 탑이 잘못 채용한 1, 2명의 팀원으로 인해 한순간에 무너지는 모습도 많이 봤고요. 2퍼센트 부족한 팀워크로 삐걱거리던 기존 팀원들이 하나가 되기도 하고, 성과를 잘 내고 있던 팀원들 사이에 갈등이 생기기도 합니다.

그래서 팀 빌딩이 중요합니다. 팀에 큰 영향을 미칠 좋은 동료를 찾고 뽑기 위해서는 현재 팀의 구조를 정확히 이해하고 부족한 점을 알아야 하며, 그러기 위해서는 팀이 목표를 이루기 위해 필요한 역량과 태도, 원칙을 명확하게 정의해야 합니다.

어려운 일이지만 부담 가질 필요는 없어요. 앞서도 말한 것처럼 세상에 완벽한 팀 구조와 채용은 없기 때문입니다. 모든 선택에는 단점이 따르지만, 팀원들과 함께 일하며 발견하는 구조의 문제는 정비하고, 역량 개발에 도움이 필요한 부분은 지원하고, 필요한 인력은 타협하지 않고 열심히 찾다 보면 나도 모르는 사이에 크게 성장한 팀원들과 멋진 팀이 만들어져 있을 거예요.

팀워크의 실체

팀워크를 위한 암묵적 합의

'나도 이제 프로가 되었구나.'

계약에 대한 이야기를 먼저 해야 할 것 같아요. 우리 모두 회사에 들어오면 근로계약서를 씁니다. 첫 직장에서 근로계약서를 받고 서명하면서 '와, 이제 나도 돈 받으면서 일하게 되었구나'라는 생각이 들어 기분이 묘했어요. 직장인이 되어 일해보니 근로계약서에 적혀 있는 항목이 전부가 아니었습니다. 계약서에 감춰진 항목이 있었죠. 바로 '우리는 프로답게 일한다'라는 암묵적인 합의 조항입니다.

프로답게 일해야 한다는 말은 직장인이라면 여러 번 들어보았을 것입니다. 감정을 앞세우지 않고 항상 이성적이고 객관적인 태도로, 주어진 역할에 전문성을 발휘하며, 약속한 결과를 정해진 시간까지 만들어야 한다는 뜻이죠. 아직 대학생 같았던 저는 그때 깨달았습니다. 열심히가 아니라 잘해야 한다는 것을요.

팀장이 되고 회사 생활도 10년이 넘어가니, 근로계약서에 숨은 암묵적 합의 조항이 하나 더 있다는 것을 알게 되었습니다. 바로 '우리는 팀으로 일한다'는 것입니다. 회사에 들어오는 순간 모두 암묵적으로 합의하는 것이죠.

생각해보면 당연한 말입니다. 같이 일하기 위해 회사가 존재하니까요. 물론 회사에도 협업 없이 혼자 일하는 포지션도 있지만, 기본적으로 회사는 혼자 일하다 한계에 부딪힌 누군가가 동료를 모으면서 시작되었으니까요. 혼자 일하고 싶은 사람들은 혼자 할 수 있는 일을 하면 됩니다. 혼자 할 수 있는 일은 수없이 많으니까요.

우리는 원하든 원치 않든 여럿이 모여 팀으로 일합니다. 근로계약서는 우리에게 월급도 주지만 동료들도 만들어줍니다. 가족 같은 존재죠. 태어나보니 누군가가 나의 부모, 나의 형이었던 것처럼 회사에 입사해보니 나의 팀장, 나의 동료들이 정해져 있습니다. 길에서 우연히 마주쳤다면 아무런 관계도 아니었을 사람들과 같은 회사의 근로계약서에 서명했다는 이유로 누군가의 팀장 또는 동료가 됩니다.

그래서 우리는 처음 만난 그들의 말을 경청하고, 존중하고, 또 그들의 말을 따라야 하기도 합니다. 일정을 지키지 않는 동료 때문에 화가 나도, 성향이 달라 갈등하더라도 동료라는 이유로 차분하게 문제를 해결하려고 합니다. 회사 밖에서는 그렇게 하지 않을 상황에서도요.

'우리는 팀으로 일한다'는 합의 조항은 아래와 같은 의미가 있습니다.

> 우리는 혼자 일하는 것이 아니라 팀으로 일하는 것에 합의한다.
> 우리는 혼자 일하는 것보다 여럿이 모여 일할 때 훨씬 더 큰 성과를 낼 수 있다고 믿는다.
> 우리는 함께 일하므로 개인의 목적보다 공동의 목표가 우선하는 것에 합의한다.
> 우리는 개인의 성취보다 팀이나 회사의 성취가 먼저라고 믿는다.

이 암묵적 합의 조항 때문에 팀워크라는 것이 중요해집니다. 팀워크는 단순히 개인으로서 성과를 내기 위해 각자 프로답게 일하는 것, '우리는 프로답게 일한다'라는 조항을 넘어서는 것이니까요. 회사에 프로답게 일하지 않는 사람이 종종 보이는 것처럼, '우리는 팀으로 일한다'와는 거리가 멀어 보이는 사람도 만납니다. 그리고 그런 사람들에게 '저 사람이 팀의 분위기를 해친다'라고 하고요.

이런 사람들이 회사에만 있는 건 아니에요. 스포츠로 눈을 돌려 세계적인 리그를 보더라도 팀보다는 개인의 성공을 더 중요시하는 선수들이 있습니다. 그런 선수들도 똑같은 말을 듣습니다. '저 선수는 팀에 도움이 안 된다. 팀워크를 해치는 선수다'라고 말이죠.

그렇다면 팀워크는 무엇일까요? 늘 듣는 말이라 잘 알고 있다 싶다가도, 막상 깊게 생각해보면 막연하게 느껴져요. 팀워크는 단순히 개인이 프로답게 일해 성과를 낸다는 것을 넘어선 개념이기 때문입니다.

우리는 회사 밖 개인으로서 성과를 내는 일은 비교적 많이 경험합니다. 시험과 수능이 대표적이에요. 이런 것들은 혼자 열심히 해서 좋은 성과를 내면 됩니다.

개인으로서 성과를 내는 일만 경험해본 대부분의 사람에게 팀으로 성과를 내는 일은 낯섭니다. 회사 밖에서 연습해볼 기회가 많지 않으니까요. 대학교에서 여럿이 모여 과제하는 팀플을 많이 한다고 하지만, 좋은 팀워크를 경험하기란 여간 어려운 것이 아닙니다. 대학생들의 팀플을 검색해보면 약속 시간에 나타나지 않는 팀원부터, 아무 일도 하지 않고 숟가락만 올리려 하는 프리라이더들까지 웃픈 밈들이 대부분이라는 것을 알 수 있습니다.

회사 밖에서 팀워크를 쉽게 경험할 수 있는 분야가 있는데요. 바로 팀 스포츠입니다. 구성원 모두 프로답게 각자의 역할을 수행하면서 동시에 팀워크도 좋아야 상대 팀을 이길 수 있으니까요. 그래서 스포츠의 세계를 살펴보면 팀워크를 이해하는 데 도움이 될 듯합니다.

저는 어릴 때부터 즐겨 했던 운동 덕분에 팀워크를 일찍 경험했습니다. 축구와 농구를 무척 좋아했어요. 학창 시절에는 시 대표로 대회에 나가기도 했고 동아리 활동도 열심히 했습니다. 더 잘하고 싶어 개인적으로 많은 시간 동안 연습했어요. 팀 스포츠를 해보면 개인의 능력이 출중하더라도 그것만으로는 여러 경기에서 이기기 힘들다는 사실을 깨닫습니다. 그때 가장 공감한 속담이 "길고 짧은 것은 대봐야 안다"였어요. 스포츠의 세계에서는 모두가 '짧다'고 생각했던 팀이 '길다'고 평가받는 팀을 이기기도 하니까요.

이것이 팀워크의 힘입니다. 팀워크의 차이로 약팀이 강팀을 이기는 일이 많이 벌어집니다. 기적이라는 말은 잘 짜여진 팀워크의 힘을 모르기 때문에 나옵니다. 결국 팀워크 때문에 길고 짧은 것은 직접 겨뤄봐야 아는 것이 됩니다. 이를 이해하지 못하는 사람들은 약팀의 선수들이 왜 그렇게 열심히 경기에 임하는지 이해하지 못할 거예요.

제가 팀워크에 대해 들었던 가장 멋진 말은 전설적인 농구 선수 마이클 조던의 명언입니다.

"Talent wins a game, teamwork wins a championship."

'재능으로는 몇 경기를 이길 수 있지만, 팀워크로는 챔피언십 트로피를 들어올릴 수 있다' 정도로 해석할 수 있어요. 정말 멋진 말입니다. 물론 엄청나게 노력했겠지만, 역대급 재능을 가진 전설적 선수인 마이클 조던이 이런 말을 했다는 것 또한 멋졌습니다. 프로다움에 대한 통념을 깨는 명언이에요. 우리는 흔히 프로답다고 이야기할 때 재능을 먼저 생각하니까요.

개인에게 주어진 업무를 얼마나 전문적으로 수행하느냐가 많은 사람이 말하는 '직장에서의 프로다움'의 기준으로 비치곤 합니다. 프로 중 프로라고 할 수 있는 스포츠 선수들은 마이클 조던의 말처럼 개인이 아닌 팀워크를 강조하는데 말이죠. 팀워크는 길고 짧은 것은 대봐야 아는 스포츠의 이치와 일맥상통합니다. 프로다움이 우세한 강팀이 무조건 약팀을 이긴다면 승부를 내기 위해 경기할 필요가 없을 테니까요. 팀워크가 이 모든 것의 뒤에 있습니다.

팀워크의 실체를 구체적으로 이해하기 위해 축구 경기의

한 장면을 상상해보겠습니다. 두 공격수가 상대 팀 수비수들을 따돌리고 골문 앞까지 왔습니다. 공격수 A가 공을 가지고 있는데, 같은 편 동료 B가 더 좋은 위치에 있습니다. 만약 A가 팀워크가 좋은 선수라면 B에게 패스하여 득점할 수 있게 해주면 됩니다. 하지만 A가 득점이라는 개인의 성과를 중요시한다면 패스하지 않고 무리하게 슈팅할 거예요.

A가 무리하게 시도한 슈팅이 상대 수비수에게 가로막혔다고 가정해볼게요. A와 B 모두 방금 전까지 골을 넣기 위해 50미터가량 전력 질주하여 숨이 턱 끝까지 차올라 있습니다. 상대 수비수는 곧바로 공격을 전개합니다. A가 팀워크가 좋은 선수라면 같은 팀 수비수들이 전열을 가다듬을 시간을 벌기 위해 힘을 쥐어짜 몸싸움을 벌이며 달려들 것입니다. 하지만 A가 득점이라는 개인의 성과를 중요시한다면 다음 공격을 위해 체력을 아낄 것입니다.

이런 상황이 연출될 수도 있습니다. B는 숨이 차오르지만 상대 팀 수비수를 막기 위해 한 번 더 달려갑니다. A와 함께 전력 질주하여 힘들고 지쳐서 공을 빼앗을 수는 없겠지만, 팀 수비수들을 위해서요. B가 쥐어짜낸 도움으로 벌어준 10초 남짓의 시간으로 수비수들은 전열을 잘 가다듬고 상대의 공격을 막아냅니다.

공을 다시 빼앗은 수비수가 공격을 위해 A에게 패스하고,

A는 상대 팀 골문으로 쇄도합니다. B는 패스를 받지 못할 것을 알지만 A와 함께 달려갑니다. 공격수가 1명이라도 더 있으면 상대 수비수들이 힘들어지니까요. 함께 오는 B를 의식한 상대 수비수들이 우왕좌왕하는 사이 A가 골을 넣습니다. 힘들지만 함께 뛰어준 B가 상대 수비수의 시선을 빼앗아준 덕분에요.

공동의 목표를 위해 B가 보여준 희생과 헌신은 득점, 도움, 수비 등 어느 항목에도 기록되지 않습니다. 하지만 B는 기록되지 않는 영역에서 팀의 승리를 위해 엄청나게 기여했습니다. 개인보다 공동의 목표가 더 중요하다고 생각하는 B 같은 팀원이 많다면 팀워크가 좋은 팀이 됩니다.

이런 모습은 영화에서도 볼 수 있습니다. 상대 세력과의 경쟁에서 결정적인 우위를 점하기 위한 작전을 수행할 때 보스가 이런 말을 합니다.

"조직의 운명이 걸려 있는 일이니 가장 똘똘한 애들로 모아봐."

저는 이런 말을 군대에서 들어본 적이 있습니다. 행정보급관이 어려운 일을 해야 할 때 똘똘한 애들로 모아서 작업하라는 이야기를 자주 했습니다. 그럼 똘똘하다는 것은 무슨 뜻일까요? 왜 조직의 보스는 똑똑한 애들이 아니라 똘똘한 애들을 찾을까요? 똑똑한 애들이 낫지 않을까요?

고민 끝에 제가 내린 결론은 이렇습니다.

똑똑한 애들: 좋은 판단과 결정을 할 수 있는 현명함과 냉철함이 있다.

똘똘한 애들: 조직과 동료를 위해 스스로를 희생할 수 있는 로열티와 의리가 있다.

제가 보스라면 혼자 하는 일에는 똑똑한 애를, 여럿이 힘을 모아야 하는 일에는 똘똘한 애들을 투입할 것입니다. 똑똑한 애들은 프로다운 재능을, 똘똘한 애들은 팀워크를 의미할지도 모르겠네요. 똘똘한 애들을 찾았던 군대의 행정보급관도 '어렵고 고생스러운 일이어서 힘을 모아 해결해야 하니 일 열심히 하고 헌신적인 애들로 모아봐'라는 의미로 말하지 않았을까요? 저는 팀워크의 실체가 바로 개인이 달성하기 힘든 공동의 목표를 위해 헌신하는 구성원들의 태도라고 믿습니다.

재능이 출중한 프로들이 모여 있는 스포츠의 세계에서도 팀의 승리라는 공동의 목표를 위해서는 동료를 먼저 생각하는 헌신적인 태도가 필요합니다. 그 헌신이 개인의 공식적인 성과로 기록되지 않더라도요. 영화 속 조폭의 세계에서처럼 회사에서도 일 잘하고 헌신적인 똘똘한 팀원들이 결국 성공한다고 믿습니다.

저 또한 개인의 성과에 집중하는 팀원들보다는 똘똘한 팀원이 동료들과 함께 더 크고 어려운 일을 해내는 모습을 여러 번 보았습니다. 마이클 조던의 말을 빌리자면 프로다움, 재능, 똘똘함으로는 좋은 성과를 한두 번 낼 수 있겠지만 팀워크, 헌신, 똘똘함으로는 여럿이 힘을 모아 성공을 거듭할 수 있으니까요.

팀워크를 키운다는 것

팀장이 되고 나서 다양한 팀원들을 만났습니다. 담당 팀이 바뀌거나 이직하는 등 여러 이유로 팀원들과 헤어지기도 했는데요. 그렇게 헤어진 팀원들이 어디선가 큰 성과를 냈다는 소식도 많이 들었습니다.

그들을 보며 성공할 사람들을 어느 정도 예측할 수 있게 되었는데요. 제 예측률은 꽤 높은 편입니다. 예측에는 저만의 기준이 있는데요. 가장 중요한 기준은 '주위에 그의 성공을 진심으로 바라는 동료가 많은가'입니다.

주위에 나의 성공을 진심으로 바라는 동료가 많으면 높은 확률로 성공할 수 있습니다. 그렇다면 우리는 어떤 동료의 성공을 바랄까요? 프로다운 '똑똑한 동료'일까요? 아니면 헌신적인 '똘똘한 동료'일까요?

저는 똘똘한 팀원들의 성공을 바라는 편입니다. 똘똘한 친구들이 팀 전체의 분위기를 바꾸고, 팀워크를 이끌어내고, 결국 멋진 성과를 내는 모습을 보면서 스포츠 세계의 팀워크가 회사에서도 의미 있다고 생각하게 되었습니다.

결국 팀워크를 키운다는 것은 서로의 성공을 진심으로 바라는 팀원들이 모여 공동의 목표를 위해 헌신하는 팀을 만드는 것입니다. 그렇다면 팀장은 팀워크를 키우기 위해 무엇을 해야 할까요?

① 일단 똘똘한 친구들을 모으자

말 그대로 원래 똘똘한 사람들을 모아야 합니다. 그래서 면접에서 지원자가 똘똘한 사람인지를 확인하기 위한 노력이 중요해요.

저는 지원 동기를 면밀히 확인하는 편인데요. 지원 동기를 들어보면 지원자가 회사와 팀을 어떻게 생각하는지 알 수 있습니다. 이를 통해 지원자가 어떤 태도로 일할지 상상할 수 있고요.

지원 동기에서 개인의 성장에 관해 말하는 것은 좋은 일이고, 실제로 팀이 성과를 내기 위해 팀원 개개인이 빠르게 성장해야 하는 것도 사실입니다. 하지만 지원 동기가 개인의 커리어와 성장에만 집중되어 있다면 선뜻 채용하기 망설여집니다. 만약 팀에 힘든 일이 생기면 결국 개인의 성장을 위한 선택을 할 것이라는 걱정 때문입니다.

몰입하여 헌신적으로 일했던 경험이 있는지도 면접에서 꼭 물어보는 편입니다. 이를 확인할 수 있는 가장 좋은 질문은 누가 시키지 않아도 먼저 베풀었던 선의의 경험이 있느냐는 것이에요.

스타트업에 다니면서 이런 질문을 더 많이 하게 되었습니다. 많은 인원이 정해진 프로세스로 일하는 대기업에서는 누가 시키지 않은 선의의 역할이 작을 수 있지만, 소수의 인원으로 낯선 일을 해야 하는 스타트업에서는 그 선의가 팀의 성과를 좌우합니다.

동료를 위해 먼저 돕거나, 본인이 아닌 팀의 성공을 위해 무언가를 희생한 경험이 있는지 물어보면 지원자의 협업 성향을 파악할 수 있습니다. 물론 대부분의 지원자는 처음 듣는 질문이라는 표정을 지으며 난감해하지만요.

'나의 의견과 반대로 일이 결정되었을 때 어떻게 하는지'도 좋은 질문입니다. 의견이 다르다면 소신 있게, 그리고 합리적으로 본인의 의견을 풀어내야 합니다. 하지만 일단 결정되면 그것이 나의 의견과 다를지라도 지지하고 최선을 다해 따르는 것 또한 헌신 중 하나입니다.

이 질문 역시 스타트업에서 중요합니다. 의사 결정의 위계가 분명하고 단계적인 대기업과 달리 조직 구조가 납작한 스타트업은 정해진 시간에 제한된 정보만으로 약간의 위험을 감수하고 결정해야 하는 경우가 많기 때문입니다. 그리고 모든 결정을 모든 사람이 매번 완벽히 납득할 수 있는 것은 아니고요.

이런 질문에 많은 지원자가 '결정권자를 찾아가 근거를 제시하고 결정을 바꿀 수 있도록 다시 한번 의견을 피력할 것'이라고 말했는데요. 모두 똑똑한 사람들이었지만, 제가 팀워크를 위해 찾던 똘똘한 팀원은 아니었습니다.

제가 가장 많이 하는 질문은 '동료로부터 갑작스럽게 도와달라는 요청을 받으면 어떻게 할 것인가'입니다. 일이 많아서 시간이 빠듯한데 옆 팀의 동료가 "이것 좀 도와주세요. 우리 팀에는 할 줄 아는 사람이 없어서요"라고 할 때 어떻게 하겠냐는 질문이에요.

대부분은 우선순위를 조정한다고 답합니다. 동료의 이야기를 들으며 중요한 일인지 판단해보고, 중요하다면 기존의 우선순위를 상사와 다시 논의하겠다는 것이죠. 정답입니다. 명확한 우선순위를 기반으로 일하는 사람의 표본이에요. 나이스하게 거절하는 본인의 노하우를 이야기하는 분들이 그 다음으로 많습니다. 이것도 정답이에요. 언제나 커뮤니케이션은 중요하니까요.

소수의 사람만이 그냥 도와주겠다고 답해요. 야근을 조금 하게 된다고 하더라도요. 언젠가 나도 그 동료에게 도움받을 일이 있을 것이고, 내가 쉽게 해결할 수 있는 일을 도와주기 위해 1, 2시간 정도는 기꺼이 낼 수 있다는 말과 함께요. 제가 찾는 똘똘한 사람들입니다.

② 팀이 생존 그 이상을 생각하게 만들자

팀이 생존 모드인 경우도 있습니다. 일이 많이 몰리거나 어려운 미션들이 주어져 팀원들이 업무를 제시간에 완수하기 힘들고 각자의 코가 석자인 상황이라면 헌신이나 팀워크를 생각하기 힘들 거예요. 팀 업무에 불이 나고 있다면 먼저 급한 불을 꺼야 합니다. 그리고 모두 온전히 생존하는 것에 집중해야 해요.

급한 불을 끄고 나면 팀원들이 생존 이상을 생각할 수 있는 환경을 만들어야 팀워크가 만들어집니다. 이를 위해 팀에 신뢰감과 안정감이 있어야 하고요. 그래야 팀원들이 서로를 위한 생존 이상의 헌신과 팀워크를 생각할 수 있습니다.

팀장이 팀원을 믿지 못하고 과도한 경쟁을 부추긴다거나,

팀원들이 서로를 경계하면 팀워크를 생각하기 힘들 것입니다. 이런 분위기가 생기지 않도록 팀장이 서로를 신뢰할 수 있는 환경을 만들어나가는 것이 중요합니다.

제가 일부 스타트업에서 경험한 부정적 팀워크 중 하나는 손을 맞잡아야 하는 동료들끼리 과도하게 경쟁하느라 서로의 손을 뿌리친 일이었습니다. 이는 좋은 의도와 달리 왜곡된 회사 고유의 피드백 문화나 평가 시스템, 혹은 많은 사람이 보고 따르는 리더들의 태도나 행동에서 비롯되는 경우가 많았습니다. 주관적 기준으로 팀원들을 비교하는 팀장의 행동, 앞에서 하지 못할 말을 뒤에서 몰래 하며 이간질하는 팀장의 언행 등이 대표적입니다. 많은 사람 앞에서의 그런 행동은 특히 경계해야 합니다.

적정 수준의 경쟁은 서로의 도전 욕구와 몰입을 불러일으키기도 하지만, 과해지면 모두에게 안 좋습니다. 평가와 비교라는 불안함과 스트레스로 팀원들이 스스로의 생존 이상을 생각하기 힘들 거예요. 이런 상황에서 헌신이나 팀워크는 사치입니다. 동료와 힘을 모아 큰일을 이루려 하기보다는 실수나 실책을 기대하는 부작용이 생기기도 하고요.

무엇보다 서로가 서로의 일에 관심을 가지고 자발적으로 도울 수 있는 문화가 팀워크를 만드는 데 큰 역할을 합니다. 팀원들이 서로에게 가벼운 선의를 베풀고 도움을 주고받는 것이 서로를 위해 헌신하는 선순환의 시작이니까요.

구글은 직원들에게 좋아하는 일에 업무 시간의 20퍼센트 정도를 쓰도록 한다는 뉴스를 본 적이 있는데요. 이런 원칙이 새로운 사업 아이디어나 기술 개발과 같은 혁신에 큰 도움이 된다고 해요. 그 20퍼센트의 시간을 통해 지메일과 구글어스라는 혁신적인 서비스가 만들어졌다고 합니다.

구글의 20퍼센트 규칙은 혁신에 좋겠지만, 팀원들 업무 시간의 10퍼센트 정도는 동료의 일을 돕는 일에 쓸 수 있게 한다면 팀워크에는 더 좋지 않을까요?

격주에 1시간이라도 모든 팀원이 모여 서로에게 필요한 도움을 쉽게 말할 수 있는 커피챗 자리를 만드는 것도 추천합니다. 각자가 일하다 보면 '이건 동료들이 도와주면 좋을 텐데'라는 생각이 드는 것이 분명히 있을 거예요.

하지만 동료들이 바쁘게 각자의 일만 하고, 자발적으로 서로를 돕는 경험이 없다면 쉽게 그런 말을 꺼내기 힘들지도 모릅니다. 모두 모인 커피챗 자리에서 각자의 강점에 따라 도움을 청할 수 있게 하거나, 동료의 자발적인 피드백을 받아 각자의 문제를 해결해보는 경험도 도움이 될 것입니다. 작은 경험들이 모여 서로가 서로를 돕는 헌신적인 태도의 싹이 될 테니까요.

③ 헌신적인 태도의 가치를 알리자

기회가 될 때마다 헌신적인 태도의 가치를 알리는 것도 중요합니다. 헌신적인 팀원이 있다면 많이 칭찬해주세요. 성과가 아니라 헌신적인 태도 그 자체에 대해서요. 다른 팀원들에게도 좋은 자극이 될 것입니다.

종종 성장을 위해 '회사 안에서 본받을 만한 롤 모델 동료를 알려달라'고 묻는 팀원들을 만납니다. 저는 그때마다 똑똑한 동료보다는 헌신적인 태도 덕분에 관계와 평판이 좋은 사람들을 꼭 지켜보라고 말합니다. 즉, 똑똑한 동료를 롤 모델로 알려줍니다. 헌신적인 태도로 좋은 관계를 구축한 사람들이 결국 어렵고 중요한 일에서 다른 사람들의 헌신적인 도움을 받아 큰 성과를 낼 테니까요.

팀원들에게 공식적으로 피드백할 일이 생기면 헌신적인 태도에 대해서 항상 강조하는 편입니다. 요즘 회사에서는 단순한 성과뿐만 아니라 역량과 태도도 많이 평가하는데요. 저는 공식적 인사 평가에서 헌신적인 팀원의 태도를 협업에 필수적인 역량으로 간주하여 꼭 강점란에 적습니다. 본인 일도 바쁜데 헌신한 것에 감사하다는 말과 함께요.

그렇지 않은 태도를 보이는 팀원들도 분명 있습니다. 그들에게는 헌신적인 태도가 결국 본인에게 더 큰 성과를 가져다준다는, 헌신의 메리트를 알려줘야 합니다.

이들은 혼자만 잘하면 좋은 성과를 낼 수 있다고 생각하는 경우가 많아요. 주니어들은 그럴 수도 있습니다. 업무나 협업의 난이도가 낮은 주니어들은 혼자만의 노력으로 좋은 성과를 낼 수도 있으니까요. 하지만 그런 경험만 있는 주니어가 성장하여 시니어가 된 후에도 이렇게 생각하면 문제가 발생할 수 있습니다.

연차가 쌓일수록 점점 더 어려운 일을 하게 됩니다. 주니어보다 시니어가 훨씬 어려운 일을 하죠. 그리고 어려운 일은 혼자 할 수 없습니다. 그래서 시니어가 될수록 협업의 빈도와 난이도도 높아져요. 개인의 능력으로 성과를 낼 수 있는 주니어와 달리 시니어는 개인 능력뿐 아니라 상대방의 능력도 활용할 수 있어야 성과를 낼 수 있습니다. 그러기 위해서는 팀워크가 반드시 필요합니다.

만약 개인의 성과에 팀워크가 불필요하다고 생각하는 시니어가 있다면, 헌신적이어서 많은 동료의 지원을 받게 된다면 어떨지 상상해보라고 말해주세요. 혼자 풀지 못해 어려운 일들을 훌륭한 동료들의 도움으로 해결하고, 나아가 더 어려운 문제를 풀어 성과를 낼 수 있다는 것을요.

④ 팀원 입장에서 헌신하고 싶은 팀장이 되는 것
우리는 회사의 비즈니스를 위해, 매출과 성장을 위해, 고

객을 위해 일하지만 이것들은 눈에 보이지 않아요. 결국 우리는 눈에 보이는 사람들을 바라보며 이들이 곧 나의 회사이자, 일이자, 하루라고 생각하게 됩니다. 팀장과 동료들이 그런 존재예요. 회사에서 가장 많은 시간을 함께 보내는 사람들이 '나의 하루'가 됩니다.

10년 넘게 일하면서 깨달은 게 있는데요. 저는 '내가 지금 누구를 위해 일하고 있는가'라는 질문이 중요한 사람이라는 것입니다. 머리로는 '고객을 위해 일한다'라고 생각하지만 눈앞에 있는 원대한 비전을 진심으로 이루고자 하는 대표, 나를 믿고 기회를 주었던 팀장, 부족한 나를 믿고 따라준 팀원들을 위해 일하고 있었어요.

그들이 무언가에 가로막혀 힘들어하는 모습을 보면 누가 요구하지 않아도 진심으로 나서서 도와주고 싶었습니다. "좋은 동료가 가장 큰 복지다"라는 말도 이런 맥락에서 나왔다고 확신해요.

여기서 말하는 좋은 동료가 똑똑하기만 한 사람들은 아닐 거예요. 물론 그런 사람들과 일하면 배울 수 있는 것이 많습니다. 하지만 배움이 좋은 동료에게 얻을 수 있는 전부는 아닙니다. 먼저 헌신하며 팀워크에 몰입하는 사람들과 함께 일하다 보면 그런 태도를 먼저 배우게 돼요. 그 태도가 결국 여럿이 힘을 모아 혼자서는 해내지 못하는 큰일을 이루는 경험으로 이어지고요.

제 기준으로는 헌신적인 사람들이 많은 회사가 좋은 회사입니다. 동료들로부터 도움받으며 일할 수 있고, 저 또한 누군가를 도우며 큰일의 일부가 되는 성장도 경험할 수 있기 때문입니다. 결국 "사람을 얻는 사람이 세상을 얻는다"라는 말로 귀결됩니다. 사람의 마음을 얻어 헌신과 몰입을 이끌어내는 리더가 성과를 얻습니다.

그래서 팀원들의 헌신적인 태도를 말하기 전에 팀장 스스로가 '나는 팀원들이 헌신하고 싶어 할 만한 팀장인가' 하고 되돌아볼 필요가 있습니다. 같은 팀의 동료끼리도 영향을 주고받지만, 팀원들의 팀워크에 가장 큰 영향을 미치는 사람은 팀장일 테니까요. 저 또한 그랬고요. 좋은 리더들을 만났을 때 어느 때보다 몰입하고 헌신했습니다. 그래서 함께 일할 때 헌신하고 싶었던 리더들을 떠올리며 자신은 정말 그런 사람인지 되돌아봐야 합니다.

만약 팀장 스스로가 그렇지 못해도 걱정할 필요는 없어요. 팀장이 그렇지 않더라도 팀원들 중에는 기꺼이 헌신하고 싶은 사람이 있을 테니까요. 그렇다면 그 팀원이 중심이 되어 동료들에게 큰 영향을 미칠 수 있도록 도와주세요. 팀장이 팀워크의 중심에 있다면 좋겠지만, 꼭 그렇지 않아도 됩니다. 각자 잘하는 역할은 따로 있고 우리는 팀으로 일하니까요.

첫 직장이었던 P&G부터 최근의 29CM까지 몸담았던 팀에는 팀장이 아니더라도 헌신의 불씨를 마음속에 지닌 팀원이 꼭 한둘씩은 있었습니다. 그들이 팀 내에서 큰 영향력을 발휘하며 헌신적인 팀워크로 발전하는 경우가 많았어요.

작은 불씨에 바람을 불어 큰불로 키우는 것처럼 마음속에 따뜻한 헌신을 품은 팀원이 있다면 많은 동료가 그와 일할 수 있는 기회를 만들어주세요. 그럼 헌신이라는 작은 불씨가 다른 팀원에게도 옮겨 갈 것입니다. 앞서 말했듯 팀워크의 좋은 시작은 내가 먼저 헌신적인 도움과 지원을 받는 것이니까요.

저는 지금까지 네 번 이직했습니다. 이직할 때마다 많은 것을 고민했습니다. 가장 고민되고 망설여지는 경우는 헌신적인 팀을 남겨두고 떠나야 할 때였습니다. 저는 운 좋게도 헌신적인 팀원들과 함께하는 기회가 많았습니다. 불가능해 보였던 많은 일을 그들과 이룬 순간들이 회사로부터 받은 그 어떤 보상보다 컸고, 또 그런 팀과 함께하며 태도와 일과 삶에 대해 많이 배웠어요.

팀워크가 훌륭한 팀을 만드는 길은 길고 험난합니다. 같은 회사에서 일한다는 이유로 낯선 사람들과 같은 목표를 두고 일하며 동료가 되고 서로 헌신할 수 있는 관계가 되기까지는 모두의 노력과 짧지 않은 시간이 필요하니까요. 저 또한 동료들이 이루려는 멋진 일에 동참할 수 있는 방법이 있는지, 내가 헌신할 부분은 무엇인지 먼저 살피고 헤아리지 못하는 날이 훨씬 많아요.

힘들더라도 헌신적인 팀을 만나는 것, 혹은 그런 팀을 만드는 일에는 분명 그만한 가치와 보람이 있습니다. 제 경험상 헌신적인 사람들이 모인 열정적인 팀보다 좋은 보상은 없거든요. 연봉 인상이나 보너스, 회사가 주는 상의 짜릿함과 성취감이 몇 달 혹은 몇 주 만에 사라져버리는 것과 달리 매일 마주치는 헌신적인 팀은 차원이 다른 만족감을 줍니다.

그러니 한번 시도해보세요. 필요한 것은 딱 두 가지입니다. 스포츠 선수들이 팀워크를 위해 그러하듯, 숨이 턱 끝까지 차올라 힘든 상황에서도 동료와 팀을 위해 한 걸음만 더 내딛자는 생각과 행동입니다.

사람은 안 바뀐다는 미신

사람은 고쳐 쓰는 게 아니다?

회사에서 사람 스트레스로 어려움을 겪는 팀장들이 지인에게 하소연하며 가장 많이 하는 말은 "사람은 고쳐 쓰는 게 아니다"일 겁니다. 얼마 전 <백종원의 골목식당>이라는 프로그램에서도 사람은 고쳐 쓰는 게 아니라는 말이 진리라며 화제가 되었습니다. 식당을 엉망으로 운영하는 사장에게 백종원이 성심성의껏 해결책을 제시해줬는데, 그 방법을 지키는 것이 힘들어 얼마 못 가 처음으로 되돌아갔기 때문입니다. 그 모습을 보며 공분한 시청자들이 이 말에 격하게 공감했습니다.

회사에서도 이 말을 심심치 않게 듣습니다. 특히 동료들과 모여 스트레스 받았던 이야기를 쏟아내다 보면 결국 사람은 고쳐 쓰는 게 아니라는 말로 귀결됩니다. 회사에서 겪는 갈등이나 어려움에는 항상 사람이 있는 경우가 많거든요. 대부분의 업무 스트레스는 사람에게서 옵니다. 결국 나를 힘들게 하거나 문제를 일으키는 사람들은 안 변한다, 그래서 힘들다는 말이겠죠.

예전에 접한 한 조사 결과에 따르면 직장인이 퇴사하는 가장 큰 원인은 사람 스트레스 때문이라고 합니다. 팀장들은 이런 스트레스를 더 많이 받습니다. 저도 예전에는 팀장들이 받는 사람 스트레스를 미처 헤아리지 못했습니다. 조직 구조의 가장 밑에 있는 평범한 팀원들이 가장 힘들 줄 알았어요. 스트레스가 사람에게서 온다면, 사람들로 형성된 구조의 맨 마지막에는 일반 팀원들이 있으니까요.

하지만 팀장이 되어 보니 중간 관리자인 팀장이 받는 사람 스트레스와는 비교하기 힘들었습니다. 팀장은 중간 관리자로서 경영진과 팀원들 사이에 끼어 여러 사람과 함께 일해야 하니까요. 더 많은 사람과 일하니 그만큼 이상한 사람을 만날 확률도 높습니다. 경영진에서 아래로 흐르는 불만과, 팀원에서 위로 향하는 불만이 팀장에서 만나 격렬한 내적 스트레스로 번지기도 하고요. 그래서 동네북이 될 때도 많아요. 여기저기 많은 사람에게 불려 다니다 하루가 허무하게 끝나버리기도 합니다.

저는 "이걸 왜 제가 해야 돼요?"라는 말을 많이 하는 팀원들과 일할 때 스트레스를 받았습니다. 이런 질문들은 실제로 이 일이 중요한지, 성과나 효율이 있을지 다시 점검하는 좋은 계기가 되지만 모든 일에서 반복되면 팀장도 지칩니다. 회사의 모든 일을 꼭 합리적이고 논리적인 이유만으로 설명할 수 있는 것은 아닙니다. 일의 이유를 묻는 것은 바람직하지만, 완벽한 무결점 논리의 업무 요청을 기대하는 것은 팀장을 여간 어렵게 만드는 일이 아닙니다.

"문제는 알겠는데, 일단 한번 해보죠"라는 말을 많이 하는 경영진과 일할 때도 힘들었습니다. 추진력이 강한 사람과 일하면 배울 수 있는 점이 많지만, 해야 하는 일의 리스크나 더 나은 방향을 제시하려 해도 답정너처럼 반응하는 경영진을 접하면 불필요한 에너지 소비와 시행착오가 많아지기도 합니다. 더 나은 의견을 말해도 매번 같은 결론만 돌아오면 팀장도 입을 다물게 돼요. 이런 일들이 반복되면 팀장은 상사와의 대화를 피하고 싶고, 대화 후에는 힘들게 붙들고 있던 의욕마저 잃은 채 자리로 돌아오기 일쑤예요.

제가 받았던 스트레스를 생각하며 사람은 고쳐 쓰는 게 아니라는 말을 들으면 한편으로는 고개가 끄덕여집니다. 하지만 한번 더 생각해보면 참 무서운 말입니다. '나도 아직 부족한 점이 많은데 고쳐지지 않으려나? 사람은 정말 바뀌지 않을까?' 하며 걱정되거든요.

　이 말이 힘들어서 가끔 하는 푸념 정도라면 웃고 넘길 수 있지만, 나에게도 해당된다고 생각하면 정신이 번쩍 듭니다. 그래서 저의 과거를 떠올려보게 됩니다. 부족했던 나의 모습이 정말 지금까지 고쳐지지 않았나 하는 걱정이 들어서요.

나는 고쳐졌다

　결론부터 말하자면, 저는 고쳐졌습니다. 예전에는 자주 초조해하고, 소통에 서툴고, 성급하게 결론 내리는 팀장이었는데, 지금까지 팀에 큰 문제를 일으키지 않고 나름 괜찮은 평가를 받으며 여러 회사를 10년 넘게 다닌 것을 보면요.

　그 과정에는 제가 고쳐질 수 있도록 피드백을 아끼지 않은 팀원들과 모범이 되어준 리더들이 있었습니다. 10년 동안 겪은 시행착오와 나이 들면서 자연스럽게 변하는 생각과 가치관 또한 계기가 되었고요.

　저는 29번째 생일 즈음에 처음 팀장이 되었습니다. 29세라니, 지금 돌이켜보면 참 어렸습니다. 그전까지 팀장 비슷한 경험조차 없었던 저는 생각과 행동이 미숙했어요. 처음 팀장 역할을 하느라 바보 같아 보이기 싫어 능숙한 척 연기한 적도 많습니다. 팀원들 앞에서 부족한 부분을 열심히 감추려고 했죠. 팀장으로서 처음 마주하는 당황스러운 상황에도 익숙하고 태연한 척했고, 모르는 것이 있어 팀원들의 도움이 필요한 순간에도 적당히 아는 척하며 넘어간 적도 많습니다.

타고난 성격이라도 밝고 긍정적이었다면 다행이었을 텐데, 천성이 무신경하고 냉정했어요. 팀원들이 바쁜 업무와 난이도 높은 프로젝트로 힘들어한다는 것을 알았지만, '원래 일은 힘든 거지'라고 합리화하며 모른 척하고 일을 진행한 적도 많습니다. 팀원들의 생각은 헤아리지 않은 채 나의 의견과 피드백만 잔뜩 주고 내 생각대로 행동하기만을 바라기도 했어요. 팀원들의 사기나 팀워크를 생각하기보다는 당장 성과를 내기 위한 일들에 집중했습니다.

지금 생각하면 같이 일하기 힘든 팀장이었습니다. 그때 싫은 소리 안 하며 제가 팀장으로서 경험치를 쌓을 수 있게 해준 당시 팀원들이 아직까지도 고마울 따름입니다.

이렇게 어설펐던 저는 시간이 지나 P&G에서 수차례 성과 우수상을 받았습니다. 스타트업으로 이직한 후에는 올해의 리더로 뽑히기도 하고, 리더십을 인정받아 팀장에서 디렉터로 승진하기도 했어요. 힘들다고 찾아와 회사 생활에 대한 조언을 구하는 동료도 많아졌고, 그때마다 기쁜 마음으로 제 경험을 나누기도 합니다. 그리고 지금은 이렇게 팀장에 대한 글을 쓰고 있습니다. 부족했던 어린 팀장은 몇 번의 계기를 통해 조금씩 고쳐졌습니다.

① 오답을 깨달으며 고쳐졌다

먼저 저의 행동이라는 인풋이 만드는 아웃풋을 보면서 오답을 깨달았습니다. 상대방의 의견을 경청하지 않아 충분히 합의되지 않았던 결정들, 만장일치를 위해 지나치게 시간을 끌었던 프로젝트들, 상대의 감정을 헤아리지 못하고 옳고 그름만 따졌던 피드백들이 가장 먼저 떠오르는 오답입니다.

이 과정에서 많은 사람에게 영향을 미치는 팀장은 더 신중하고 꼼꼼하게 판단하고 행동해야 한다는 것, 나의 성공 경험이 지금은 틀릴 수 있고 팀원들의 의견을 내 생각만큼 경청해야 한다는 것, 피드백이 생각처럼 전달되기 위해서는 감정과 공감 또한 중요하다는 교훈들을 깨달았습니다. 지금 생각하면 너무나 당연한 것들이죠. 그나마 오답을 알고는 자연스럽게 행동을 바꾸게 되었습니다.

오답을 명확하게 알아가는 데는 팀원들의 피드백도 큰 도움이 되었습니다. 팀장 주위에 좋은 팀원들이 있다면, 팀원의 성장을 위해 팀장이 피드백에 고심하듯 팀원들도 분명하게 피드백합니다. 팀장의 성장을 위해서라도 서로에게 편하고 솔직하게 피드백할 수 있는 팀 문화가 중요한 이유입니다.

길을 건널 때 부주의하여 몇 번 사고를 당하면 다음부터는 누가 말하지 않아도 자연스럽게 건널목 주위를 잘 살피고, 뛰지 않고, 조심하게 됩니다. 저 또한 마찬가지입니다. 시행착오를 통해 오답을 깨달으면서 자연스럽게 행동을 고치고 주의했습니다.

그래서 실수를 줄이고, 더 깊게 고민하고, 일하기 전에 상대방의 마음과 감정을 먼저 헤아리기 위해 노력합니다. 몇 번의 사고를 통해 이것들이 중요하다는 사실을 확실히 깨달았으니까요. 시행착오는 팀장이 고쳐지는 가장 직접적인 계기 중 하나입니다. 물론 사고를 겪지 않고 현명하게 건널목을 건너면 가장 좋겠지만요.

② 생각이 바뀌면서 고쳐졌다

29세에 팀장이 된 후 몇 번의 인생 변곡점을 거쳤습니다. 외국계 대기업에서 스타트업으로 이직했고, 그 사이에 결혼도 하고 아이도 생겼어요. 나이를 먹고, 결혼을 하고, 아이를 키우면서 가치관이 많이 변했습니다. 오랜만에 만난 지인들이 "내가 알던 그 사람이 맞아요?"라고 물어볼 정도로요.

가장 많이 변한 가치관은 '돌보다'에 대한 것입니다. 육아를 하기 전에는 '팀원들을 잘 돌보라'는 말의 뜻을 깊게 헤아리지 못했습니다. 그저 너무 힘들어하지 않도록 해라, 팀원들에게 스트레스를 주지 마라 정도의 의미로 이해했어요. 하지만 아이를 키우면서 돌봄의 의미를 조금씩 알아가고 있습니다. 돌보는 일에는 무탈하게 챙긴다는 의미뿐만 아니라 스스로 더 큰일을 할 수 있도록 도우라는 뜻이 있다는 것을요.

아이가 자랄 때 기저귀를 뗄 엄두가 나지 않았습니다. 말이 안 통하는 아이에게 가르쳐야 할 것이 많고, 그에 따른 부모의 인내도 필요합니다. 아이가 옷이나 침대에 실수를 하면 치우는 고생 또한 배로 들고요. 기저귀를 떼는 것보다 자주 갈아주는 게 훨씬 쉽겠다는 생각이 절로 듭니다.

하지만 수 개월의 노력 끝에 아이가 기저귀를 떼고 나면 모두에게 새로운 세상이 펼쳐집니다. 아이도 기저귀를 벗어 편하고, 부모도 매번 기저귀를 챙겨 다니거나 갈아줄 필요가 없으니 훨씬 편해져요.

기저귀뿐만이 아니에요. 아이에게 무언가를 처음 가르칠 때는 아이와 부모 모두에게 큰 노력과 시행착오가 필요합니다. 하지만 노력 끝에 아이가 배우고 나면 아이와 부모 모두가 성장합니다.

스타트업에서 일하며 대학을 갓 졸업한 팀원을 많이 만났습니다. 대학생 같은 팀원들은 처음에는 손이 많이 가요. 기본적인 것부터 가르쳐야 하는 경우도 많고, 처음 해봐서 어려워하는 일도 많습니다. 그래서 힘든 프로젝트도 해내는 팀원으로 성장하는 데 동료들의 도움과 시간이 다른 사람들보다 더 필요하기도 합니다.

하지만 결국 저도 잘해내지 못하는 힘든 프로젝트를 척척 해내는 멋진 인재로 성장하는 어린 팀원들을 보면서 깨달았습니다. 아이가 무언가를 배우고 성장하는 데 시간이 필요한 것처럼, 어떤 팀원들도 그에 따른 시간이 필요하다는 것을요. 이 또한 팀원들이 팀장보다 크게 성장해야 결국 팀장과 팀이 잘된다는 '너잘내잘' 원칙입니다.

③ 롤 모델을 만나면서 고쳐졌다

스스로를 고칠 수 있었던 가장 좋은 계기는 롤 모델을 만난 것이었습니다. 보고 배울 수 있는 좋은 사람들과 함께 일하는 것이 가장 큰 복지라는 '최복동(최고의 복지는 동료다)'이라는 말이 많은 사람의 공감을 받으며 유행한 것을 보면, 다들 저와 비슷하게 생각하는 듯합니다.

지금까지 일하면서 저의 단점을 메워주는 동료들을 많이 만났습니다. 저의 단점을 강점으로 지닌 팀원들과 함께 일하면 단점을 어떻게 보완할지 배울 수 있습니다. 태도나 마음가짐은 직접 보고 느끼지 못하면 배우기 힘듭니다. 하지만 그것을 지닌 사람들 옆에 있으면 조금씩 배울 수 있어요.

훌륭한 리더들과 함께 일하면서도 많이 배웠습니다. P&G

에서 만난 리더들에게서는 효율적으로 일하며 복잡한 문제를 풀어가는 법을 배웠습니다. 그들은 항상 '우선순위'와 '투자'를 강조했어요. 가장 큰 임팩트를 낼 수 있는 큰 문제, 우선순위가 높은 문제가 무엇인지 고민하고, 해결에 필요한 자원을 확보하기 위해 애썼습니다. 마치 창업가들이 투자자들에게서 투자를 받아 오는 것처럼요. 그렇게 문제를 풀어내는 리더들을 보면서 저도 문제를 풀기 전에 우선순위를 명확히 정하고, 이를 해결할 자원을 어떻게 확보할지 고민했습니다.

문제가 풀리지 않으면 근본적인 지점으로 돌아가는 법도 배웠어요. 누군가를 탓하는 것이 아니라요. 대부분의 경우 근본적인 지점은 고객인 경우가 많았습니다. 제가 만난 훌륭한 리더들은 풀리지 않는 문제가 있으면 팀원들을 모아 고객에 대해 깊이 생각하게 만들었습니다. "우리의 상사는 소비자다 Consumer is our boss"라는 말과 함께요. 지금도 저는 풀리지 않는 문제가 있으면 가장 근본적인 고객의 관점으로 돌아가려고 노력합니다.

스타트업에서 만난 리더들을 통해서는 담대한 비전을 세우고 팀원들의 공감과 몰입을 이끌어내는 법을 배웠습니다. 사람이 부족한 스타트업에서 무엇보다 중요한 것은 힘든 일을 함께할 동료였고, 제가 만난 훌륭한 리더들은 항상 따르고 싶은 멋진 비전을 만들고 동료들을 이끌었습니다.

저도 그 비전의 일부가 되어 몰입하며 일한 경험이 많기 때문에 리더가 말하는 멋진 비전이 중요하다는 것을 깨달았습니다. 직원들에게 내세울 것 없는 작은 스타트업일수록 더욱 그렇습니다.

위기가 왔을 때 숫자보다 사람을 구해야 한다는 것도 배웠습니다. 그러기 위해서는 관계가 중요하다는 것도요. 스타트업에서 일하며 크고 작은 위기들을 맞았어요. 회사가 큰 비난의 대상이 되기도 했고, 시스템 오류로 고객들에게 큰 불편을 주기도 했습니다.

그때마다 좋은 리더들은 사람을 먼저 구했어요. 문제를 사람 탓으로 돌리지 않고, 그럴 수밖에 없었던 환경과 프로세스를 정비하며 팀원들과 재도약을 준비했습니다. 그래서 저도 문제가 생기면 사람보다 환경을 먼저 살핍니다.

이런 리더들을 만나면서 좋은 행동이나 생각을 모방하려고 노력했습니다. 롤 모델이 될 만한 리더들과 일한 경험은 저의 역량뿐만 아니라 가치관에도 큰 영향을 주었습니다.

저는 앞서 소개한 계기를 통해 조금씩 변할 수 있었습니다. 주위에 바뀌지 않는 사람이 있다면, 혹시 그들에게 이런 기회가 없지 않았을까 생각해볼 일입니다. 모든 사람에게 기회가 주어지는 것은 아니니까요.

큰 시행착오를 겪고, 나이 들면서 자연스럽게 생각과 가치관이 변하고, 눈앞에서 보고 배울 수 있는 롤 모델을 만났다면 누구든 충분히 바뀔 수 있지 않았을까요? '저 사람은 변하지 않을 거야'라는 생각은 섣부를 수 있습니다.

팀원들도 고쳐졌다

같이 일했던 팀원이나 동료들이 바뀌는 모습도 많이 목격했습니다. 여러분도 주위의 평범했던 직원이 일잘러가 되거나, 제 몫이나 제대로 할 수 있을까 걱정했던 신입 후배가 몇 년 후 다른 후배들을 멋지게 이끄는 어엿한 프로가 된 모습을 본 적 있을 거예요.

팀장들이 가장 많이 고민하는 팀원의 유형은 크게 두 가지입니다. 어떤 상황에서 성과를 잘 내지 못하는 저성과자와, 어디를 가든 문제를 일으키는 트러블 메이커입니다. 저는 저성과자나 트러블 메이커 팀원이 고쳐지는 모습도 많이 목격했어요.

① 저성과자 팀원
저성과자 팀원의 대표적인 사례는 역량과 직무가 잘 연결

되지 않는 경우입니다. 이때 팀원이 역량을 잘 발휘할 수 있도록 직무를 변경하면 더 좋은 성과를 낼 수 있습니다.

영업 부서에 성격과 대인관계 스킬이 좋은 동료가 있었는데 특유의 배려심 넘치는 성격 때문에 성과를 잘 내지 못했다고 해요. 그래서 상사와도 종종 트러블을 겪었다고 합니다. 이런 동료가 처음 만들어진 팀의 첫 번째 팀원이 되었고, 특유의 배려심과 대인관계 스킬을 활용해 많은 동료의 적응을 돕고, 영업 현장에서의 경험을 살려 경쟁력 있는 매니저가 되는 모습을 옆에서 지켜본 적이 있습니다. 사람은 그대로이고 팀만 바뀌었을 뿐인데, 큰 영향력을 발휘하는 팀원이 되었어요.

팀원이 저성과자가 되는 또 다른 원인은 자신감 부족 때문일 수도 있습니다. 팀에 합류한 초기의 성과가 어떤 이유로든 부진하면 누구든 위축될 수 있으니까요. 자신감이 위축되면 평소 같으면 하지 않을 실수를 하게 됩니다. 초조함 때문에 체계적인 분석 과정에서 판단을 건너뛰거나 잘못하는 경우도 있을 거예요.

마음이 위축되면 일잘러라도 본인의 역량을 십분 발휘하지 못할 것입니다. 이런 팀원이 있다면 작은 미션에서부터 성공을 거두는 경험을 만들어줄 필요가 있습니다. 작은 부분이라도 성공을 경험하면 자신감을 찾을 수 있으니까요.

쉽게 시도할 수 있는 방법은 큰 업무를 여러 부분으로 나누어 부분적인 성공을 만들어가는 것입니다. 요즘 마케터들은 A/B 테스트를 많이 하는데요. 한두 가지의 합리적인 가설을 모아 결과를 비교할 수 있는 형태로 실행하면서 참에 가까운 가설을 찾아나가는 방식입니다. 저는 팀원들에게 A/B 테스트를 통해 작더라도 성공을 경험하도록 독려합니다. 소액으로 쉽게 테스트할 수 있는 경우가 많아 비교적 안전하고, 한 번에 큰 성과를 만드는 것이 아니라 단계별로 나누어 접근하니 저성과자 팀원들이 작은 성공을 경험하기 좋습니다.

팀원이 잘할 수 있는 영역에 집중하도록 하는 것도 좋은 방법입니다. 전체 업무에서 스스로 잘할 수 있는 부분에 집중하고, 그중 경험이 부족한 부분이 있다면 팀장이나 동료들의 도움을 받게 해주는 것이죠. 본인이 잘할 수 있는 영역에서 작은 성과를 만들 수 있다면 금세 자신감을 찾고 부족한 부분까지 학습할 거예요. 학습에도 자신감이 필요하니까요.

팀원이 실수를 많이 하면 많은 팀장이 저성과자라고 생각합니다. 하지만 실수가 발생했을 때 개인 실력에 문제가 있다고 바로 결론 내리기보다는, 프로세스나 매뉴얼 같은 환경에 문제가 있는지 살펴볼 필요가 있습니다. 누가 그 일을 하더라도 실수할 수 있다면 프로세스나 환경 자체에 문제가 있을 수 있으니까요. 프로세스에 문제가 있거나, 예방할 수 있는 매뉴얼이 없다면 개인의 역량 부족을 말하기 전에 그것을 보완할 필요가 있습니다. 이렇게 환경을 손보면 실수가 줄어들어 금세 성과를 내는 팀원이 많았어요.

② 트러블 메이커

저성과자 팀원이 역량과 직무 연결의 문제였다면, 트러블 메이커 팀원과 관련해서는 성향과 역할이 잘 연결되었는지를 살펴볼 필요가 있습니다. 팀원의 성향과 맡은 역할이 잘 연결되지 않으면 자연스럽게 갈등이 발생하니까요. 이때 성향과 잘 맞게 역할을 변경해주면 갈등이 절로 해결되는 경우가 많았습니다.

성향이 꼼꼼하고 신중하다면 과감하고 도전적인 역할에 잘 맞지 않을 거예요. 그럼 개인이 힘들어하는 것도 문제지만 같이 일하는 동료들도 "저 사람은 왜 저러지"라고 말할 수 있습니다. 그런 뉘앙스의 말과 태도를 당사자가 인식하면 트러블이 발생합니다. 이런 문제가 발생할 때 빠르게 개입하여 역할을 조정하면 해결할 수 있었어요. 성향 자체의 문제라기보다는 역할과 구조의 문제인 경우가 많으니까요.

담당 업무의 난이도가 너무 높아 팀원이 극도로 긴장한 상태라면 이 또한 갈등의 씨앗이 됩니다. 업무의 난이도가 본인의 역량보다 높은데 지원이나 도움이 없다면 팀원은 무척 긴장하게 됩니다.

일을 잘하던 팀원에게 성장에 도움이 될 만한 도전적인 미션을 주었는데 갑자기 트러블 메이커가 되었다면 이런 상황일 확률이 높습니다. 보통 어려운 미션은 일 잘하는 팀원에게 주어지기 때문입니다. 일 잘하는 팀원은 힘든 미션이 주어져도 본인의 평판을 지키기 위해 어떻게든 스스로 해보려 하고 부담을 가지는 경우가 많아요.

이런 긴장이 계속되면 팀원 스스로 주위를 둘러볼 여유가 없어집니다. 자연스럽게 평소와 다름없는 동료들과의 대화나 질문에도 예민하게 반응하게 돼요. 특히 주위 동료들의 작은 실수가 본인의 저조한 성과로 연결될 수 있다는 생각에 사로잡혀 날카로워집니다.

이런 상태에서는 일잘러도 한순간에 트러블 메이커가 됩니다. 동료들의 입에서 "저 사람 갑자기 왜 저래"라는 말이 나올 거예요. 일잘러들은 알아서 잘하니 오히려 크게 신경 쓰지 않는 팀장도 많은데요. 이들과도 자주 만나서 힘든 점이 있는지, 도움이 필요한 부분이 있는지 계속 묻고 확인해야 하는 이유가 여기에 있습니다.

서로가 당연하다고 생각하는 업무 방식이 다른 경우에도 갈등이 발생합니다. 특히 자주 협업해야 하는 상황이라면 더 크게 충돌할 수 있습니다. 이런 경우 서로 구체적으로 무엇을 당연하게 생각하는지 맞춰보면 생각보다 쉽게 문제를 풀 수 있습니다.

예를 들어 대기업에서만 일해본 사람이 스타트업에서만 일해본 사람과 일한다면 서로를 이해하지 못할 것입니다. 아마 바로 "저 사람은 왜 저래"라는 말이 나올 거예요. 누군가는 동료들 사이의 합의가 먼저라고 생각하고, 다른 누군가는 상사의 피드백과 승인이 먼저라고 생각하면 갈등이 생깁니다. 누군가는 논거가 충분히 확인된 이후에 실행하고, 다른 누군가는 논거를 충분히 확보하기 위해 실행할 수도 있습니다. 이들이 일하는 방식을 합의하지 않고 일을 시작하면 갈등이 생깁니다.

저도 처음에는 팀원들의 세부적인 협업 방식에는 크게 개입하려 하지 않았어요. 지금도 그런 편이고요. 팀원들의 자율성을 존중해주고 싶기 때문입니다. 하지만 갈등을 지켜볼 때마다 '이래서 공동의 태도나 원칙이 중요하구나'라고 깨닫습니다.

프로세스나 원칙에 알레르기가 있는 사람이 많지만, 갈등 없이 일하기 위해서는 최소한의 프로세스와 원칙에 합의해야 해요. 갈등하는 양쪽이 말하는 문제를 잘 들어보면 당연하다고 생각한 업무 원칙과 프로세스가 달라서 발생한 문제가 많았으니까요. 너무나 당연하다고 생각하는 것은 가까운 동료들끼리도 구체적으로 말하지 않을 때가 많습니다.

이때 서로 깊이 이야기하고 합의할 수 있는 방향으로 업무를 정리하고, 합의되지 않는 부분은 팀장이 정해주면 좋습니다. 이렇게 하면 큰 갈등으로 번지기 전에 팀원들이 서로 "저 사람은 왜 저래"라고 말하는 상황을 예방할 수 있어요.

서로의 역할에 대한 이해가 달라 발생하는 갈등도 많습니다. 누군가는 본인의 역할을 주어진 것보다 크게 생각하고, 누군가는 작게 생각합니다. 이 두 사람이 일해도 "저 사람은 왜 저래"라는 말이 나오게 됩니다. 본인의 역할이 주어진 것보다 크다고 생각하는 사람들은 평범한 상황에도 '저 사람은 왜 나의 영역을 침범하지?'라고 생각해요. 상대방은 단순히 본인의 일을 한 것인데 상대가 본인의 역할을 침해한 거라 여기거든요. 동시에 그들은 본인의 역할을 작게 생각하는 사람들을 보면서 '저 사람은 왜 열심히 하지 않지?'라고 생각하게 됩니다. 이들의 눈에는 본인의 역할에 충실하지 않은 사람들로 보일 테니까요. 이런 상황에서 협업이 진행되면 갈등을 피할 수 없습니다.

당연하다고 생각하는 업무 방식을 합의하여 정하듯이, 당연해 보이는 역할과 관련해서도 구체적으로 이야기를 나누면 갈등을 예방할 수 있습니다. 팀장이 큰 틀의 역할 범위를 정하고, 같이 일하는 동료들이 세부적인 부분을 논의하여 정하게 하면 좋습니다.

되돌아보면 저도 바뀌었고 팀원들도 바뀌었어요. 결국 우리 모두 성장했다는 의미일 것입니다. 성장을 위해서는 배움과 경험이 필요해요. 배움을 위해서는 시행착오와 롤 모델이, 경험을 위해서는 스스로 문제를 찾고 해결하도록 해주는 도움이 필요합니다. 이런 것들이 있다면 누구나 성장할 수 있지 않을까요? 저와 제가 목격한 팀원들이 그랬던 것처럼요.

확실한 것은 사람은 변하고 성장할 수 있다는 것입니다. 그중 일부는 아주 빠르고 높게 성장합니다. 특히 스타트업에서 성장 욕구가 강한 팀원을 많이 만났는데요. 본인의 부족함을 파악하고 개선하는 동시에 조금씩 난이도 높은 업무에 도전하여 경험하고 배우려 하는 팀원이 많았습니다.

그럼에도 불구하고 오늘도 몇 번이나 사람은 고쳐 쓰는 게 아니라는 말을 들었습니다. 이 말이 계속 들리는 것은 결국 고쳐지지 않는 단점이나 사람이 있기 때문이겠죠. 그러니 "고쳐지지 않는 부분도 있다. 그리고 고쳐지지 않는 사람도 있다"라는 표현이 더 적절해 보입니다.

고쳐지지 않는 부분도 있다

수십 년 동안 각자의 방법으로 살다 회사에서 만났으니 쉽게 변하지 않는 것은 어떻게 보면 당연합니다. 많은 연구 결과에 따르면 사람의 성향은 선천적인 것과 후천적인 것이 반반인데, 선천적 요소는 특히 잘 바뀌지 않는다고 해요. 당장 저를 돌아봐도 잘 고쳐지지 않는 부분이 있습니다. 회사 생활을 하면서 매년 똑같은 피드백을 받고 있는데요. 잘 알고 있지만 생각처럼 고쳐지지 않습니다.

저는 특히 잘 바뀌지 않는 것이 있다고 생각하는데요. 바로 감정입니다. 사람의 감정은 잘 고쳐지지 않습니다. 켜켜이 누적된 갈등, 그로 인한 트라우마 등은 논리적이고 이성적인 조치로 쉽게 해결되지 않습니다. 불안과 공포, 두려움이나 불신이라는 감정을 느끼는 사람들에게 그 감정을 떨치라고 한들 더 강하게 떠오를 뿐이에요.

물론 그런 감정과 트라우마가 생기기 전에 해소하면 가장 좋겠지만 여러 팀원과 함께하는 팀장 입장에서 모두의 감정을 하나하나 헤아리기 힘든 경우도 많아요. 팀이나 회사 밖에서 부정적인 감정이나 트라우마가 생겼을 수도 있고요.

저는 자신과 상대방에게 '부정적인 감정이 존재할 수 있다'고 인정하고 협업하는 것이 중요하다고 믿습니다. 누군가의 부정적인 감정을 부정하거나 모른 척하지 않고 감정 그대로를 인정하는 것입니다.

그리고 서로의 발작 버튼, 눈물 버튼, 트라우마 버튼을 누르지 않게 조심해야 합니다. 이런 버튼은 보통 특정 상황이나 인물에 대한 부정적 감정인 경우가 많습니다. 불편한 상황이나 껄끄러운 인물을 피하고 싶은데 그러기 힘들어지면 부정적인 반응이 튀어나옵니다.

그래서 같이 일할 때 서로의 트라우마 버튼을 누르지 않도록 조심하고, 버튼 근처를 지나가야 한다면 평소보다 섬세하게 소통할 필요가 있습니다. 업무 특성상 어쩔 수 없이 트라우마 버튼이 자주 눌린다면, 팀원의 업무를 조정하는 것도 좋은 방법입니다. 서로 조심해서 좋은 경험과 신뢰 관계를 쌓으면 부정적 감정이 조금씩 해소되고 새로운 감정이 자리할 수도 있습니다.

저는 팀원들에게 항상 상대방에게 선한 의도가 있다고 믿고 협업하라고 말합니다. 안 좋은 감정이 쌓인 채로 계속 일하다 보면 그 감정이 커질 수밖에 없어요. 이때는 부정적인 감정을 긍정적인 감정으로 바꾸기 위한 전환점이 필요한데, 누군가가 전환점을 만들어주면 좋겠지만 그렇지 않다면 스스로 만드는 수밖에 없습니다.

감정의 전환점은 본인이 상대방을 먼저 믿음으로써 만들 수 있습니다. 상대방이 나에게 어떤 말을 할 때 나와 회사를 위해 선한 의도로 하는 이야기라고 가정하는 것이죠. 사실 이런 태도는 트라우마 버튼이 있는 사람뿐만 아니라 대부분의 직장인에게도 도움이 됩니다.

누군가는 프로답게 일해야 하는 회사에서 상대방의 감정을 왜 헤아려야 하는지 이해하지 못하기도 합니다. 트라우마를 가진 사람이 잘못되었다면서요. 어떤 사람들은 감정적으로 행동하는 동료를 일방적으로 비난합니다. 팀원이 감정적으로 행동하면 그러면 안 된다고 다그치는 팀장들이 대부분이겠지요. 하지만 이러한 대응은 적절하지 않습니다. 사람의 감정은 옳고 그름으로 판단하기 힘들어요. 물론 이성적으로만 생각하면 회사에 개인적 감정이 개입하면 안 된다는 말이 이해됩니다. 하지만 감정을 쉽게 좌지우지할 수 없다는 것을 우리 모두 알고 있습니다.

감정은 행동을 불러일으킵니다. 좋은 행동이든 나쁜 행동이든 결국 감정이 강한 행동을 만들어냅니다. 동기부여, 몰입, 그릿Grit 같은 유명한 용어도 감정을 나타냅니다. 우리는 긍정적인 감정은 권장하는 반면, 부정적인 감정은 부정하는 경향이 있습니다. 감정 중에는 옳은 감정과 그른 감정이 있다고 생각하기도 하고요. 하지만 그렇지 않아요. 자괴감이나 열등감이 강한 동기를 부여하기도 하고, 과도한 즐거움과 유쾌함이 실수나 무례한 행동으로 이어지기도 합니다. 옳고 그름과 상관없이 결국 감정이 사람을 행동하게 만듭니다.

누군가를 따르고 싶거나 믿고 신뢰하고 싶다는 생각 또한 이성이 아니라 감정입니다. 감정마저도 옳고 그름, 틀린 것과 맞는 것으로 구분하는 사람들은 감정 때문에 울고 웃는 직장인들을 영원히 이해하지 못할 것입니다. 저 또한 두렵고 불안한 감정을 헤아려주지 않는 리더와는 함께 일하고 싶지 않아요. 불안을 풀어주고 자신감을 불어넣어주는 리더와 함께하고 싶죠.

사람의 감정에 옳고 그름이 있다고 생각하는 리더는 감정 때문에 힘들어하거나 몰입하는 팀원들의 마음을 영영 움직이지 못할 것입니다. 다시 한번 말하지만 동기부여나 몰입도 이성이 아니라 감정이 만들어내니까요. 상대방의 감정을 헤아리며 일하는 것이 중요한 이유가 여기에 있습니다.

고쳐지지 않는 사람도 있다

걷는 사람을 달리게 만들고, 달리는 사람이 날 수 있도록 도와주는 것은 생각보다 쉽지만, 멈춰 있는 사람을 움직이게 하기란 여간 어려운 것이 아닙니다. 많은 팀원을 만났지만 그중에는 바뀌고자 하는 의지가 없어 꿈쩍도 하지 않는 팀원도 있었습니다. 사실 이런 팀원을 보면 저도 이런 생각을 하게 됩니다. 고쳐지지 않는 사람'도' 있구나.

이런 팀원이 있다면 스스로 바뀌고 싶은 동기가 생기도록 하는 것이 중요합니다. 그러려면 그 팀원이 무엇을 원하는지 먼저 파악해야 해요. 회사에서, 커리어에서, 삶에서 무엇을 원하고 추구하는지 이해할 필요가 있습니다. 회사나 커리어에서 바라는 것이 있고 변화가 필요하다면, 그 변화로 팀원이 얻을 혜택에 집중하여 먼저 변화가 필요하다고 설득해야 합니다.

일단 변화에 대한 동기를 설득하면 롤 모델로 따라 할 만한 동료를 찾아주는 것이 좋습니다. 구체적으로 어떤 모습을 따라 하면 좋을지에 대한 생각과 함께요. 누군가는 팀원들을 비교하면 안 된다고 하지만 저는 팀원들이 보고 배울 행동을 하는 동료가 있다면 적극적으로 알려주는 편입니다. 제가 롤 모델을 관찰하고 모방하여 스스로 변한 것처럼, 변화를 결심한 팀원이 빠르고 구체적으로 행동을 교정할 수 있도록 도와주고 싶거든요.

아주 작은 미션부터 함께해보자고 독려하는 것도 도움이 되었습니다. 팀 내에서 연차는 가장 높았지만 리더십이 아쉬운 팀원에게는 다른 팀원들의 불편을 파악하고 팀 전체의 다과 시간이나 회식을 준비하는 작은 일부터 해보도록 요청하기도 했습니다. 몇몇 동료를 마니또처럼 지정해주고, 먼저 다가가 고충을 들어보고 그들을 대신해 팀장에게 건의하는 것과 같은 비밀 미션을 주기도 했어요.

그럼에도 불구하고 바뀌어야겠다고 마음먹지 않는 팀원도 있습니다. 아마 여러분도 분명 한 번은 만나게 될 거예요. 사람들은 생각보다 다양한 동기로 회사에 다니거든요. 그저 잘리지만 않고 적당히 일하며 눈에 띄지 않은 채 출퇴근하는 데 만족하는 사람도 있습니다. 이런 동료들은 고쳐야 하는 부분이 무엇인지 알고 있지만 결심하지 않아요.

안타까운 이야기이지만 팀장은 이들에게 많은 에너지와 시간을 쓰면 안 됩니다. 모든 사람이 똑같이 열정적이고, 성장 지향적이고, 동기부여를 할 수 있는 것은 아니니까요. 팀장의 시간 또한 한정적이므로 강한 열정과 의지로 성장하고자 하는 팀원들에게 시간과 에너지를 쓰는 것이 팀 전체로 봤을 때도 훨씬 이득입니다. 팀장의 개인적인 보람 또한 훨씬 클 것이고요.

움직이려 하지 않는 팀원에게는 점점 한정적인 역할을 부여할 수밖에 없습니다. 회사와 팀과 동료들이 다 같이 성장하며 변화하고 있는데 혼자만 가만히 있겠다는 팀원이니까요.

일하다 보면 잘 고쳐지지 않는 부분도 있고, 끝내 고쳐지지 않는 사람도 있습니다. 그래도 함께 고쳐보자는 믿음과 도전은 중요해요. 대부분의 경우 올바른 환경과 충분한 지원만 주어지면 스스로를 고쳐내는 경우가 많았습니다. 팀원을 믿고 같이 고민하고 도움을 주고 시간을 들여 기다려보세요. 사람마다 조금씩 다르겠지만 성장에는 시간이 필요하니까요.

저는 김난도 교수의 『아프니까 청춘이다』라는 책을 감명 깊게 읽었습니다. 그 책에는 이런 말이 나와요.

> "꽃은 모두 다른 계절에 핀다. 그대라는 꽃이 피는 계절은 따로 있다. 각자 그 계절을 준비하자."

저도 그렇게 생각하는 리더와 함께 일하기를 바랍니다. 나라는 꽃은 어떤 계절에 필 수 있는지, 어떻게 하면 더 활짝 필 수 있는지를 고민해주고, 변화와 성장을 위한 조언과 기다림을 주고, 결국 성장하는 저의 모습을 지켜봐줄 리더요. 앞으로 만나는 리더들이 저의 부족함이 고쳐질 수 있다고 믿으면 좋겠습니다.

저 또한 앞으로 함께할 팀원들에게 그런 팀장이 되고 싶어요. 꽃마다 각자 피는 계절이 따로 있다는 것을 아는 팀장이요. 팀원이라는 꽃이 활짝 피지 않을 때는 보통 씨앗 자체에 문제가 있기보다는 씨앗이 심겨진 흙과 수분에 문제가 있다고 믿는 팀장이 되려고 합니다.

소소한 대화의 기록

팀장으로 일하면 대화를 많이 하게 됩니다. 종일 말만 한다고 생각하는 날들도 많아요. 촘촘한 미팅 일정을 끝내고 자리로 돌아오면 목이 칼칼해서 아플 정도입니다. 가장 많이 대화하는 사람들은 함께 일하는 팀원들과 동료 팀장들이에요.

팀원들에게는 보통 질문을 받습니다. 면담하다 보면 불만부터 고민 상담까지 질문으로 시작하는 대화를 많이 하거든요. 그중에는 변명이 필요한 질문도 있고, 조언이 필요한 질문도 있습니다.

동료 팀장들과는 서로 고민을 털어놓습니다. 어려운 점이 비슷한 경우가 많거든요. 잠깐 틈을 내어 대화하거나 점심 식사를 하다 보면 공통적인 고민이 있음을 알게 됩니다.

그 대화들 중 일부는 유독 기억에 남습니다. 저 스스로나 팀원 혹은 동료 팀장들에게 도움이 되었던 것들입니다. 더 많은 사람이 알면 좋겠다고 생각해서 소소한 대화의 기록을 다시 열어봅니다.

팀원들과의 고민 살롱

① 팀장들은 왜 한 말을 기억 못 하고 계속 말이 바뀌나요?

가장 큰 이유는 잘 기억나지 않아서입니다. 팀이 작을 때는 상관없지만 팀원이 많아지면 이들이 진행하는 업무들의 주요 내용만 파악하기에도 기억력이 부족해요.

팀원이 찾아와서 이야기할 때 업무를 이해하고 의견을 드리지만, 바로 다른 팀원이 찾아와 또 다른 일을 말합니다. 그래서 팀장은 모든 팀원과의 상세한 대화 내용을 장기 기억 공간에 보관할 수 없어요. 기억력에는 한계가 있으니, 얼마 안 되는 기억력을 아껴 써야 합니다. 그러다 보면 스스로 한 말이 기억나지 않을 수도 있어요.

그리고 나이가 들면 (진짜로) 기억력이 감퇴합니다. 저도 20대 때는 메모하지 않아도 잘 기억했는데, 30대 중반이 넘어가니 했던 말이 모두 기억나지는 않아요. 아마 40대가 되면 기억력이 더 나빠질 수 있겠죠.

나이를 떠나서 기록하지 않으면 누구든 기억을 못 할 수 있으니 중요한 대화는 다 같이 볼 수 있는 형태로 기록해야 합니다. 대화한 내용을 DM이나 메일로 공유하면 팀장도 쉽게 기억할 수 있을 거예요.

또 다른 이유는 팀장의 생각이 바뀌었어서입니다. 생각이 바뀐 이유를 설명해주지 않았다면 팀장의 잘못이겠지만, 팀장도 일하다 보면 생각이 바뀔 수 있어요. 특히 서로가 처음 하는 일을 하면 팀장도 모르던 것을 알게 되고, 맞다고 생각했던 것이 틀리는 과정을 겪으며 자연스럽게 생각이 바뀌게 됩니다. 생각이 바뀌니 말도 바뀌죠. 이때는 팀장에게 화내지 말고, 왜 의견이 바뀌었는지 이유와 배경을 설명해달라고 해보세요. 팀장과 더 잘 소통할 수 있을 거예요.

가끔은 팀장도 억울할 때가 있습니다. 팀원은 분명 "팀장님이 오케이하셨잖아요"라고 하는데 기억이 나지 않는 거예요. 그래서 당시 상황을 같이 되짚어보니 미팅 중에 2~3분 정도 팀원이 본인의 계획을 설명했고 제가 좋은 것 같다고 의견을 주었더군요. 정말로 팀장의 의견을 듣고 싶다면 자세하게 말해주세요. 30분 정도 시간을 내어 본인의 계획을 말하고, 의견을 듣고 싶은 부분도 알려주세요. 그럼 팀장도 오케이 혹은 노를 넘어 구체적인 의견을 줄 수 있고 기억도 잘할 수 있을 거예요.

② 생각대로 되는 일이 없어 의욕이 안 생겨요

맞아요. 회사에서 열심히 일해도 생각대로 되는 일은 많지 않습니다. 어디선가 통계를 본 적이 있는데요. 평균적으로 사람들이 하는 일의 80퍼센트는 실패한다더군요. 특별히 똑똑해서 그 절반인 40~50퍼센트만 실패한다고 해도, 회사에서 하는 일의 절반은 실패한다고 볼 수 있어요. 그래서 어쩌면 생각대로 되지 않는 것이 당연합니다. 그러니 힘내세요.

하지만 생각대로 되지 않는 과정에서 얻는 것도 있을 거예요. 잘못된 생각을 알 수 있고, 모르던 사실을 알게 되고, 접근 방법을 바꿔야 한다는 것을 알게 됩니다. 적어도 정답지 중에 틀린 선택지를 걸러낼 수 있게 돼요. 요즘 많은 사람이 쓰는 말처럼 교훈을 얻습니다.

사실 생각대로 되지 않은 시점 이후가 더 중요해요. 우리는 교훈을 얻었고, 왜 생각대로 되지 않았는지 알아내야 합니다. 그리고 끈덕지게 붙들고 개선하면 결국 더 좋은 결과를 만들 수 있어요. 그러니 생각대로 되지 않더라도 실망하지 말고 다음을 준비하면 됩니다.

빠르게 문제점을 파악하고 고쳐나가는 것이죠. 요즘은 이런 태도를 회복탄력성이라고 합니다. 생각대로 되지 않더라도 빠르게 회복하여 탄력적으로 개선점을 찾아나간다면 분명 좋은 성과를 낼 수 있을 거예요.

③ 동기부여가 안 돼서 일이 잘 안 되는 것 같아요

유튜브에서 동기부여를 검색하면 일침을 가하는 따끔한 말부터 따뜻한 위로의 말까지 다양한 영상을 볼 수 있습니다. 그중 일반적인 영상은 성공한 운동선수나 사업가들이 이룬 위대한 업적에 관한 이야기입니다.

이들의 이야기는 열망이나 열등감으로부터 시작되는 경우가 많습니다. 강력한 열망이나 열등감이 강한 동기부여를 하는 것이지요.

이런 이야기는 주위에서도 찾아볼 수 있습니다. 멸치라고 놀림받던 사람이 좋은 몸을 만들어 나타나거나, 회사원이 안전한 회사를 박차고 나와 고생 끝에 베스트셀러 작가가 되는 등의 이야기들입니다. 열망이나 열등감 같은 감정으로 만들어지는 의욕과 동기부여는 좋은 발화제가 되어 어려운 일을 시작하고 포기하지 않고 밀고 나가도록 해주니까요.

하지만 저는 이런 것들은 특별한 사람들의 의욕에 대한 이야기라고 봐요. 꿈이 무엇인지도 쉽게 말하지 못하는 평범한 우리에게 강한 열망이나 열등감을 느끼는 순간이 삶에서 몇 번이나 있을까요?

저만 하더라도 학교나 회사를 다니면서 강한 열망이나, 극복하고 싶은 열등감을 느껴본 적이 별로 없거든요. 위대한 사람들의 특별한 동기부여뿐 아니라 평범한 우리를 위한 동기부여도 생각해봐야 합니다.

의욕과 동기는 감정입니다. 남들이 해주는 멋진 말로도 고무되는 감정을 느끼지만, 지속 가능하지 않은 경우가 더 많아요. 하루에도 몇 번씩 오르락내리락합니다. 평범한 우리의 감정은 아주 변덕스러우니까요. 평범한 우리의 의욕은 있다가도 없어지고, 없다가 갑자기 생기기도 합니다.

외부의 자극도 우리에게 동기를 주지만, 역시 익숙해지면 큰 감흥을 주지 못합니다. 금융 치료로 불리는 월급이나 보너스, 어워드 같은 것들이 대표적입니다. 보너스를 받거나 승진했을 때의 짜릿함은 3주만 지나도 기억 저편으로 사라지고 우리의 감정은 다시 평범한 날들로 돌아옵니다.

그래서 내가 아닌 누군가가 해주는 것이라는 의미의 '동기부여가 안 되어서 일이 잘되지 않는다'는 말은 애초에 잘못되었을 가능성이 높습니다.

저는 평범한 우리의 의욕을 위해 필요한 것은 변덕스러운 감정에 의지하는 것이 아니라 '지속 가능한 성취감'을 만드는 것이라 생각합니다. 슬프거나 기쁘다 같은 감정이나 누군가의 칭찬을 듣는 것과 상관없이 꾸준히 '내가 스스로' 만들 수 있는 성취감이요.

작더라도 스스로 느낄 수 있는 성취감이 '어, 이거 되네? 그럼 더 해볼까?' 하는 관심을 만들고, 그 관심이 계속되면 몰입과 의욕이 만들어진다고 믿습니다. 의욕이 성취를 만드는 것이 아니라요.

그럼 성취감을 위해 무엇이 필요할까요? 저는 규율이라고 생각합니다. 규율은 감정 상태나 외부 환경에 상관없이 스스로 하기로 한 것을 해내고, 끝내기로 한 시간에 끝내고, 열심히 하기로 생각한 것을 최선을 다해 행하는 것입니다. 의욕이 있거나 없거나, 누군가가 멋진 말을 해주거나 말거나, 좋은 외부 환경이나 자극이 주어지거나 말거나 상관없이요.

네, 이건 생각만 해도 힘든 일입니다. 의욕에 상관없이 규율을 지키려면, 아마 매일 울고 싶은 기분이 들 것 같아요. 그래서 오은영 박사가 이렇게 말했나 봅니다.

"다 울었니? 그럼 이제 해야 할 일을 하자."

평범한 우리의 동기부여를 위해 필요한 것은 열망이나 열등감 같은 자극, 누군가의 멋진 말이나 외부 환경이 아니라 스스로의 규율이라고 생각해요. 규율은 위대한 사람들의 발화제 같은 것은 아니겠지만 충분히 좋은 촉매제가 됩니다. 조금씩 만들어가는 성취감은 더 큰 도전과 몰입으로 연결되는 촉매제입니다. 의욕이 있어서 일이 되는 것이 아니라 일이 잘되어서 의욕이 생기고, 그 의욕이 더 잘되는 일로 연결되는 것처럼요.

④ 조리 있게 말하는 것이 힘들어요

말을 잘하는 것은 언제나 힘듭니다. 조리 있게 말하려면 먼저 본인 생각을 명확하게 정리해야 해요. 본인의 결론이 명확하지 않으면 조리 있게 말할 수 없습니다. 조리 있게 전달할 메시지가 없으니까요.

그리고 말하는 목적을 생각해보세요. 상대방에게 도움을 요청하는 것인지, 의견을 묻는 것인지, 합의를 기대하는 것인지 등등 목적이 분명하면 더 조리 있게 말할 수 있습니다. 말을 시작할 때는 목적을 먼저 말해보세요. 다음처럼요. 대화의 목적을 먼저 말하면 듣는 사람이 더 잘 이해할 수 있을 거예요.

"○○에 대한 피드백을 받고 싶습니다."

"○○에 대한 협조를 받고자 찾아왔습니다."

"오늘 논의를 통해 ○○의 향후 방향성을 최종 결정하겠습니다."

결론과 핵심 근거부터 먼저 말하고 마지막에 세부적으로 설명하면 도움이 됩니다. 내 생각은 무엇인지, 그렇게 생각한 핵심적인 이유가 무엇인지를 요약하고 세부적으로 설명하면 상대방이 훨씬 쉽게 이해할 수 있어요. 들으면서 불필요한 추론이나 고민을 하지 않고 내용에 집중할 수 있기 때문입니다.

⑤ 구체적으로 이야기해도 설득이 잘 안 돼요

상대방에게 너무 구체적으로 말해서 설득이 안 되는 것일 수도 있어요. 협업을 하는 우리는 각자의 전문 영역이 있습니다. 그 영역을 서로 존중하면서 요청하는 일의 의도를 잘 전달하면 오히려 쉽게 설득할 수 있습니다.

비개발자가 개발자를 설득해야 하는 일이 있다고 생각해볼게요. 개발자들과 협업할 때 가장 중요한 것은 비개발자인 우리의 의도를 잘 전달하는 것입니다. 비개발자는 개발에 대해 잘 모르니 "○○ 코드를 이용해서 이 부분은 ○○하게 구현해주세요"라고 구체적으로 말하지는 못합니다.

그래서 우리가 전문가인 개발자들에게 생각을 설명할 때는 결과물이 필요한 이유와 의도, 해당 결과물로 해결하고자 하는 문제를 잘 이야기하여 공감을 얻을 필요가 있습니다. 그럼 이후 일은 개발자들이 알아서 해줄 거예요. 개발자들이 그 분야의 전문가니까요. 우리가 잘 모르면서 세부적인 개발 방법이나 코딩에 대해서 이야기하려고 하면 어떻게 될까요? 전문가인 개발자를 설득하기 힘들 것입니다.

우리는 이런 실수를 의외로 많은 곳에서 합니다. 디자인 전문가를 설득할 때 전문성이 필요한 세부적인 부분에 대해 설명하고, 사업 개발 전문가를 설득할 때 사업 전문성이 필요한 세부적인 부분에 대해 의견을 주려고 하면 설득이 힘들 것입니다.

회사에서 다양한 전문성을 보유한 협업 부서의 도움을 받는 것은 중요한 일입니다. 이를 위해 필요한 것은 각 영역의 전문가들이 쉽게 이해할 수 있는 좋은 의도를 만들고, 공감하게 하는 일입니다. 상세하고 세부적인 설명이 아니라요. 의도에 공감하면 세부적인 부분은 각 영역의 전문가들이 주도해서 살을 붙여줄 거예요.

⑥ 지금 하는 일이 커리어에 도움이 되는지 모르겠어요

시간이라는 리소스를 어디에 투자하느냐에 따라 커리어는 크게 두 방향으로 나뉩니다.

첫 번째는 하나의 뾰족한 업무 영역을 정하고 그 영역에만 시간을 투자하는 것입니다. 스페셜리스트 specialist 혹은 전문가 커리어라고 부르기도 해요. 특정 업무 영역이나 기술에 대한 경험과 역량을 키우는 것에 커리어를 집중하고, 이를 통해 성장할 수 있다고 믿는 것입니다. 한 우물을 깊게 파는 것이죠.

두 번째는 다양한 영역의 문제를 해결하는 경험에 시간을 투자하는 것입니다. 이 경우 한 우물을 깊게 팔 수는 없겠지만 다양하게 파볼 수 있어요. 특정 영역이나 뾰족한 기술에 깊이를 더할 수는 없지만, 새롭게 마주하는 다양한 문제들을 해결할 수 있는 방법을 찾고 그 경험을 통해 성장합니다. 이들을 제너럴리스트^{generalist}라고 불러요. 이들은 정해진 영역의 일만 하지 않습니다. 그때그때 풀어야 하는 문제에 맞게 상황을 분석하고, 모르는 것은 배워서 필요한 영향력을 발휘합니다.

이 둘은 맞고 틀린 것이 아니라 성향에 따른 선택이에요. 내가 어떤 방향의 성장을 선택하느냐에 따라 커리어에 도움이 되는 일과 경험이 달라집니다. 스페셜리스트에게는 지겹더라도 한 분야에 대한 집중적인 경험이, 제너럴리스트에게는 수고스럽더라도 다양한 문제 해결 경험이 필요합니다.

지금 하고 있는 일이 커리어에 도움이 될지 모르겠다는 의심이 든다면, 일단 스스로가 원하는 성장의 방향성을 고민해봐야 합니다. 그리고 이를 팀장에게도 설명해주세요. 그럼 팀장도 함께 고민할 거예요.

막연히 스페셜리스트가 더 좋다고 생각하는 사람이 많은데, 제너럴리스트로 성장하는 것도 좋습니다. 특히 요즘과 같은 시대에는요. 많은 것이 자동화되고, 머신러닝이나 AI가 대체하는 일이 많아지고 있어요. 이 속도는 갈수록 빨라질 것입니다. 저는 AI 전문가는 아니지만 그 과정에서 특정 분야의 반복적인 경험을 AI가 더 잘 흉내 낼 수 있다고 생각해요. 반대로 다양한 분야에서 복합적으로 경험해야 풀 수 있는 문제는 AI에게도 어렵지 않을까 합니다. 만약 내가 집중해온 영역의 기술을 AI가 대체한다면? 생각만 해도 서글프네요.

제너럴리스트의 얕고 넓은 경험이 본인만의 무기를 만들어주기도 합니다. 마케터가 프로덕트와 개발에 대한 경험을 쌓아 'PO처럼 일할 수 있는 마케터'가 되거나, 디자이너가 마케팅을 배워 '마케터처럼 생각할 수 있는 디자이너'가 되는 것이 일례입니다.

요즘은 두세 가지 경험을 조합하여 영향력 있는 일을 하며 커리어를 키워가는 사람도 많습니다. 그래서 지금 하는 일이 내 커리어에 도움이 안 된다고 섣부르게 생각하는 것은 경계해야 합니다. 얕지만 다양한 경험이 도움이 되기도 하니까요. 지금 하는 일이 당장 커리어에 도움이 될지 예측하려고 하기보다는 스스로 어떤 커리어의 방향성을 원하는지, 그리고 지금 하는 일이 스스로에게 어떤 문제 해결의 경험을 줄 것인지 고민해보는 것이 훨씬 중요합니다.

사람들은 다양한 방법으로 각자의 커리어를 포장하지만, 가장 중요한 것은 '어떤 문제를 직접 해결해보았느냐'입니다. 브랜드 마케팅을 하는 사람은 많지만 이것으로 고객의 문제를 직접 해결해본 사람은 적고, 코딩을 다루는 사람은 많지만 이것으로 사업적 문제를 해결해본 사람은 적기 때문입니다.

우리는 각자의 영역에서 일하며 다양한 문제를 마주하고 또 해결하려고 합니다. 커리어의 의미는 여기에 있지 않나 싶어요. 좋은 경험은 남들이 쉽게 풀지 못하는 크고 어려운 문제를 직접 풀어봐야 얻을 수 있으니까요. 그래서 지금 하는 일을 통해 남들과 다른 문제 해결 경험을 쌓을 수 있다면 분명 커리어의 성장에도 의미 있는 일이라고 믿습니다.

⑦ 일이 잘 안 될 것 같아 불안한 마음이 들어요

많은 사람이 자기계발서에서 말하는 조언들을 뜬구름 잡는 이야기라 생각하고 무시하는데요. 저는 그런 책들을 통해 많은 도움을 받았습니다. 마음이 불안하고 힘들 때는 특히 그래요. 나와 비슷하게 불안해하고 고민했거나 이미 해결한 사람들의 이야기를 듣는 것만으로도 큰 도움이 됩니다.

무언가에 집중하면 그것만 보이게 됩니다. 모르던 패션 브랜드를 우연히 알고 좋아하게 되었다고 생각해봅시다. 아마 길거리에 나가면 그 브랜드의 옷을 입은 사람들이 많이 보일 거예요. 분명 그 옷을 입고 다니는 사람들은 원래 많았을 텐데, 브랜드에 푹 빠져 있으니 특히 눈에 잘 보이는 것이죠. 걱정도 마찬가지입니다. 걱정에 빠져 있으면 걱정에 대한 생각만 들어요.

베스트셀러 작가 사이먼 시넥이 이런 말을 한 적이 있습니다. 설산에서 스키를 타고 빠르게 내려오는 사람들 있잖아요? 나무가 촘촘한 설산 위에서 스키를 타고 요리조리 피해 가며 내려오는 사람들요. 스키 선수들에게 어떻게 그렇게 엄청난 속도로 나무를 피할 수 있냐고 물었습니다. 그랬더니 한 선수가 이렇게 이야기했다고 해요.

"나무가 아니라 나무 사이의 길만 보면 돼요."

피해야 한다는 생각에 나무만 보면 피할 수 없다고 합니다. 나무 사이의 길만 보면 의외로 쉽게 피할 수 있다고 해요. 불안과 걱정으로 고민이 많은 직장인에게 큰 도움이 되는 이야기입니다. 회사에서 모든 일이 잘 풀리면 좋겠지만 그렇지 않을 수도 있어요. 그럴 때 과도하게 걱정에 집중하면 앞으로 나아가기 힘들어요. 어차피 우리는 문제를 해결하는 사람들이니, 문제 자체보다는 그 사이에 있는 길을 찾는 데 집중해야 합니다. 그럼 불안하고 힘든 와중에도 문제를 잘 피할 수 있을 거예요.

이를 위해 어렵더라도 확신을 가지는 것이 중요합니다. 확신을 품고 노력해도 될까 말까 한 일이 참 많습니다. 그 와중에 확신마저 없이 문제에만 집중하면 누구든 그 자리에서 움직이지 못할 거예요. 나무 사이의 길만 보고 스키를 타는 것처럼, 문제가 발생하더라도 피할 수 있는 길을 찾고 확신하는 데 집중하면 결승선에 도착할 수 있습니다.

⑧ 물경력을 피할 수 있는 방법은 무엇인가요?

'물경력'은 경쟁력이 없는 경력을 말합니다. 경쟁력 없는 경력이라니, 참 슬픈 말입니다. 시간을 투자하여 경력이라는 결과물을 만들어나가는 우리에게는 특히 그렇습니다. 직장인에게 경력이 하나의 자산이라면 하루의 8시간과 에너지를 든든하고 좋은 경력인 '불경력'에 투자하는 것이 중요합니다.

물경력의 정의는 연차에 따라 달라집니다. 연차가 쌓일수록 필요한 역량도 높아지니까요. 그래서 먼저 연차별 핵심 역량을 이해해야 합니다. 산업과 직군에 따라 다르겠지만, 제가 경험한 연차별로 필요한 핵심 역량을 4단계로 구분하면 다음과 같습니다.

[레벨 1] 주어진 일을 완수한다

방법과 기술을 습득하여 본인에게 주어진 기본 단위의 일을 수행할 수 있다.

[레벨 2] 문제와 해결책을 찾아낸다

기본 단위의 일을 더 잘 수행하기 위해 문제나 원인을 찾고 더 나은 해결책을 찾아낼 수 있다.

[레벨 3] 목표와 전략을 수립한다

레벨 2에서 찾은 문제와 해결책을 바탕으로 직접 목표와 큰 단위의 일의 방향성을 설정할 수 있다.

설정한 목표와 전략을 추진하기 위해 동료들과 협업하거나 회사 내외부의 협업을 이끌어낼 수 있다.

일반적으로 2년 차 이하는 레벨 1, 5년 차 이하는 레벨 2, 8년 차 이하는 레벨 3, 그 이상이라면 레벨 4에 해당하는 역량이 필요합니다. 그럼 불경력이라고 말할 수 있을 거예요.

그렇다면 핵심 역량은 어떻게 만들 수 있을까요? 제가 제안하는 경력 개발의 원칙은 세 가지입니다.

- 시킨 일만 하지 않는 것
- 쉬운 일만 하지 않는 것
- 혼자 일하지 않는 것

물경력을 피하기 위해 가장 먼저 필요한 태도는 '주어진 일만 하지 않는 것'입니다. 주도적으로 일하는 것을 말하는데요. 경쟁력 있는 경력을 위해서는 누군가가 시킨 일이 아니라, 시간과 노력을 투자해 주도적으로 문제를 찾고 해결하는 경험이 반드시 필요합니다.

연차가 높아질수록 사람들이 기대하는 것은 '시키는 일을 잘하는 것'이 아니라 '어떤 일을 해야 하는지 찾아내는 것'입니다. 그렇지 않으면 누군가가 시킨 일만 바쁘게 하다가 하루나 일주일이 끝나버리는 경험을 할 거예요. 매일 시킨 일만 하니 주도적으로 문제를 찾고 풀 수 없어요.

시키지 않은 일을 주도적으로 하다 보면 위험을 감수해야 하는 경우가 있습니다. 자신이 찾은 문제를 제안하여 해결해 나가는 일은 본인에게도 책임이 있다고 할 수 있으니 부담을 느낄 수도 있습니다. 하지만 실패하더라도 그 과정에서 얻을 교훈과 배움을 생각하면 충분히 감수할 만한 위험이에요.

물경력을 피하기 위한 두 번째 원칙은 '쉽지 않아 보이는 일'에도 도전하는 것입니다. 남들과 똑같은 일을 했는데 경쟁력 있다고 말하기는 힘드니까요. 남들이 풀지 못한 문제를 풀어내는 것만큼이나 값지고 인정받는 일은 없습니다.

반복되는 일을 하다 보면 익숙한 일이 됩니다. 하지만 연차가 길어질수록 익숙해진 영역에서 벗어나야 성장할 수 있습니다. 익숙한 영역에만 머무르면 시간이 흘러도 대부분 비슷한 일만 반복하게 되니까요. 어려운 프로젝트가 주어졌을 때 먼저 손을 들고 해보겠다는 자세가 도움이 됩니다.

주도적으로 일하고 힘든 문제를 풀기 위해서는 협업이 필수입니다. 그래서 물경력을 피하기 위한 세 번째 원칙은 '혼자 일하지 않는 것'이에요. 큰 성과를 내기 위해서는 힘을 모아야 하니까요.

가끔 혼자만 잘하면 탄탄한 경력을 쌓을 수 있다고 생각하는 사람들을 만납니다. 하지만 회사에서 일하는 우리 대부분은 여럿이 힘을 모아 큰 문제를 해결해나갑니다.

연차가 길어질수록 동료들을 이끄는 리더십 또한 중요한 역량의 기준이 됩니다. 8년 차가 넘어가면 일반적으로 업무의 전문성뿐만 아니라 충분한 리더십 경험이 필요합니다. 물경력을 피하기 위해 혼자 일하는 것이 아니라, 동료들에게 영향을 미치고 참여를 이끌어내 협업에서 성과를 내기 위한 시도를 계속해야 합니다.

시킨 일만 하지 않고, 쉬운 일만 하지 않고, 여럿이 힘을 모아 큰 문제를 푼다는 원칙으로 일하면 워라밸은 지키기 힘들수도 있어요. 요즘 "월급만큼만 일하고 칼퇴하는 게 좋다"는 말이 많이 들립니다. 물론 건강하고 충만한 삶을 위하여 워라밸을 지키는 것은 중요해요. 사람들이 인생에서 추구하는 가치와 경험은 모두 다르니까요.

하지만 남들보다 조금 더 많은 시간과 노력을 투자해야 불경력이 만들어져요. 일의 큰 맥락을 보고 주도적으로 해결책을 찾거나, 어려운 일에 기꺼이 도전하거나, 사람들을 불러 모으고 설득해 큰 문제를 찾고 해결해야 하니까요. 하지만 고생하는 과정에서 소소한 보람과 즐거움, 그리고 작지 않은 배움과 교훈을 얻을 것입니다. 우량하고 든든한 불경력과 함께요.

팀장들과의 고민 잡담

① Z세대는 어떻게 동기부여해야 할까요?

Z세대에 대한 관심이 큰 것 같습니다. 저는 이들이 특별하지 않다고 생각해요. 그래서 Z세대만을 위한 동기부여 방법은 없다고 믿습니다.

사람들은 Z세대가 유난히 워라밸을 중요하게 생각한다고 말하는데요. 워라밸에 대한 관심은 10년 전에도 뜨거웠습니다. 제가 취업하던 시기에는 '공무원 vs. 회사원'에 대한 선호도가 달랐는데요. 워라밸을 조금 포기하더라도 일과 보상이 중요한 사람은 회사원을, 일만큼이나 개인 삶도 중요한 사람은 주로 공무원을 선호했어요. 당시 인기 높았던 공무원 취업 준비 열풍을 보면 잘 알 수 있습니다.

그리고 사람들은 Z세대가 유난히 회사 일에 의미를 두지 않는다고 말하는데요. 워라밸과는 다른 '워라블Work-Life Blending' 이라는 말을 Z세대가 언급하고 있고, 어느 때보다 Z세대의 창업이 많은 최근의 모습을 보면서 정말 이들이 일에서 의미를 찾지 않는지 의심이 듭니다.

세대를 떠나서 사람은 각자 욕구 구조가 다릅니다. 에이브러햄 매슬로의 욕구 단계를 보면 가장 기본적인 하위 욕구부터 고차원적인 상위 욕구까지 사람들의 욕구가 얼마나 다양한지를 알 수 있어요. 하위 욕구가 충족되면 자연스럽게 그다음 욕구에 관심을 가지게 됩니다.

회사로 비유하면 취업을 하는 것은 생리적 욕구와 안전에 대한 욕구가 충족되는 것입니다. 가장 하위의 욕구이죠. 취업 후에는 회사에서 어떤 일을 하며 성장하느냐가 사회적 욕구와 자아실현 욕구 같은 상위의 욕구 충족을 결정합니다. 이는 Z세대뿐만 아니라 우리 모두 마찬가지입니다.

과거에는 상위 욕구를 실현할 수 있는 곳이 회사밖에 없었어요. 하지만 이제는 회사 밖에서도 다양한 길을 찾을 수 있습니다. 새로운 기술이 나오고 소셜 미디어의 영향력이 커지면서 다양한 방식으로 새로운 일들을 할 수 있게 되었거든요. 직장인들이 퇴근 후 사이드 프로젝트를 운영하거나, 비슷한 사람들과의 커뮤니티에 참여하며 자아실현을 할 수 있는 방법이 많아졌습니다.

그래서 반대로 접근할 필요가 있어요. 회사 일만으로 사회적 욕구와 자아실현 욕구가 해결된다면 나이와 상관없이 회사 일에 몰입할 수 있지 않을까요? 그래서 Z세대만을 위한 동기부여를 고민하기보다는, 팀장이 팀원들 각자의 욕구를 이해하고 그 욕구들이 회사에서 잘 충족되고 있는지를 살펴보는 것이 더 중요합니다.

팀원들이 몰입하는 동기는 무엇인지, 꿈은 무엇인지, 어떤 사람이 되고 싶은지, 세대와 나이를 떠나 사람이라면 가지는 각자의 목표가 무엇인지 이해하는 것이 'Z세대는 우리와 무엇이 다르지?'라는 의문을 품는 것보다 몇 배 더 중요합니다. 나이와 상관없이 우리 모두 다른 꿈과 목표가 있으니까요.

지금 하고 있는 일에서 보람과 성취감을 느끼게 하는 것이 팀원들에게 더 실질적인 해결책이 됩니다. 담당 업무를 통해 충족되기 힘든 꿈과 목표가 있다면, 회사에서 할 수 있는 사이드 프로젝트를 만들어주는 것은 어떨까요? 사회적 욕구가 강한 팀원에게는 신규 입사자들의 온보딩을, 존경에 대한 욕구가 강한 팀원에게는 팀의 성과나 업무를 외부에 알릴 수 있는 대외활동을 주도하게 하면 다양한 욕구가 충족될 수 있습니다.

② 팀원들의 조용한 퇴사가 걱정되는데 어떻게 해야 하나요?

'조용한 퇴사'가 화제입니다. 회사 밖에서도 자아실현을 할 수 있는 길이 열리다 보니, 회사에는 문제가 되지 않을 정도의 시간만 쓰고 밖에서 하고 싶은 일을 하는 것을 조용한 퇴사라고 말하는 것 같아요.

팀장 입장에서는 '우리 팀원들이 왜?'라는 의문이 듭니다. 저도 처음에는 "열심히 해보려고 했는데, 이세 그냥 적당히만 하려고요"라고 말하는 팀원들의 마음을 헤아리지 못했거든요.

하지만 팀원들과 이야기를 나누다 보니 생각이 바뀌었습

니다. 단순히 '프리라이더'들을 바라보는 노력과 열정 혹은 평가와 보상의 관점으로는 조용한 퇴사자들의 마음을 이해할 수 없다는 것을 알게 되었거든요.

적당한 시간을 들이거나 노력조차 하지 않는 프리라이더는 조용한 퇴사자와 구분해야 합니다. 프리라이더들은 조용한 퇴사자들이 말하는 "열심히 해보려고 했는데"에는 해당하지 않는 경우가 많으니까요.

조용한 퇴사자들은 누구보다 많은 일을 열정적으로 했습니다. 대외적으로 사이드 프로젝트를 운영하는 경우도 많았습니다. 아무리 적당히 한다고 하더라도 회사에 다니면서 개인적인 사이드 프로젝트를 운영하는 것은 결코 쉬운 일이 아니에요. 시작은 쉬워도 웬만한 열정으로는 유지하기 힘든 경우가 더 많습니다.

그럼 왜 조용한 퇴사자들은 회사 안보다 밖에서 더 열정적일까요? 조용한 퇴사자를 이해하기 위해 먼저 다음과 같이 질문해봐야 합니다. "열심히 해보려고 했는데, 이제 그냥 적당히 하려고요"라고 말하는 팀원을 1명이라도 줄이기 위해서요.

> [질문 1] 능력을 110퍼센트 발휘하며 도전할 만한 일이 팀원에게 주어지고 있나요?

단순한 일만 하고 새로운 시도를 할 수 있는 기회가 주어지지 않는다면 회사 외부에서 기회를 찾게 됩니다. 팀장이 팀원 개개인의 역량과 성향을 파악하고 알맞은 과제를 부여하고 있나요?

[질문 2] 팀원들이 팀장에게 질 좋은 피드백이나 칭찬을 받으며 일하고 있나요?

힘든 프로젝트에서 누군가의 격려를 받았을 때 진심으로 열심히 일한 기억이 납니다. 방법을 몰라 헤매고 있을 때 리더와의 면담에서 질 좋은 피드백을 받고 꼭 해결하겠다고 각오한 적도 많아요. 어려운 과제를 헤쳐나갈 수 있도록 팀원들의 성장을 자극하는 좋은 피드백과 칭찬을 충분히 하고 있나요?

[질문 3] 팀원들 주위에 힘든 일을 함께 풀어나갈 좋은 동료들이 있나요?

감정은 쉽게 전파됩니다. 주위 동료들이 부정적이고 회의적이라면 몰입하지 못하는 것이 당연합니다. 팀에 힘든 일을 함께 풀어나갈 수 있는 좋은 동료들이 있나요?

[질문 4] 팀원들의 사회적 동기부여를 이끌어낼 수 있는 비업무적 역할이 있나요?

블로그에 지식을 공유하는 글쓰기를 좋아하는 직원이 있다면 다른 직원들을 취재하여 회사 블로그에 써보게 하면 어떨까요? 높은 '인싸력'으로 사회활동을 좋아하는 팀원이 있다면 팀 빌딩을 맡기는 것도 좋겠네요. 회사가 몰입을 이끌어낼 수 있는 비업무적인 역할을 부여하기 위해 팀원들의 동기와 성향을 파악하는 데 시간을 쓰고 있나요?

③ 팀장이 잘하고 있다는 증거는 무엇인가요?

저도 팀장으로서 스스로가 의문이 들 때 잘하고 있는지 그 증거를 찾아 헤맸습니다. 제가 찾은 증거는 두 가지예요.

첫 번째 증거는 목표 달성 여부입니다. 쉽고 명확하게 파악할 수 있는 객관적 증거예요. 올해나 이번 분기의 주요 목표를 달성하고 있다면, 팀장이 잘하고 있다는 증거입니다. 팀장은 팀의 목표를 달성하기 위해 존재하니까요.

두 번째는 팀원들의 만족도입니다. 팀원을 제외한 사람들은 팀의 목표가 달성되고 있다면 별다른 의심 없이 팀장이 잘하고 있다고 생각할 텐데요. 팀원들은 그렇지 않을 수도 있습니다. 팀원들은 목표가 달성되었다는 이유만으로 팀장이 잘하고 있다고 생각하지 않습니다. 만약 업무 과정에서 고통이나 희생이 따르고 있다면 그들 입장에서는 목표 달성이 지속 가능해 보이지 않을 테니까요.

그래서 목표 달성 여부와 함께 팀원들의 만족도가 팀장이 일을 잘하고 있다는 중요한 증거가 됩니다. 팀원들이 지금 하는 일에서 보람과 즐거움을 느끼는지, 힘들거나 어려운 일이 있는지, 팀원들 사이에 혹은 다른 팀의 동료와 갈등이 있는지 계속 관찰하고 살펴야 합니다.

물론 두 조건을 동시에 충족하는 것은 매우 힘들어요. 목표 달성 과정에서 분명 힘든 일이 발생할 것이고, 팀원 중 누군가는 그 일을 해야 하거나 팀을 위해 희생해야 할 수도 있습니다. 반대로 팀원의 만족도만 생각하면 팀의 목표 달성이 힘들어질 수 있고요.

그래서 팀장은 매일 목표 달성과 만족도 사이에서 줄타기를 합니다. 그래도 어쩌겠어요. 그게 팀장의 일입니다. 힘들더라도 목표 달성과 팀원들의 만족을 위해 계속 고민하고 살펴야 합니다.

④ 피드백하는 것이 힘든데 어떻게 해야 하나요?

피드백은 누구에게나 힘든 일입니다. 베테랑 팀장들한테도요. 부정적인 피드백이라면 더욱 그렇습니다. 피드백할 때 간과하면 안 되는 것은 상대방의 선한 의도에 대한 믿음입니다. 서로의 의도를 믿고 피드백하는 것이죠. 누가 누구에게 하든 서로의 성장을 바라기 때문이라고 믿어야 해요.

부정적인 피드백을 받아들이기 힘든 것은 상대방의 의도에 대한 걱정 때문입니다. '이 사람이 왜 나한테 이런 말을 하지? 나를 싫어하나?'라고 생각하기 시작하면 피드백의 의도가 전달되지 않을 테니까요. 반대로, 말하는 사람 입장에서도 '이 말을 듣고 상처받으면 어떡하지? 관계가 틀어져버리면 어떡하지?' 하며 고민하게 되면 피드백을 정확하게 전달하기가 어렵습니다.

우리가 진심으로 서로의 성장을 위해 피드백을 한다는 믿음이 있다면, 이런 걱정으로 인한 비효율을 제거할 수 있습니다. 그래서 좋은 피드백이 팀장만의 책임이라고 볼 수는 없어요. 피드백은 박수처럼 마주쳐야 소리가 잘 나거든요.

아이를 키우면 훈육과 피드백에 대한 고민이 많아집니다. 피드백을 통해 아이의 행동을 바꾸기란 정말 어렵거든요. 하지만 아이에게 훈육은 반드시 필요합니다. 아이가 위험한 행동을 할 때, 그러면 다칠 수 있다는 것을 단호하게 알려주어야 합니다. 아이가 공공장소에서 사람들에게 피해를 줄 때, 그러면 안 된다는 것을 분명하게 말해줘야 합니다. 아이의 올바른 성장을 위해서요. 모르는 것을 알려주고, 잘못된 행동을 교정해주는 부모의 피드백이 꼭 필요한 이유입니다.

하지만 말을 하지 못하는 아이들도 부모의 단호한 "안 돼"라는 말을 들으면 입꼬리가 내려갑니다. 부모가 자신을 혼낸다고 생각하기 때문이죠. 야단치는 것과 단호하게 피드백하는 것은 엄연히 다른데도요. 본인이 야단맞는다고 생각하는 아이들은 피드백이 귀에 들어오지 않을 거예요.

그래서 아이에게 피드백을 잘해줄 수 있는 시기가 있다고 해요. 그 시기 전에는 단호하게 피드백을 해도 제대로 전달되지 않습니다. 그 시기는 '눈에 보이지 않는 부모의 사랑이 변하지 않는다는 것을 알게 된 후'라고 합니다. 일반적으로 3~4년 정도 걸린다고 해요. 이 시기부터 눈에 보이지 않는 추상적 개념도 '계속 존재한다'고 인지한다고 해요. 부모의 사랑, 친구와의 우정 같은 것들입니다. 그래서 단호하고 분명하게 피드백한다고 해서 부모의 사랑이 없어지는 것이 아니란 것을 알게 되는 이 시기 이후에 본격적인 훈육을 해야 한다고 합니다.

회사에서의 피드백도 비슷한 것 같아요. 누군가를 혼내는 것과 단호하게 말하는 것은 다릅니다. 피드백을 하는 사람의 태도에 따라서 혼내는 것과 단호하게 알려주는 것이 결정되겠지만, 받아들이는 사람의 태도와 관점도 그에 못지않게 중요하지 않을까요. 단호한 피드백이 서로에게 조금은 불편하더라도 공동의 목표와 개인의 성장을 위해서임을 헤아리면 좋겠어요.

많은 사람이 상대방에 대한 믿음이 여전하다는 것을 확실히 보여주면서 단호하게 피드백하는 것이 중요하다고 말하고, 또 그러기가 매우 힘들다고도 이야기해요. 아이를 키우면서 깨달은 그 이유는 피드백하는 사람의 진심만으로는 충분하지 않아서입니다. 믿음에 대한 의심 없이 피드백이 전달되기 위해서는 받는 사람의 관점과 태도도 매우 중요합니다. 따끔한 이야기를 듣는다고 부모의 사랑이 없어지지는 않는다는 것을 알게 되는 것처럼요.

그래서 저는 피드백을 잘하는 것도 역량이지만, 좋은 피드백의 모든 부담을 팀장이 혼자 짊어질 필요는 없다고 생각해요. 피드백을 잘 듣는 것도 역량이자 능력이니까요.

제가 하고 싶은 말은 간단합니다. 반사적으로 피드백을 튕겨내는 팀원들을 마주한다면 '이들이 눈에 보이지 않는 애정을 느끼고 서로의 성장과 목표 달성이라는 선한 의도를 이해하려면 시간이 더 필요하구나' 하고 생각하면 어떨까요. 팀원들은 팀장의 불편한 피드백에 공동의 목표와 개인의 성장을 위한 선한 의도가 있음을 가정하고 들으면 어떨까요. 피드백이 몸에 좋으면서도 쓰지 않은 약이 되기 위해서는 하는 사람과 받는 사람 모두의 노력이 필요하니까요.

부정적인 피드백을 부드럽게 하는 방법

밸런스 맞추기

부정적인 피드백일수록 밸런스가 중요합니다. 부정적인

피드백을 할 때 긍정적인 것과 부정적인 것의 밸런스를 맞추는 것이죠.

사람들은 부정적인 피드백에 긍정적인 피드백을 섞으면 의미가 희석되므로 듣는 사람에게 분명한 의미가 전달되지 않는다고 말합니다. 하지만 저는 생각이 조금 달라요. 객관적이고 수용적인 사람도 본인에 대한 부정적인 피드백만 한가득이라면 받아들이기 힘들 테니까요.

저만 해도 그렇습니다. 저도 다양한 피드백을 받아들이며 성장하고 싶지만, 매일 부정적인 피드백만 듣다 보면 일할 의욕이 떨어지는 것이 사실이에요.

그래서 저는 부정적인 피드백을 할 때 그 사람이 잘하는 긍정적인 부분을 먼저 말해주는 편입니다. 듣는 사람 입장에서도 본인의 긍정적인 면과 부정적인 면을 조화롭게 이해할 수 있도록 말이죠. 이런 의미에서 평소에 작은 칭찬을 많이 하면 좋습니다.

해결책 함께 제시하기

부정적인 피드백과 함께 해결책을 제시하는 것 또한 중요합니다. 부정적인 피드백을 하는 이유는 변화와 성장을 위해서잖아요? 듣는 사람 입장에서도 구체적인 해결책이나 해결의 실마리가 함께 주어지지 않으면 부정적인 피드백을 막막하게 느끼거나 일방적인 비난이라고 생각할 수도 있습니다.

팀장이 모든 상황의 해결책을 알고 있는 것은 아니지만 생각하는 방안을 피드백하고, 팀원과 합의할 수 있는 해결책을 논의하는 것도 중요합니다. 함께 고민하고 실행하면 팀원 입장에서도 부정적인 피드백이 본인의 성장을 위한 것임을 이해할 수 있을 거예요.

⑤ 팀원들의 보고서를 효율적으로 검토하는 방법은 무엇인가요?

보고서를 검토할 때 팀장과 팀원 모두에게 안 좋은 것은 서프라이즈와 리워크입니다. 팀원이 짜잔 하고 긴 보고서를 만들어 왔는데 팀장의 의도와 다르거나, 보고서에 대한 팀장의 의견을 듣고 당황하는 상황이 자주 일어납니다. 모두가 매우 비효율적입니다.

이를 막기 위해 최종 보고서가 나오기 전에 팀장과 팀원이 더 자주, 많이 소통해야 합니다. 그래야 서로의 생각을 더 잘 알 수 있고 서프라이즈나 리워크 없는 결과물을 만들 수 있으니까요.

저는 팀원들에게 요청할 일이 있으면 2~3일 단위로 쪼개서 결과물을 공유받고 자주 의견을 나누는 편입니다. 특히 초반의 공유 과정에서 중요하게 합의하는 것들이 있는데요. 바로 목표, 문제, 가설입니다. 우리가 보고서를 만드는 목표가 무엇이고, 해결하고자 하는 문제는 무엇이며, 이를 위해 지금 알고 있는 가설은 무엇인가입니다. 이 세 가지를 먼저 합의하면 팀장도 보고서의 결과물을 예측할 수 있고, 팀원도 팀장의 의도를 명확히 알 수 있습니다.

합의한 세 가지 요소를 바탕으로 최종 결과물이 만들어지기 전에 보고서를 작은 중간 결과물로 쪼개서 자주 이야기하는 것이 효율적입니다. 목표를 구체화한 후 함께 살펴보고, 문제 상황을 명확히 한 후 함께 살펴보고, 해결책의 선택지들을 만들어서 함께 살펴보면서 한 걸음씩, 하지만 효율적으로 보고서를 완성하는 것이죠.

요즘 스타트업이 추구하는 린lean한 실행 방식이 화제인 것 같은데요. 보고서도 린하게 소통하여 준비하면 서프라이즈와 리워크를 줄일 수 있습니다.

만약 구체적으로 원하는 보고서 양식이나 흐름이 있다면 먼저 알려주는 것도 좋은 방법입니다. 보고서 양식이나 꼭 들어가야 하는 이야기의 흐름 정도만 사전에 합의한다면 서프라이즈와 리워크를 줄일 수 있습니다. 물론 마이크로 매니징이라 생각하며 불편해하는 팀원도 있을 수 있어요. 시니어 팀원이라면 다르겠지만, 경험이 부족한 주니어 팀원일수록 서로의 효율을 위해 이 과정이 도움이 되었습니다.

가끔 팀장도 구체적인 생각 없이 팀원에게 보고서를 요청하는 경우가 있습니다. 이때는 팀장도 잘 모른다는 것을 명확히 말해줄 필요가 있어요. 그렇지 않으면 팀원도 애매모호한 팀장의 의도를 알아맞히기 위해 불필요한 고생과 고민을 하거든요. 이런 상황에서 팀원은 '이거 뭔가 이상한데…. 그래도 일단 해보자. 팀장이 하라고 했으니까' 하며 모두가 원치 않는 결과물을 만드느라 시간을 많이 씁니다.

그래서 이런 상황에서는 "저도 구체적인 결과물을 생각해보지 못했으니 전체 구조나 뼈대 정도만 생각하고 의견을 주세요" 혹은 "저도 구체적인 상황을 모르는 상황에서 요청드리는 것이니 일단 상황 정도만 빠르게 체크하고 의견 주세요"라고 팀원에게 자세히 말하는 것이 중요합니다.

팀원도 '이거 뭔가 이상한데…'라는 생각이 들면 팀장에게 이야기해야 합니다. 팀장의 애매한 의도를 알아맞히려고 애쓰는 것이 아니라요. 서로의 효율적인 업무를 위하여 모르는 것은 모른다고 말하고 시작하는 편이 항상 좋았습니다.

나는 지금까지 만난 리더들의 합이다

붐비는 출근길, 지하철에서 내려 지하철역 계단을 오르며 혼자 미소 짓는 연습을 합니다. 마음속으로 오늘도 좋은 사람이 되어야지, 좋은 팀장이 되어야지 다짐하며 걷다 보면 어느새 사무실 건물 앞에 도착해요. 크게 심호흡하고 사무실 안으로 들어갑니다.

먼저 도착해 모니터를 보고 있는 팀원들의 표정이 밝지 않습니다. "안녕하세요"라는 말에 조용하게 돌아오는 팀원들의 인사말을 들으며 자리에 앉자마자 걱정이 시작됩니다. '무슨 일이 있었나?' 애써 담담한 척 팀원들의 표정을 살피며 팀장의 하루를 시작합니다.

노트북을 켜면 계단처럼 빼곡히 쌓인 캘린더의 일정표가 기다리고 있습니다. 30분 단위의 일대일 면담부터 2시간이 넘는 큰 회의까지 오늘 올라야 하는 일정의 계단 사이에서 빈틈을 찾기가 힘듭니다. 사람들은 팀장의 캘린더에 빈틈이 생기는 것을 용납하지 않으니까요.

팀원들을 만나 문제를 듣고 함께 해결책을 고민하고, 협업이 잘되지 않는 다른 팀을 만나 목청에 힘주어 해야 할 말을 하며, 상사에게서 더 잘해야 한다는 채근과 더 잘할 수 있다는 격려를 들으며 멍해진 머리와 따끔해진 목으로 자리에 돌아오면 이메일뿐만 아니라 문제가 있으니 잠깐 이야기하자는 DM이 답장을 기다리고 있습니다.

팀장은 다시 두 눈에 힘을 줍니다. 문제와 불평과 하소연을 담은 글을 읽고 해결책과 분노와 위로의 글들을 쓰다 보면 어느새 퇴근 시간이에요. 매일 좋은 팀장이 되어야지 다짐하며 출근하지만 그러지 못한 채 퇴근하는 날이 훨씬 많아요.

하루를 되돌아보면 팀장의 하루에는 온전히 해결하지 못한 문제가 많이 남아 있습니다. 하루에도 여러 번 팀원 앞에서는 말하지 못하는 고민들과 '이건 진짜 방법을 모르겠다'라는 막막함을 마주하거든요. 저는 그때마다 '이럴 때는 이렇게 행동해야지' 생각하며 기억해둔 마음속의 오답 노트를 뒤적여 봅니다. 큰 외국계 기업부터 유명 유니콘 스타트업에서 10년이 넘는 시간 동안 만난 좋은 리더들이 보여준 훌륭한 본보기들이 모여 있는 오답 노트입니다.

팀장으로 일하며 힘든 일이 생길 때마다 그들을 떠올립니다. 제 문제와 비슷한 일들을 먼저 해결해나간 리더들의 모습을요. 그분이라면 지금 어떻게 할까? 그 팀장이라면 이 문제를 어떻게 풀어나갈까? 생각하며 마음속 오답 노트를 뒤지다 보면 어김없이 문제를 풀어나갈 좋은 실마리를 찾습니다.

훌륭한 리더들이 보여주었던 오답 노트의 지혜들이 오늘의 저를 만들었고, 오늘 하루를 무사히 보낼 수 있게 해주었습니다. 어떻게 보면 저는 지금까지 만난 리더들의 합이라고 할 수 있겠네요.

어느 날 퇴근길 지하철에서 문득 이런 생각을 한 적이 있습니다. 내가 만난 훌륭한 리더들은 어떻게 훌륭해졌을까? 정확한 답은 알지 못하지만 그들 또한 저처럼 누군가의 훌륭한 모습을 보면서 배운 것 아닐까 짐작합니다. 태어날 때부터 훌륭한 리더가 아니었다면요. 그들이 본받은 리더들은 또 다른 누군가의 영향을 받으며 훌륭한 리더가 되었겠지요. 이렇게 거슬러 올라가다 보면 참 감사하다는 마음이 듭니다. 좋은 리더들의 선한 지혜와 좋은 본보기가 켜켜이 쌓여 저 또한 배울 수 있었으니까요.

그래서 많은 사람이 일을 하거나 인생을 살면서 좋은 리더를 만나는 것이 엄청난 행운이라고 말하는 것 같습니다. 돌이켜보면 저는 행운을 누렸어요. 다양한 회사에서 좋은 리더들을 많이 만났거든요. 저와 같은 행운을 누리지 못하는 사람을 위해, 제가 누린 행운을 여러 사람과 공유하기 위해 부족하지만 짧은 이 책을 썼습니다.

요즘은 직접 만나지 못하더라도 다양한 방법으로 훌륭한 리더들의 이야기를 들을 수 있습니다. 신입 사원 시절부터 저의 태도와 가치관에 엄청난 영향을 미친 사이먼 시넥, 매번 따끔한 지적으로 오늘 하루 회사에서의 모습을 돌아보게 만드는 게리 베이너척, 팀장부터 사장에게까지 필요한 리더십에 대해 아낌없이 조언하는 줄리 주오 같은 리더들은 실제로 만난 적은 없지만 마음속 오답 노트의 가장 잘 보이는 곳에 기록되어 있습니다.

그들의 책과 영상들이, 부족한 팀장의 하루하루가 조금씩 나아지도록 만들어주었어요. 그래서 저는 우연히 마주하는 좋은 책 한 권도 훌륭한 리더를 직접 만나는 것만큼의 행운이라고 생각합니다. 이 책이 읽는 분들에게도 그렇게 되기를 진심으로 바랍니다. 저는 유명 작가들과 비교할 수 없을 정도로 작은 사람이지만, 이미 성공한 인물의 큰 이야기만큼이나 아직 고생하고 있는 평범한 팀장의 작은 이야기가 누군가에게는 도움이 될 수 있다고 믿습니다.

이 작은 이야기는 저 혼자 써낸 간 것이 아니라는 것 또한 말씀드려야 할 것 같습니다. 팀장으로서의 고민은 퇴근하여 집으로 돌아온 저를 자주 따라왔거든요. 팀장으로서 지난 7년 동안 집에서도 자주 고민에 잠기는 저를 지켜본 가족들 또한 힘들었을 거예요.

특히 오늘도 회사에서 좋은 사람이 될 수 있도록 희생해준 아내에게 감사합니다. 팀원들에게 좋은 사람이 멋진 팀장이라고 응원해주는 아내의 따뜻한 격려 덕분에 퇴근 후 집으로 따라온 고민들을 풀어나갈 수 있었습니다.

이 책은 퇴근 후 제가 글을 쓸 수 있도록 육아 부담을 오롯이 안고 있는 사랑하는 아내, 힘든 육아에 대한 책임을 같이 나눠주시는 자애로운 장모님, 아빠는 지금 열심히 공부한다고 믿으며 방 안에 있는 저를 기꺼이 기다려준 귀엽고 어린 딸이 있기에 가능했습니다.

항상 더 좋은 사람이 될 수 있게 응원해준 가족에게 진심 어린 감사를 전하며 평범한 팀장의 이야기를 마무리합니다.

요즘 팀장의 오답 노트

초판 1쇄 발행 2023년 6월 28일

지은이 서현직

발행인 이재진 **단행본사업본부장** 신동해 **편집장** 김경림
책임편집 박주연 **교정교열** 강진홍 **디자인** this - cover
마케팅 최혜진 백미숙 **홍보** 반여진 허지호 정지연

브랜드 웅진지식하우스
주소 경기도 파주시 회동길 20 웅진씽크빅
문의전화 031-956-7213(편집) 031-956-7129(마케팅)
홈페이지 www.wjbooks.co.kr
인스타그램 www.instagram.com/woongjin_readers
페이스북 www.facebook.com/woongjinreaders
블로그 blog.naver.com/wj_booking

발행처 (주)웅진씽크빅
출판신고 1980년 3월 29일 제 406-2007-000046호

ⓒ 서현직, 2023
ISBN 978-89-01-27303-7 (03320)